JN411168

사형제 부활이냐 형벌제도 폐지냐

초판 1쇄 인쇄 2009년 3월 20일
초판 1쇄 발행 2009년 3월 25일

지은이 | 루크 훌스만
옮긴이 | 문성호·이승권
펴낸이 | 문성호
펴낸곳 | 사람소리
제 작 | 삼원기획

등록 | 2008년 5월 27일 제251-18호
주소 | 서울특별시 광진구 중곡4동 296~1, 501호
전화 | (070) 7556-7748
팩스 | (0505) 334-0707
전자우편 | ilpyungdad@daum.net

값 15,000원
ISBN 978-89-961271-2-3 03360

사형제 부활이냐
형벌제도 폐지냐

루크 훌스만 지음
문성호·이승권 옮김

사람소리

차례

옮긴이의 말

우리나라, 사형제 부활할 것인가?

최근 강호순 연쇄살인 사건을 계기로 사형제 부활이냐 아니면 폐지냐 하는 논란이 가열되고 있다. 슬프며 처연한 생각과 느낌을 지울 수 없다. 세계적으로 국가가 생명을 앗아가는 사형제 폐지에서 한 걸음 더 나아가 형벌 일반의 폐지주의가 리바이벌 되어 논의되고 있는데 반하여, 10년 만에 사실상의 사형제 폐지 국가로 접어든 우리나라는 세계적 흐름을 역류하며 다시 사형집행논란을 벌이고 있기 때문이다. 인혁당사건을 비롯하여 숱한 간첩조작사건, 정치범과 양심수들이 형벌과 사형을 당하여왔다. 국가에게 생명박탈권이 부여되어 있는가 하는 것에 대한 논란은 차치하고라도 사형제가 범죄예방과 관계가 없다는 사실조차 애써 외면하고 있다.

하지만 그 외에 우리나라에 사형수가 아닌, 수많은 일반 재소자와 피해자 및 그 가족의 인권 등에 내해서는, 이른바 인권변호사도 외면하는 현실은 차라리 참담한 그 자체이다. 인혁당사건 사형수나 강기훈 유서대필조작사건처럼 언론의 주목을 받지 못하는 일반 국민들의 사법피해 실태는 김명호 교수의 석궁오발사건 등으로나 표출되고 있는 실정이다. 경찰, 검찰, 법원 등의 각단계에서 유전무죄 무전유죄, 그리고 유권무죄 무권유죄가 적나라하게 드러나고 있다.

이 책의 저자인 루크 훌스만이 지적하는 것처럼 현대국가에서 형사법원과 판사의 재판과 판결이란 성경에 나오는 "최후심판론"을 판박이한 것이다. 법이 하느님을 대신하고 있다. 여기에 터하고 있는 국가권력도 마찬가지이다. 더더욱 에버랜드 전환사채 헐값배정에 따른 삼성 경영권 불법승계사건을 합법으로 만들기 위한 삼성의 로비에 좌우되어, 과거 삼성 변호인 경력이 있는 우리나라 대법원장이 상고심에서 제척되어야 하느니 마느니 논란이 벌어지며 전원합의체 회부 결정을 무시하며 원점 재심리를 결정하는등 대법관의 재판권을 스스로 훼손하는 기막힌 현실이다. 삼성은 기왕에 '떡찰' 논쟁을 불러일으킨데 이어, '삼성에 의한 삼성을 위한 삼성의 대법원과 떡판' 논란까지 불러일으키고 있다. 헌법재판소는 한술 더 떠 잠정적으로나마 일체 새로운 형벌을 창설하지 말도록 하는 폐지주의 입장의 형사사법개혁운동과는 정면으로 배치되어, 이른바 '중상해' 교통사고 가해자에 대해서는 보험에 가입했더라도 형사처벌하도록 하는 결정을 내렸다. '중상해' 교통사고 가해자를 형사처벌하도록 한 헌법재판소 결정은 루크 훌스만의 폐지주의 시각에서 보면 그야말로 난센스 그 이상도 이하도 아니다.

한편 신영철 서울중앙지방법원장은 2008년 7월 촛불집회사건을 보수적인 판사에게 집중 배당하였으며, 개별 판사들 면담과 이메일 등을 통하여 위헌신청이나 위헌신청이 제기된 유사사건의 재판연기를 못하게 하거나 재판에 직간접적인 압박을 가하고, 국회에서 이 점에 대해 위증을 하거나 대법원장과 헌법재판소장 등도 자신과 같은 입장이라며 온갖 형태의 재판간섭을 서슴지 않았다. 문제는 이를 법원 내부인사들로만 구성한 진상조사단을 꾸려 개입은 했으되 영향은 미치진 않았다며 사실상 면죄부를 주고 말며, 헌법재판소장의 거짓 해명도 얼버무리며, 사실상 이를 대가로 대법관 임명을 꾀한 신영철 대법관은 진상이 속속 밝혀지는데도 불구하고, 형사상 처벌은 커녕 즉각적인 사퇴조차 거부하며, 대법원 측은 징계회부조차 하지 않는 일련의 이 모든 과정 배후에는, 이른바 법질서를 빙자한 촛불끄기에만 집착하는 청와대의 영향력과 개입에 의한 것이라는 의혹이 있다는 점이다. 사상 초유의 대법관과 대법원장 등에 대한 동반탄핵까지 거론된 바 있으나 이는 우리나라 정치구조에서 대통령 탄핵과 별개일 수 없다는 한계를 적나라하게 드러낸 바 있다.

형사사법제도가 국가나 정권이 비민주적일 때 결국 법원관료주의조차도 무너져 내림을 여실히 보여준다. 20명의 판사가 당시 이를 곧바로 시정하지 않고 결국 7개월도 더 지나 신모 대법관 임명이 이루어질 때까지 당시 편파적 정치적 배당 문제를 공론화하지 못한 것은 우리나라 사법현실의 암담함을 잘 드러내주고 있다. 사건배당의 정치적 편파성이 이러할진대 일반 형사사건 처리에서 편파성은 오죽하겠는가? 그리고 검찰과 교도소 그리고 경찰과 변호사업계에서 벌어지는 일상화되다시피 한 인권침해는 어떻겠는가? 법원과 판사, 그리고 검찰과 검사가 기득권 수호에 열중하는 사법관료주의는 그 자체가 잘못된 것이다. 그런데다가 이것이 정치적으로까지 악용된다는 것은 나치 시절조차도 상상하기 힘들다. 우리나라 대법원장, 대법관 혹은 검찰총장 등이 이런 까닭에 사법부에 대한 신뢰회복은 원천적으로 불가능하다.

검찰은 어떤가? 이전부터 그리고 이명박정부 들어서서 더욱더, MBC PD수첩의 미친소 보도 수사, 김대중 노무현대통령 측근수사, 촛불수사, 언론소비자운동수사, 용산철거민참사수사, 인터넷논객 미네르바 구속수사 등에서 편파수사, 짜맞추기수사, 조작수사라는 비판이 제기된 바 있다. 이명박 대통령 당선자에 대한 꼬리곰탕을 곁들인 저녁식사겸 BBK 특검수사는 국민들 사이에서 실소를 자아내기도 하였다. 뿐만 아니라 X파일사건, 김용철 변호사의 삼성비리 양심고백 등을 통하여 검찰총장도 "떡찰"이라는 의혹이 불거졌으며, X파일에 나오는 검사 이름을 공개한 노회찬 진보신당 대표는 형사처벌한 반면, 바로 그 X파일에 거명된 비리검사들은 무혐의 처분이 내려지는 상황이다. 우리나라는 그야말로 정치 경제 사회 문화 등의 모든 분야 권력이 검찰에 집중된 이른바 '검찰공화국'이라고 해도 과언이 아니다. 국가경찰위원회 및 자치경찰위원회 등의 민주적 거버넌스조차 갖추고 있지 못한 경찰은 아예 명함조차 내밀 수 없는 지경이다. 이 책에서 저자가 제시하는 폐지주의가 가장 시급한 형사사법제도 문제점들을 우리나라에서야말로 가장 적나라하게 보여주고 있다. 뿐만 아니라 위에서 지적한 대로 언론에서 크게 주목하는 사건들이 그러할진대, '유전무죄 무전유죄'라는 점에서 형사사법절차에서 없는 사람들이 당하는 온갖 억울함이란 두말 할 나위조차 없다. 우리나라에서는 국가보안법, 종부세법, 간통죄, 인터넷 표현의 자유가 걸려있는 전기통신기본법, 존엄사, 집회 시위 결사의 자유에 관한 집시법 등의 존폐논란이 벌어지고 있지만 가진 자들의 기득권 수호를 위한 것들만 폐지되면서 정작 억눌리고 소외되어 있으며 없는 자들을 위한 것들은 폐지되지 않고 있는 실정이다.

이런 형사사법의 심각한 위기는 이 책이 제시하는 형사사법 구조와 제도 그 자체의 근원적 문제들과 맞물리면서 더욱더 크게 증폭되고 있다. 물론 형법과 형벌과 감옥 제도의 폐지주의에 대해서는 기존 제도권은 말할 것도 없고 학계와 시민사회 진영의 어느 누구도 논의하고 있질 않다. 사형제 폐지의 경우 엄청나게 많은 일반 형사처벌

대상에 비하면 극소수에 불과한 사형수들에게 사형제를 폐지하거나 집행하지 않도록 하는 게 국가권력 측에게 큰 부담이 아니며 그래서 어렵지 않게 사실상의 사형제 폐지 국가가 된 반면, 범죄란 존재론적 근거가 없으며 이른바 국가의 형벌권 자체를 문제 삼고 이 형벌과 형사사법제도 일반을 폐지하자는 운동과 이론은 지극히 위험한(?) 것일 수밖에 없다. 하지만 사형제 폐지란 이 책에서 주장하는 폐지주의 시각에서 보면 극히 일부에 불과하다. 이 책의 저자는 이런 점을 포함하여 형사사법이 안고 있는 근원적 결함을 이유로 검찰, 형사법원, 교도소 등과 같은 형사사법제도 그 자체를 모두 폐지해야 한다고 본다. 이 책의 저자는 네덜란드인이지만 이 책이 다루고 있는 사법 선진국 네덜란드와 미국 프랑스 등만의 이야기만이 아니라 바로 오늘 우리나라의 이야기를 그것도 너무나 적나라하면서도 정확하게 진단하면서 올바른 폐지주의 처방을 내리고 있다. 지금까지 기계적으로 삼권분립이니 사법부의 독립이니 법관의 독립이니 양심이니 외쳐온 우리나라도 이제 왜 이런 형사사법 폐지주의 목소리가 만만치 않은 울림을 주게 되었는지 스스로 되돌아보며 진지하게 성찰해볼 때가 되었다. 나아가 학계와 시민단체 및 건강한 의식을 가지고 있는 국민들 입장에서도 형사사법과 형벌이라고 하는 게 그 정당성과 문제점에 대해 생활세계에서 출발한 반성과 혁파, 그리고 대안을 모색하는데 함께 힘을 모아야 한다.

이제 우리나라도 형벌 폐지주의에 바탕을 둔 사법개혁운동을 조직할 때가 되었다고 생각한다. 아시아를 제외한 북유럽이나 이탈리아, 독일, 프랑스, 영국, 미국, 캐나다, 호주, 동유럽, 중남미, 아프리카 등에서만 가능한 건 아니다. 그리고 이는 사건 원인 제공자(이른바 '범죄' 용의자)와 피해자, 재소자와 출소자 및 그 가족과 양심적인 법조인, 시민단체, 학계, 일반 시민 그리고 자유와 해방을 추구하는 정당 등의 연대에서 시작해야 하는 것은 물론이다. 외국의 폐지주의 운동이 감옥폐지운동이 주를 이루는 것과는 달리, 우리나라의 경우 촛불집회 사법처리에서 법원마저도 수사권과 기소권을 독점한 채 비대해질 대로 비대해져 있는 검찰과 정권 측의 눈치를 보고 있는 점을 감안하여, 검찰 폐지운동으로부터 시작하는 것이 합리적이며 현실적이다. 이 책의 저자 루크 훌스만이 설파하는 것과 마찬가지로 제대로 된 형사사법개혁운동이란 곧 형사사법폐지운동 바로 그것일 수밖에 없다. 검찰의 기소독점 폐지 그 자체만이 문제가 되는 게 아니다.

폐지주의란 무엇인가?

이 책은 루크 훌스만과 자클린느 베르나 드 셀리스(Louk Hulsman et Jacqueline Bernat de Célis)가 쓴 『사라지는 형벌』(문제는 형법과 형벌과 감옥 제도다) (*Peines perdues. Le système pénal en question*, 1982)을 번역한 것이다. 그럼 이 책의 저자 루크 훌스만이 말하는 폐지주의, 그중에서도 형법과 형벌과 감옥 폐지주의란 무엇인가? 폐지주의는 1960년대 북유럽에서 처음 등장하였으나 학계에는 1983년 오스트리아 비엔나에서 열린 제9차 세계범죄학대회에 와서야 비로소 처음 소개될 정도로 아직까지도 초창기에 머물러 있다. 역사적으로 보면 특권계급 폐지, 노예제 폐지, 사형제 폐지, 학교체벌 금지 등에서 폐지주의가 실현되어가고 있는 사례를 찾아볼 수는 있다. 그리고 네덜란드를 비롯한 유럽 국가들은 마약 사용의 비범죄화 등이 확산되고 있다. 미국의 오바마정부도 부시정권과는 달리 의료용 마리화나에 대한 단속은 하지 않기로 하였다. 이는 오바마정부 들어서서 연방검찰총장이 천명한 방침이다.

그럼 폐지주의란 무엇을 폐지하자는 것인가? 통상 범죄(개념)의 폐지, 범죄로 규정하는 범죄화(형법)의 폐지, 감옥의 폐지, 형사사법제도의 폐지, 피해자의 폐지 등으로 나눠볼 수 있다. 예컨대 "좋은 감옥" 혹은 "감옥의 모델" 같은 건 현실적으로 존재할 수 없다. 하지만 그러한 게 존재하지 않는다는 온갖 사실관계와 증거들은 무시한 채 거꾸로 마치 그런 게 있다고 보는 환상이 위세를 떨치고 있다. 감옥이란 본질적으로 억압제도이자 부패제도인 까닭에 법을 통하여 사람을 사람답게 다룬다거나 제대로 치유하는 사회적 모델로 개선한다는 건 원천적으로 불가능하다. 가두는 제도를 없애고 대신 '재활제도'로 복귀하도록 하는 길 이외에는 다른 대안이 없다. 또한 범죄라는 개념 자체가 존재론적 근거가 없는 허구적인 것이라고 본 루크 홀스만의 다음과 같은 지적은 신랄하다. "범죄란 형사정책과 범죄정책의 대상이 아니며, 오히려 형사정책과 범죄정책이야말로 바로 그 범죄라는 것을 만들어낸 것이다. 형법 즉 범죄로 규정하는 범죄화란 사회적 현실을 구성하는 여러 가지 수많은 방식들 중 한 가지일 따름이다."

자, 그럼 폐지주의가 제시하는 대안은 무엇인가? 우리 시대는 무엇으로부터 벗어나야 하는 '탈'의 시대라고 이름 할 수 있다. 예컨대 탈범죄화(=비범죄화), 탈법제화 혹은 탈형벌화, 탈사법화, 탈제도화 등이 그것이다. 나아가 폐지주의란 전위이론, 반이론의 성격을 가지고 있다. 범죄란 건 아예 존재조차 하질 않으며, 단지 '문제상황'이 있을 뿐이고, 실제로 범죄란 형사사법제도가 자기 존립을 위하여 '허구적으로 만들어낸' 것에 불과하다고 본다. 폐지주의는 좌파 현실주의 범죄학 이론, 프랑크푸르트학파의 사회비판이론, 무정부주의 정치철학 등과 같은 세 가지에 그 사상적 뿌리를 두고 있다.

그리고 폐지주의의 기본 전제는 세 가지로 요약할 수 있다. 첫째, 잘못된 사회질서를 반영한 현행 형사사법제도 그 자체야말로 엄연히 엄청난 사회문제로 대두하고 있다. 더군다나 국가와 형사사법제도 측은 마치 감옥산업복합체 같은 사회통제산업구조 그 자체야말로 범죄통제라고 본다. 둘째, 따라서 '범죄'의 개념 그 자체야말로 문제투성이이며 조작된 것일 뿐만 아니라 이데올로기적인 것일 수밖에 없다. 범죄란 존재론적 근거가 없으며 단지 사회적으로 구성되어진 것에 불과하다. 셋째 결국 권력과 형사사법제도가 범법자에게 형벌을 가할 수 있는 정당성이란 건 아예 존재조차 하지 않는다. 형사사법제도란 이데올로기 장치에 지나지 않으며, 형벌권이란 그 타당한 근거가 없고, 감옥이란 것도 '범죄'에 대한 '통상적'인 대응책이 전혀 될 수 없다고 본다.

1922년, 영국의 의사로서 최초의 여성 감옥감찰관이던 메리(Mary Gordon : 1861~1941)는 다음과 같이 지적한 바 있다. "내가 감옥 감찰관으로 일하는 동안 감옥은 나에게 아무런 흥미도 불러일으키질 않았다. 단지 아무런 쓸모도 없는 마치 골동품과 같은 거대한 하나의 사회제도에 불과하였다. 감옥이 죄수에게 도대체 어떤 쓸모 있는 구석이 있는지 나는 전혀 찾아내질 못하였다. 나는 감옥이 오로지 윤리적으로 수용자들을 더욱 더 타락시키며 잔인함의 극한으로 내달릴 뿐이라는 점에 대해 추호의 의심도 없다. 나는 감옥이라고 하는 게 도대체 이 세상의 제도나 문명세계의 제도라고는 전혀 생각하지 않는다."

폐지주의에서는 형법의 핵심이란 지금도 여전히 저 중세시대 마녀재판과 동일한 억압제도에 그 기원을 두고 있으며, 형법은 처음부터 문제를 해결하는 제도가 아니라 오히려 문제를 야기하는 제도로서 등장하였다고 본다. 사건이 일어난 이후 형사적 대응이란 예방이 아니며, 끊임없이 많은 사람들을 사회로부터 떼어 내버리는 작용에 불과하다. 따라서 폐지주의는 형사적 강제 수단을 폐지하고 대신 회복이나 보상의 방법으로 바꾸도록 하는 것이야말로 훨씬 더 좋다고 본다.

루크 훌스만은 자신의 집이 3주 동안 두 차례 강절도를 당하여 온통 털리고 망가진 바 있으나, 한 달 보름 후에 물건들을 되찾았으며, 손해에 대해서는 보험 처리하였고, 관련 3명의 청소년들 부모와 화해하고 좋은 친구가 된 경험을 예로 들고 있다. 그는 억압기구를 폐지해야 하는 이유로, 사회적으로 부당하며 불필요한 고통을 가해야 할 아무런 이유가 없으며, 피해자를 포함하여 분쟁이나 갈등의 당사자들에게 아무런 긍정적 효과를 가져다주지 않고, 억압기구에 대한 감시나 감사 그 자체가 어렵게끔 되어 있다는 점들을 들고 있다. 대안으로 이러저러한 형태의 중재 조정 제도 혹은 제3자의 도움을 받아가며 피해자와 가해자가 협의하여 해결하도록 하는 제도를 제시한다.

그렇지만 과거 폐지주의는 성공했으면서도 함정에 빠지고 말았다. 그 생생한 사례를 보자. 첫째 18세기 말 승려와 귀족 같은 특권계급을 폐지하는 투쟁에서 성공하였다. 그러나 이후 훨씬 더 굴욕적인 관료주의 측의 현상유지 및 신흥 경제기업인 측에 의한 새로운 귀족주의 등이 득세하는 결과를 초래하고 만다. 둘째 노예제를 폐지하는 투쟁에서 성공한다. 그러나 훨씬 더 많은 사람들에 대한 경제적 착취가 제한 없이 자행되는 결과를 초래하였다. 셋째 19세기 말 국가가 주도하거나 상업적 범죄조직이 주도하던 여성대상 성범죄제도를 폐지하는 투쟁에서 일대 성공을 거둔다. 그러나 이내 통제를 받는 형태로 매춘제도가 부활하고 마는 결과를 가져오고 말았다.

감옥제도의 '인간화'라든가 '인간적' 형사사법제도 운영이 폐지주의의 목표인 것은 아니다. 전쟁하는데 전투대원들에 대하여 반대한다고 해서 그것이 곧 인간적인 전쟁을 가져오게 할 수는 없기 때문이다. 형사사법제도를 폐지한 다음 개혁적이고 실효성 있다며 새로운 관료주의가 득세하는 것도 경계해야 한다. 그보다는 오히려 공동체를 재교육해야 한다고 본다. 감옥형 대신 공동체 지역사회 봉사활동이라는 대안적 형벌 역시, 그것이 감옥 내에서든 밖에서든 강제노동의 형태로 부과된다면 이는 폐지주의가 목표로 하는 바가 아니다. 여전히 노사관계 혹은 주인과 노예관계를 강요하는 것이 되기 때문이다. 우리나라 국가정보원을 비롯하여 미국의 CIA와 FBI, 이스라엘, 칠레 등지의 정보기관등 국가 스스로 저지르는 온갖 납치, 밀수, 해적행위, 정치사찰과 범법행위 등과 같은 국가폭력의 함정에도 빠져서는 안 된다.

결국 폐지주의란 국가가 '범죄를 훔쳐 내' 형사사법절차를 통하여 형벌을 가하는 현행 형사사법제도를 폐지하고 대신, 사회가 자율적으로 범죄 아닌 문제상황들을 중재 조정 등의 방법을 통하여 해결하도록 하는 게 맞다고 본다. 구체적인 대안으로 민사재판의 중재조정, 의학치료, 재교육, 재활교육, 공동체의 역할 강화 등과 같은 방식들을 대안으로 제시한다. 요컨대 폐지주의란 단순히 범죄학이론이나 형법이론 차원이 아니라, 사람다운 삶을 살아나가고자 하는 사람소리, 새로운 세상을 열어가는 비전, 이 시대 시급하게 채택해나가야 하는 사상인 셈이다.

폐지주의에 대한 가장 큰 비판은 물론, 폐지주의가 유토피아적이라는 것이다. 형법과 형벌과 감옥 제도를 폐지하면 도대체 어떻게 위험을 막아낼 것이며 안전은 어떻게 확보해야 할 것인가에 대해 그저 어리둥절해 하며, 그런 식의 폐지란 현실적으로 도저히 불가능하다고 생각하기 쉽다. 우리나라에서도 경찰의 범죄수사파트와 검찰 그리고 형사법원과 교도소 등을 없앤다면 도대체 무슨 재주로 범죄를 막아낼 것인가 하면서 형벌제도 그리고 형사사법제도 폐지란 도저히 있을 수 없는 일이라고 생각하기 쉽다. 맞다. 그러나 명목상으로나마 노예제가 폐지되었으며 온갖 특권계급과 고문제도도 폐지되고 사형제 폐지도 처음엔 유토피아적인 것에 불과하였다. 루크 훌스만의 이 책은 형벌과 형사사법 폐지주의가 유토피아가 아니라 현실적이라는 점을 논리적으로 역사적으로 인류학적으로 사회학적으로 그리고 법리적으로 생활세계 차원의 현상학에 입각하여 잔잔하게 그리고 차근차근 펼쳐 보이고 있다.

한편 폐지주의의 이데올로기적 스펙트럼은 매우 다양하다. 예컨대 루크 훌스만은 종교와 신학적 접근, 토머스 마티센은 유물론과 마르크스주의 관점, 닐스 크리스티는 자유주의와 공동체주의 출발점 등의 특색을 갖고 있다. 이중 루크 훌스만은 신학적 접근이라고는 하지만 이 책에서 자클린느와 인터뷰를 통하여 가톨릭 교회의 제도주의를 거칠게 비판하고 있는 점을 주목할 필요가 있다.

루크 훌스만은 누구인가?

루크 훌스만(1923~2009)은 네덜란드 로테르담에 있는 에라스무스대학 형법 및 범죄학 교수로서 네덜란드 마약 비범죄화 정책 수립과 운영의 기초를 제공한 분이었다. 그는 금년 1월 29일 86세를 일기로 돌아가셨다. 삼가 애도를 표한다. 이 책의 앞부분 인터뷰를 통하여 상세히 소개하는 것처럼, 그는 독일과 접경도시 케르크라데시(이 도시 자체가 두 나라에 걸쳐 있으며 독일 쪽은 아헨시라고 부름)에서 태어났으며 기숙학교시절 감금의 경험을 하였고 뜨거운 해방의 욕망을 품었다. 젊어서 나치독일에 체포당하였으며 탈출하여 레지스땅스로 활동하였다. 루크 훌스만은 당시 나치독일은 물론이고, 나치독일에 점령당한 네덜란드 조국으로부터도 쫓겨 다녀야 하는 경험도 하였다. 그는 레이덴 대학에서 법학을 공부한 후 전후 네덜란드 전쟁부와 국방부에서 일하였으며, 그 후 법무부에서 10년 정도 장관보좌관 등으로 근무하였고, 또한 당시 여러 해 동안 프랑스 파리에 파견 나가 네덜란드를 대표하여 유럽 차원의 국제외교무대에서 형사제도개혁과 범죄문제 대처활동을 벌였으며, 이때 미셸 푸코와도 깊은 교분을 쌓았다.

옮긴이가 루크 훌스만의 존재를 알게 되고 마침내 이 책을 번역하게 된 것은 옮긴이가 삼과 마약 비범죄화의 국제동향을 연구하는 과정에서, 네덜란드 정부가 지금껏 그리고 40여 년 동안 견지해온 마약 비범죄화 정책 수립과 운영의 바탕에는 바로 이 책의 저자인 루크 훌스만이 결정적으로 기여한 사실을 알게 되었기 때문이다. 루크 훌스만은 유럽이사회 산하의 유럽범죄문제대책위원회 위원장으로 활동하면서 유럽과 전세계 마약 비범죄화 정책의 수립과 확산에 기여하였으며, 전후 유럽범죄학의 기초를 닦은 제1세대 인물로 평가되고 있다. 이후 로테르담 에라스무스대학 형법 및 범죄학교수 및 명예교수(1964~2009)로 있으면서 폐지주의 사상을 가다듬어왔으며, 르네상

스시대 에라스무스와 더불어 네덜란드의 저명한 작가이자 신학자이며 인문학자인 휴머니스트 꼬른헤르트의 이름을 따서 지은 네덜란드의 형사사법개혁시민운동단체인 꼬른헤르트연맹(Coornhert Liga : 1971~99)을 설립하여 네덜란드 정부의 형벌 최소주의 정책을 이끌어 내며 감옥감시운동을 치밀하게 전개하였고, 말년에는 라스퓌스연구소(Rasphuys Institute 감옥연구소) 소장으로 국제적인 폐지주의 사상의 전파 활동을 벌여왔다.*

세계 각국의 보수주의 학자들은 폐지주의란 유럽과 북유럽에서나 가능할 뿐 자기 나라에서는 불가능하다고 지적한다. 하지만 남미의 경우 폐지주의가 형벌개혁운동의 바탕이 되고 있으며 실제로 루크 훌스만은 아르헨티나 부에노스아이레스시가 속해 있는 주정부의 법률 제13,433호 조문 작업에 관여하여 '학문적 폐지주의'가 실제로 성과를 거둔 바 있다(루크 훌스만은 폐지주의를 학문으로서 폐지주의와 운동으로 폐지주의로 구별하고 있다). 이 법의 목적을 규정한 동법 제2조는 "분쟁과 갈등을 완화시키며 당사자들 사이에 화해를 이끌어내고 자발적으로 피해를 보상하도록 하며 제2차 피해 및 형사재판으로 인한 피해 등을 막도록 한다"라고 규정하고 있다. 부에노스아이레스시 당국은 2009년 2월 4일 루크 훌스만 장례식을 치른 이후 성

* 꼬른헤르트(1522~90)는 네덜란드 최초로 범죄의 원인이란 무엇인가에 대하여 회의적인 자세로 접근한 작가이다. 그는 1587년 저서에서 형벌, 평화, 관용 등에 대하여 설파하였으며, 형법이란 것은 대가를 지불하는 것이거나 순전히 보복과는 다른 차원에서 이성적으로 접근하여 집행해야 한다는 사상을 밝혔다. 그는 죄수나 감옥에 대해서도 같은 시각에서 접근하였으며, 당시까지만 해도 매우 잔인하게 집행하던 신체형을 개혁해야 한다고 보았다. 한편 라스퓌스 감옥은 과거 성 클라라 수도회가 있던 자리에 1596년 지어졌다가 2백여 년 후인 1815년 폐쇄된 암스테르담에 있던 감옥을 가리키며, 1892년 이 감옥 건물을 부수고 수영장으로 사용하였고, 지금은 그 자리에 칼버토렌 쇼핑센터가 들어서 있다. 17,8세기 당시 세계적으로 혁신적인 감옥으로 많은 나라에서 방문하여 벤치마킹하는 대표적인 감옥이었다.

명을 내고, 이렇게 형법과 형벌과 감옥 제도가 아닌 방법으로 사건해결을 하도록 제도화하게 된 것은 루크 훌스만이 네덜란드 경험을 바탕으로 하여 부에노스아이레스 지역의 대학 '사회과학학제간연구소'(INIDES) 위원, NGO 등 시민단체 및 부에노스아이레스시 당국이 협력한 결과로 가능해졌다며 고마움을 표시하였다.

한편, 루크 훌스만은 최근까지 세계 각지를 돌아가며 격년제로 열 두 차례에 걸쳐 개최되어오고 있는 국제형벌폐지운동총회(International Conference on Penal Abolition : ICOPA)의 주역 중 한 분이셨다. 1981년 캐나다 퀘이커교단에서 준비하기 시작하여 1983년 캐나다 토론토에서 제1차 총회를 가진데 이어, 제2차 암스테르담 총회 이후 원래 명칭인 "국제감옥폐지운동총회"에서 감옥폐지(Prison Abolition)를 형벌폐지(Penal Abolition)로 바꾸어 1987년 제3차 대회(캐나다 몽레알)부터 지금까지 새 이름을 써오고 있다. 2008년 제12차 대회는 영국의 런던에서 하워드연맹이 대회진행을 맡아 성공적으로 개최된 바 있다. 또한 루크 훌스만은 네덜란드 형법과 범죄학의 "아버지"로 불릴 만큼 금년 1월 사망할 때까지만 해도 네덜란드 형법학과 범죄학의 대부로서 커다란 영향력을 행사하여 왔다. 네덜란드의 오랜 마약 비범죄화 정책 역시 바로 이 폐지주의에 바탕을 두고 뒷받침해왔으며 꼬른헤르트 연맹 등을 통한 사회운동을 통하여 이를 확고하게 견지하도록 하였다. 전세계 마약정책학계를 중심으로 2007년 말부터 루크 훌스만과 네덜란드 보건복지체육부 측에 대하여, 합리적인 마약 비범죄화 정책을 통하여 수많은 인명을 구하고 마약사범을 형사처벌하지 않음으로써 인권을 크게 증진한 공로가 위대하다며 노벨평화상 후보추천운동이 벌어지고 있다.

우연하게도 우리나라를 사실상 사형제 폐지 국가로 만드는데 앞장선 김수환추기경(1922~2009)도 금년 2월 16일 선종하셨다. 김수환추기경이 남긴 말씀대로, "고맙고 사랑하며 용서합니다." 그런데 루크 훌스만과 김수환추기경 두 분 모두 제2차 바티칸공의회(1962~65)와 인연을 맺고 있어 이채롭다. 루크 훌스만이 제2차 세계대전 직후인 1940년대 후반 아주 젊은 시절, 네덜란드 가톨릭교회의 탈제도화 운동의 주역으로서 나아가서는 전세계 가톨릭차원에서 제2차 바티칸공의회를 통한 교회쇄신과 사회참여를 이끌어내는데 일조했다면, 김수환추기경은 이를 우리나라 가톨릭이 수용하여 민주화 역사를 새롭게 쓰도록 하는데 크게 공헌하였으며 재소자와 사형수에 대해서도 남다른 관심과 사랑을 베푸셨다.

김수환추기경과 루크 훌스만 두 분은 휴머니즘을 공유한 것으로 평가할 수 있다. 루크 훌스만이 평생 형법과 형벌과 감옥 제도 폐지주의를 이론과 운동의 양 차원에서 생활세계의 경험에 바탕을 두고 펼쳐온 것은 김수환추기경이 가난하며 소외되고 고통과 형벌을 당하는 이웃과 함께 하기 위해 끊임없이 낮은 데로 내려온 것과 공통된다. 이 책이 우리나라에서도 사람다운 사람이 사는 사회로 만들어가기 위한 폐지주의 운동의 맹아가 되며 소박하게는 형사사법개혁운동의 자그마한 지침서가 되었으면 하는 마음 간절하다.

이 책은 이 땅에서 법원, 검찰, 경찰, 교도소, 보호관찰소 등지에서 종사하는 모든 이들에게 정말 매우 불편한 진실을 전달해주고 있다. 사법개혁운동은 물론이고 노동, 비정규직, 인권, 여성, 환경, 언론, 장애인, 소수자 등과 같은 시민운동 진영에 대해서도 예컨대 근시안적인(?) 검찰 규탄대회 차원에서 벗어나 검찰폐지운동, 형사법원폐지운동,

형벌과 감옥 폐지운동 등의 방향성까지 함께 아우르도록 하는 것이야말로 보다 더 타당하다는 시각을 열어주고 있다. 정치권에 대해서는 사형제 집행으로 되돌리려 할 것이 아니라 오히려 무기형이나 감형 없는 종신형까지 포함하여 형벌 일반의 폐지, 그리고 형사사법기관의 폐지까지도 모색해야 한다는 휴머니즘의 사람소리를 들려주고 있다. 일반 국민들은 법 없이도 잘 살아가며 온갖 갈등과 분쟁도 법 없이도 해결해나가고 있다. 그러나 이런 일반 국민들을 포함하여, 피해자나 가해자 혹은 목격자 등으로 형사사법제도를 접해본 국민들은 형사사법기관을 접하면 접할수록 불신이 더욱 더 훨씬 커지는 경우가 많다. 루크 훌스만의 이 책에서 그렇게 되는 이유들에 대하여 알기 쉬우면서도 열정적으로 이야기하고 있는 탓에 우리나라 독자들도 이 책을 단숨에 읽어낼 수 있다. 실제로 이 책은 형법과 형벌과 감옥 제도라는 형사사법제도의 폐지라는 무거운 주제를 다루면서도 저자인 루크 훌스만이 현실 속의 삶과 생활세계에 뿌리를 박고 이야기를 잘 풀어나가고 있어서 중간에 읽기를 멈추지 못하게 만든다.

원래 프랑스어로 쓰인 이 책은 이미 스페인, 포르투갈, 네덜란드, 이탈리아, 그리스 등 각국 언어로 번역 소개될 정도로 폐지주의 사상의 클래식 중 클래식에 속한다. 옮긴이는 여러 차례에 걸쳐 네덜란드 도르드레히트시에 사시던 루크 훌스만 교수님과 장시간 동안 국제전화 통화를 하였다. 옮긴이에게도 네덜란드에 오게 되면 넓은 정원이 갖춰져 있으며, 온갖 분야의 수많은 학자와 인사들이 드나드는 자기 집에 꼭 오도록 당부하셨다. 옮긴이는 대신 하멜 표류기와 히딩크 축구대표감독 이야기를 전하며 네덜란드와 한국 사이의 멀지만 가까운 관계를 말씀드렸다. 그리고 미국 대선 때인 작년 1월 당시 오바마 민주당 대통령 후보가 대마초 비범죄화 입장을 공식 천명한 바 있다고 말씀드렸더니 깜짝 놀라셨다. 루크 훌스만 자신이 평생 주장해 오신 마약 비범죄화 정책이 바로 그 미국에서 실현될 가능성이 높아짐을 뜻하기 때문이다. 오바마 대통령은 일리노이주의회 상원의원시절 일리노이주 사형제 폐지를 관철시키는 데에도 앞장 선 바 있다.

옮긴이는 카랑카랑하면서도 따뜻한 루크 훌스만 교수님의 격려의 말을 잊을 수 없다. 그는 아시아 아프리카 등지에서는 여전히 폐지주의의 원형이 잘 보존되어 있다든지, 최근 ICOPA를 비롯하여 폐지주의 학자 진영에서 젊은 신세대 폐지주의 진영의 입장과 생생한 동향이라든지 등을 상세하게 설명해주셨다. 오래 전에 절판되어 구하기 힘든 이 책을 루크 훌스만 교수님께서 직접 보내주셨으며 한국어판 출간을 흔쾌히 허락하시고 2008년 연말까지 한국어판 출간을 학수고대하셨다. 옮긴이는 세계 각국을 다니며 폐지주의를 설파해온 그가 우리나라도 방문해주시도록 요청하며 그러시려면 연로하신 당신께서 정말 건강하셔야 한다고 말씀드렸다. 이런 염원에도 불구하고 심장마비로 금년 1월 세상을 뜨신 고인에게 삼가 애도를 표한다. 돌아가신 다음 뒤늦게나마 펴내는 이 한국어판을 죄송한 마음으로 고인의 영진에 바친다. 그리고 이 책이 우리나라에서도 폐지주의 사상이 널리 전파되어 실천에 이르는 디딤돌이자 징검다리가 되길 바라마지않는다.

마지막으로 프랑스어 텍스트를 우리말로 옮기는 과정에서 초역을 맡은 조선대 이승권 교수에게 진심으로 감사드린다. 참고로 이탈리아판과 스페인판의 옮긴이의 말이나 해설도 이 책에 덧붙임으로써 독자들에게 각국에서 이 책과 폐지주의가 어떻게 수용되고 있는가도 엿볼 수 있도록 하였다. 독자들의 이해를 돕기 위하여 생소한 용어나 인명이나 지명 등에 대해 가능한 한 옮긴이 주를 덧붙이도록 하였다. 만일 번역상의 잘못이 있다면 이는 전적으로 옮긴이의 책임임을 밝혀둔다. 집사람과 두 아이에게도 고마움을 전한다. 끝으로 표지디자인에 대하여 자문해준 소원섭 김승호 두 분 화백님에게도 고마움을 전한다.

2009년 봄 서울 아차산 기슭에서
한국자치경찰연구소 문 성 호 소장 씀

서문

-자클린느(1982)-*

저는 루크 훌스만이 여러 차례에 걸쳐 프랑스 파리, 그리스 크레타섬에 있는 유명한 해변 휴양지인 콜림바리, 이탈리아 시칠리섬에 있는 도시로서 그리스 문명의 유적으로 유명힌 시라큐즈, 가톨릭신학으로 유명한 루뱅대학이 소재한 벨기에의 루뱅 등지에서 열린 각종 국제회의에서, 그리고 파리 법학교수단이나 전문적인 법학교수 토론회 등과 같은 조금은 제한적인 학회 모임에서도, 형벌의 수단, 한계, 기원, 형법과 형법에 관한 법에 대한 정당성 등 이러저러한 여러 가지 주제로 강연하는 것을 들어본 바 있습니다. 이를 통하여 저는 루크 훌스만의 사상에 대해 매우 강한 인상을 받았습니다. 루크 훌스만의 형법과 형벌과 감옥제도 폐지주의 사상과 관점은 그가 '형법을 교수하고 있다(!)'는 사실로 인하여, 즉 그가 교수의 위치에 있는 만큼 더더욱 훨씬 더 커다란 수목을 받아 마땅하다고 봅니다. 루크 훌스만은 제1의 가장 중요한 진실을 직접 대면하면서 자신의 근원적인 교수활동에 대해 의문을 제기한 것은 어찌할 수 없었던 같습니다. 뿐만 아니라 법조인이 될 예정인 수많은 제자와 학생들이 언젠가 직접 운영을 담당해야 하는 바로 그 형법과 형벌과 감옥 제도임에도 불구하고, 루크 훌스만은 이 제도들을 폐지하도록 압력을 가하자는 호소를 바로 그 대학 교수직 석상에서 외치며 주장해마지않고 있는 것입니다.

* 이 책의 전반부에 있는 루크 훌스만과 인터뷰를 진행하는 자클린느(Jacqueline Bernat de Célis)는 법학과 범죄학 박사로서 이 책을 출간하던 1982년 당시 파리범죄(형사)정책연구소 연구원으로 있었다.

루크 훌스만의 이러한 혁신적 사상에 더욱 더 깊이 파고 들어가 보고자 하는 저의 바램은 결국 그를 초청하여, 저로서는 아직도 애매모호한 채로 남아있는 여러 가지 사항들에 대해 설명을 해주도록 요청하는 동시에, 제 생각에 여전히 의문으로 남아있던 점들과 관련하여 반박을 제기하는 것에 대해 답변을 해주시도록 요청하도록 만들었습니다. 이 책의 제2부는 바로 이와 같은 점들에 초점을 맞춘 결과로 씌여진 것임을 미리 밝혀둡니다.

하지만 그와 동시에 저는 도대체 과연 루크 훌스만이 어떻게 해서 형법과 형벌과 감옥제도 폐지주의자가 되었는지에 대해 정말 매우 궁금하였습니다. 이 책에서 밝히고 있는 것처럼, 이토록 독창적이며 이토록 확고하게 근본적이며 급진적인 형법과 형벌과 감옥제도 폐지주의 사상이 루크 훌스만이라는 단 한 사람의 의식 속에서 정말 우연히 그리고 돌발적으로 샘솟아 올라온 것은 아닌 것입니다. 루크 훌스만은 과연 누구일까요? 그는 어떠한 전제를 가지고 말하는 것일까요? 또한 그는 어떠한 권위를 가지고 말하며 주장하는 것일까요? 저는 이 책의 제1부를 이루고 있는 인터뷰에서 루크 훌스만에게 바로 이런 점들에 대하여 질문하고 답변을 들었습니다.

프랑스 출판사 소개글(1982)

프랑스에서는 매년 10만 여 명이 감옥에 갇히고 있다. 실제로 여성 재소자만 해도 3만 명이나 된다. 재소자들이 처해 있는 상황은 악조건에 처해 있으며, 교도소의 탈선 현상에 대해서는 비난이 쏟아지고 있다. 그래서 법무부 측은 급진적인 석방조치를 취하기에 이르렀다. 다른 한편 형사사법제도에서는 잊혀져있는 존재로 되어 있는 피해자 계층이 처해 있는 상황의 문제점들을 시정하기 위한 몇 가지 조치들도 함께 취하려고 노력을 경주하고 있다. ...... 그와 같은 개혁시도가 시작된 지 몇 년이 지난 이제, 바로 이와 똑같은 개혁주의 맥락에서 형법과 형벌과 감옥 제도 자체를 폐지해야만 한다는 매우 독창적인 목소리가 들려나오기에 이르렀다. 네덜란드 로테르담대학 법학과의 바로 그 루크 훌스만 교수이다.

휴머니스트인 훌스만 교수는 매우 짧지만 열정이 흘러넘치는 이 책에서 형법과 형벌과 감옥 제도가 초래하는 아주 해로운 영향과 결과들을 비난하고 있다. 조용하면서도 자신감이 흘러넘치는 훌스만 교수는 자신의 입장을 매우 설득력 있게 제시하고 있으며, 법조인이기도 한 루크 훌스만 교수는 형법과 형벌과 감옥제도가 직면해있는 글로벌 차원의 대안마련을 위한 담론까지도 제시해가면서 훨씬 더 멀리까지 나아가고 있다.

루크 훌스만의 폐지주의 사상은 매우 깊으며 신랄하기 이를 데 없는데다가 전통적 범죄학과 그 담론을 전면적으로 일내 쇄신하도록 촉구하고 있다.

이 책의 형식 역시 매우 독창적이다.

무엇보다도 먼저 이 책은 루크 훌스만과 인터뷰를 수록하였다. 인터뷰에서 그는 자신의 인생역정을 이야기해주고 있다. 그는 자신이 실제로 살아오며 경험한 것들과 어떻게 살려고 노력해왔는가를 자세히 밝히고 있다. "열린 자세와 태도를 견지하며, 연대의 삶을 생활화하며, 언제든지 전환을 해나갈 수 있도록 한다"는 게 그의 행동과 학문의 지표이다. 그가 사상가로서 그리고 행동하는 사람으로서 걸어온 바로 그와 같은 길이야말로 그의 폐지주의 이론에 풍부한 살을 붙여주고 있다.

그리고 이 책은 정치논문도 정치팸플릿도 아닌 단순명쾌하면서도 매우 잘 짜여진 명상록이기도 하다. 이 책을 통해 루크 훌스만은 형법과 형벌과 감옥 제도 폐지주의 사상과 이론을 디자인하며 전혀 다른 접근법과 논리를 제시하고 있다.

이 책 끝부분에서 '형법과 범죄학 연구소' 소장으로 있는 끌로드 포게롱은 매우 통렬한 발문을 통하여 루크 훌스만의 폐지주의 입장이 필연적으로 도발할 수밖에 없는 토론과 논쟁들을 이제부터 제대로 펼쳐나가보도록 하자는데 동의를 표하고 있다.

스페인어판 서문

-후앙 부스토르스 라미레즈(1984)-*

루크 훌스만의 이 책은 매우 어렵다. 그러나 동시에 대단한 만족스러움도 함께 가져다준다. 이 책은 매우 풍부하며 깊이 있는 주장을 제시하고 있으며, 그 끝을 따로 정해 두지 않은 미완의 책이기도 하다. 이 책의 서술 방법 역시 경이롭다. 왜냐하면 이 책은 클래식 등을 포함하여 이전에 그 유례를 찾아볼 수 없는 형식을 취하고 있기 때문이다. 이 책에서 저자의 개인사를 담고 있는 부분은 루크 훌스만 자신의 경험을 담고 있다. 그는 일상생활 경험을 통하여 국가, 온갖 기관과 제도, 권위, 그리고 형법과 형벌과 감옥 제도 등의 신비와 허구성을 벗겨내고 있다. 최근까지만 해도 형사사법제도와 시민의 안전, 이 둘은 서로 떼어서는 도저히 생각조차 할 수 없는 것으로 여겨져 왔다. 하지만 이 책은 그런 편견을 깨고 여기에 맞물려 있는 온갖 조작과 악용 실태를 적나라하게 드러내 보여주고 있다. 시민의 안전이라는 게 논리적으로는 시중 사람들의 여론에서 제기되는 것이다. 오늘날 서베이조사 결과를 보면 이를 엄청나게 증폭시키고 있다. 그러나 시중 사람들도 그리고 통계치도 모두 도대체 그 여론이라고 하는 것은 어떻게 생겨나 만들어지는지를 모르며, 고대역사에서 말하는 그야말로 불가사의한 저 신탁이라고 하는 것과 전혀 다름이 없을 지경이다. 이른바 여론이란 매스컴의 보도에서 유래하며 이는 '언론인'들이 무수한 경찰관들로부터 얻은 자

* Juan Bustors Ramírez, 스페인 벨라테라 바르셀로나 대학 형법교수. 이 스페인어판 서문은 1984년 6월 12일 작성되었다.

료들 중에서 선택한 것이다. 뿐만 아니라 바로 그 여론이란 곧 '경찰' 측이 이미 그렇게 선택한 것이기도 하다. 언론인들에게 자료를 넘기는 경찰 측도 현장을 수습한다고는 하지만, 은행을 턴다든지 주식회사형 공기업을 파산시킨다든지 시장에 불량휘발유를 유통시킨다든지 하는 자들과 함께 해보지도 않았다는 점은 너무도 명백하기 때문이다. 바꿔 말하면 여론이란 관료주의 특성과 시스템의 제도적 성격에 바탕을 두고 언론과 경찰 측이 사회적 현실을 완전히 일방주의 입장에서 만들어 내는 것일 따름이다.

정말 바로 이런 문제 접근방식 속에서 인간적 차원과 사회적 관계는 상실되고 만다. 따라서 형사사법제도와 시민의 안전, 이 둘의 상관관계란 전혀 다른 반대편 쪽으로 전락하고 만다. 말하자면 이 둘의 관계란 공공질서 대 국가의 안전 문제 구조로 치환되고 마는 것이다. 오늘날 형사사법제도란 국가의 국가를 위한 강제력 시스템이라고 하는 바로 이것이 지배적인 개념이 되고 말았다. 이런 이유로 개개인 사람들은 사람 됨됨이를 상실하고 말며 한낱 범죄나 불법침해 등의 피해자로 전락하게 되고 말거나, 아니면 범죄나 불법침해의 원인 제공자로 전락하고 말 따름이다. 시스템이란 제도화하기 마련이며, 실상 사건 원인 제공자도 피해자도 형사사법절차에 있어서 전혀 아무런 몫도 부여받지 못한다. 따라서 사건원인 제공자에 대해서는 사회 재통합을 통하여, 피해자에 대해서는 여러 가지 보상 방식 등을 통하여 각종 개혁조치들이 시도되어 오기는 하였다. 하지만 제도는 개개인 사람들에 대해서는 언제나 아무런 실효성도 보여주지 못한다. 제도란 사람들을 사람들 그 자체가 아닌 오로지 국가와의 관계 속에서만 다룬다는 논리성에만 의존하고 있다. 우리들은 형사사법제도와 시민의 안전에 대하여 사회를 이루는 구체적 사람 사람들의 보다 더 큰 행복이라는 엄격한 의미로 이해하는 경향이 있다. 그러나 이런 이해방식이 반드시 실제로도 들어맞는 건 아니다. 우선 형사사법제도란 반드시 이러저러한 사람들의 악을 막아내는 제도라는 주장에 대해서부터 시작해보도록 하자. 형사사법제도는 낙인찍기와 오명 뒤집어씌우기 대상 선정을 통하여 그리고 저 오랜 희생양 바치기라는 토대 위에서 일방주의 방식으로 움직일 뿐만 아니라, 사회를 구성하며 서로 관계를 맺고 있는 사람들의 필요을 충족시키기 때문이라는 이유를 내세우기까지 한다. 형사사법제도는 이론, 정책, 사회 등의 측면에서 심각한 역기능을 초래하고 있다. 형사사법제도는 항상 주민들 중 이미 확정한 계층에 대해서만 적용되며. 이런 집행에 있어서 뿐만 아니라 규범을 만드는데 있어서도 일방주의를 견지하기 때문에 확실한 정당성이란 존재하지 않는다. 이 책은 이상과 같은 사회구성원들 절대다수가 직면하는 문제들에 대하여 해결방안과 그 경로들을 제대로 제시하고 있다.

스페인어판 옮긴이는 루크 훌스만이 이 책에서 아무런 결론도 내리지 않은 점은 잘못이라고 생각한다. 왜냐하면 범죄나 형사상의 문제가 아니며 도대체 어떠한 강제력도 적용할 필요가 없는 다른 대안들이 있다는 점을 제시한 다른 저작들에 이미 그 결론이 잘 나와 있기 때문이라는 것이다. 예컨대 랭(Laing)이나 쿠퍼(Cooper) 등이 제시한 정신의학 차원의 대안들을 들 수 있다.* 하지만 스페인어판 옮긴이의 말

* 로널드 데이빗 랭(Ronald David Laing : 1927~1989)은 실존철학 영향을 크게 받은 정신과의사로서, 당시 정통 정신의학에 반기를 들고 환자들의 생생한 경험을 타당한 것으로 받아들이면서, 이를 별도의 질환에 의한 증상이라고 보지 않았다. 데이빗 쿠퍼(Daivid Cooper : 1931~86)는 남아프리카 정신과의사로서, 랭, 토머스 사츠(Thomas Szasz), 미셸 푸코 등과 더불어 안티정신의학운동의 주도적 이론가 및 지도자였다. 1965년 랭과 함께 '필라델피아 연맹'을 만들어 자신의 안티정신의학운동을 실천에 옮겼으니, '실존주의 마르

과는 정반대야말로 사실이다. 즉 루크 홀스만의 이 책은 모든 의미에서 문제의 허구성을 벗겨내며, 범죄문제 즉 형사문제에 대하여, 형이상학, 신학, 절대이성, 공통된 속성, 사회적 제로상태라는 추상적 가정 등과 같은 시각이 아니라, 사람들로 이루어진 사회 속에서 살아가는 복잡하기 이를 데 없는 사람들의 문제라는 시각에서 판단하며 풀어나가고 있기 때문이다. 루크 홀스만의 이 책은 도그마처럼 받아들인다거나 사법절차조차도 거치지 않은 채 어떻게 해보고자 하는 것과는 다른 대안적 방안들을 성찰해보자며 독자들을 초대하고 있다. 그리고 바로 이런 뜻에서 보면 공공의 안전이란 첫째 무엇보다도 먼저 국가의 민주화가 깊게 진행되는 것과 매우 깊은 연관을 맺을 수밖에 없다. 그리하여 단지 사람들의 일부가 아닌 모든 사람들이 더욱 더 자신의 문제를 해결해낼 역량을 갖추고 있으며, 다른 추상적인 대변자 등으로는 결코 대치되어서는 안 된다는 점을 더욱 더 확고하게 밝혀낸다. 어느 경우에도 어디에서나 어느 때나 그리고 모든 것에 대하여 자신의 입장을 말씀하시는 이 땅 위에 머무시는 하느님은 필경 저 하늘에 계신 하느님보다 이 땅 위에서 살아가는 사람들에 대해 훨씬 더 안 좋게 대할 것은 명약관화하다. 저 하늘에 계신 하느님이야말로 워낙 멀리 떨어져 있어서 사람들에게 훨씬 더 관대하다.

크스주의' 입장에 선 그는 1970년 정치보다는 영성주의에 경도되어 필라델피아 연맹을 그만둔다. 그는 광기와 정신병은 사회적 산물이며 궁극적인 치료는 혁명을 통해서 가능하다고 보았고 혁명이 성숙했다고 본 아르헨티나를 여행하였다. 영국에 돌아왔다가 말년은 다시 프랑스에 가서 보냈다. 1967년 런던에서 랭, 폴 굿맨, 알렌 긴스버그, 허버트 마르쿠제, 블랙팬더 측의 스토클리 카마이클 등과 함께 '해방의 변증법 회의'를 개최하였으며, 필라델피아 연맹 창설위원, 현상학연구소장 등으로 활동하였다.

이탈리아판 서문

-닐스 크리스티(2001)*-

필자는 이 책의 저자인 루크 홀스만이 시대를 잘못 만났다고 생각합니다.

아마도 루크 홀스만은 중세시대 태어났더라면 훨씬 더 이상적이었을 것입니다. 저는 그때 루크 홀스만이 조그만 성의 주인장이었을 것으로 확신합니다. 그 성은 너무 작아서는 안 되며 그렇지만 아마도 제대로 된 성임에 틀림없을 것입니다. 이 성에는 매일 아침마다 수목과 화초들을 돌보기에 적당할 만큼 충분히 커다란 정원이 자리 잡고 있습니다. 금세 정원은 울창해지며, 그러다보니 누군가 이 정원에 침범하기란 결코 쉬운 일이 아닙니다. 하지만 그래도 문제가 전혀 없는 건 아니로군요. 이 성의 주인들은 커다란 방 안에서 선생님이 돌아오길 기다리길 더 좋아하니까요. 때가 되면 수목과 화초를 돌본 후 형법상 여러 가지 갭들에 관한 신생님의 수업을 열심히 들었을 겁니다. 루크 홀스만은 마이크를 쓰진 않았을 것입니다. 왜냐하면 목소리는 특별하게도 충분히 크게 울리기 때문이지요. 저서를 쓰거나 하지도 않았을 겁니다. 루크 홀스만은 당시에도 지금처럼 뭘 쓰기보다는 말하는 것을 훨씬 더 좋아 했을 것이기 때문입니다.

이 책이 대략 바로 그와 같습니다. 이 책은 말을 글로 옮긴 것이

---

* 닐스 크리스티(Nils Christie : 1928~) 오슬로대학 법과대학교수(형사학과 범죄학). 수많은 저서가 많은 나라 언어로 번역 출간되있으며, 삼합법화 운동, 마약정책개혁 등에 매진해왔으며, 관심사는 감옥, 갈등과 분쟁, 범죄통제 등이며, 학교의 다양한 기능, 마약문제, 형벌의 기능과 정당화 논리, 범죄와 사회발전의 상관관계 등에 관한 저서들이 있다.

며 대화를 통하여 내용을 만들어갑니다. 그리고 이 책은 중요도와 명성에 있어서 어디에도 뒤지지 않습니다.

사람들이 루크 홀스만을 둘러싸고 경청하며 그의 말은 범죄문제 즉 형사상의 문제들에 관심이 있는 이들의 입에서 입으로 전해질 것입니다. 이것이 바로 오늘날 벌어지고 있는 일과 같습니다.

루크 홀스만의 이 중세시대 성으로 방문해보는 건 결국 그가 살아가는 실제 모습을 경험하는 것과 하등 다를 바 없습니다. 그런데 많은 사람들이 커다란 방에서 이야기를 경청하는 동안, 꼬마 애들 몇이서 어느 한 방의 침대를 통해 들어와 몇 가지를 집어 들고 줄행랑칩니다. 지금부터 이 건에 대하여 제가 드러내 보이는 사실관계에 주목해주십시오. 이 꼬마 애들은 루크 홀스만과는 평소에도 익숙한 바로 그 아이들입니다. 구체적으로 말씀드리지요. 지금 수준에서는 전에 어떤 일이 있었는지는 모두 접어두도록 합니다. 루크 홀스만은 '꼬마 애들이 제 방에 침입했어요.' 하고 말하지 않습니다. 더더욱이나 '꼬마 애들이 몇 가지를 도둑질해 갔어요.' 라고는 전혀 말하질 않습니다.

이렇게 상황을 드러내 보이는 것은 형법의 정도를 보여주며 루크 홀스만이 범죄를 어떻게 생각하며 평가하고 조치할 것인가를 잘 알려줍니다. 루크 홀스만은 사실관계를 객관적으로 평가할 수 있도록 하며, 보통 사람들이 자신의 입장을 말해주도록 설득하고, 필요하면 그렇게 하도록 하는데 알맞은 일을 몸소 직접 다해가면서 상황을 드러내 보이고자 합니다.

그럼 구체적으로 위 사건에서 루크 홀스만은 어떻게 할까요?

그에게 정말 중요한 몇 가지 물건들을 꼬마 애들이 가져갔다면 루크 훌스만은 성 안팎에 있는 친구들에게 도움을 청할 것입니다. 그래서 물건을 찾게 되면 루크 훌스만은 꼬마 애들 부모님들에게 커피를 함께 들자며 집에 초대할 것입니다. 꼬마 애들은 가져갔던 것들을 루크 훌스만에게 되돌려줄 것이며 꼬마 애들 할아버지들은 모두 기뻐하며 루크 훌스만에게 정말 매혹적인데다가 진기한 수목과 화초를 줄 겁니다. 그리고 계속해서 이들이 만난다면 서로들 포옹하며 폭소를 터트리며, 인생 전반에 대해 이러저러한 얘기들을 나눌 것이며 무엇보다도 빼어나게 아름다운 수목과 화초에 대해 이야기들을 나눌 것입니다.

루크 훌스만에게 이상적인 역사적 시대란 바로 이와 같은 삶이었습니다. 하지만 우리가 살고 있는 지금 시대는 중세시대가 아닙니다. 우리들은 도대체 그와 같은 성에서 살 수조차 없습니다. 그보다 훨씬 오랜 세월이 흐르고 난 후에야 비로소 네덜란드의 차 거르개가 전세계로 퍼져나가기에 이르렀습니다. 그럴수록 루크 훌스만이 자클린느라고 하는 다른 분과 함께 쓴 이 책은 정말 기가 막히게 당당하며 장대하고 훌륭해집니다.

닐스 크리스티
2000년 12월 19일

이탈리아판 옮긴이의 말

-빈첸조 구아글리아르도(2001)-*

루크 훌스만은 1923년 태어났으며 형법교수, 네덜란드 법무부장

* 빈첸조 구아글리아르도(Vincenzo Guagliardo : 1948~) 북아프리카 튀니지 출신, 이탈리아 붉은여단 지도자로서 테러리스트, 작가. 이탈리아 밀라노의 마그네티 마렐리회사 노동자로서 붉은여단의 제노아 지역위원으로 활동하였다. 알도 모로 전총리 납치 이후 시기 붉은여단의 전투지도자로서 프랑스 파리의 히페리온연구소와 같은 유럽혁명단체 등과 교류하는 행동대원이었다. 빈첸조는 다른 두 명과 함께 1979년 1월 19일 CGIL 노조원 기도 로사(Guido Rossa)를 살해하였다. 스파이라는 이유에서였다. 1980년 5월 알프레도 알바네세 경찰서장 암살에도 관여하였다. 같은 해 체포된 빈첸조는 4배의 종신형에 해당하는 형을 받고 복역 중이다. 형이 확정된 후 빈첸조는 여러 해 동안 감옥 바깥에서는 여러 가지 형태로 벌인 무장투쟁에 대하여 참회하면 정부 측이 다른 모든 죄수들에게 그랬던 것처럼 은전을 베풀 텐데 하는 말을 들었다며, “다행히도 우리들은 그럴 기회를 놓쳤습니다.” 하고 밝힌 바 있다. 그는 법에 따른 은전을 바라며 반정부 무장투쟁에 대해 참회하거나 단절하는 일은 결코 하지 않았다. ‘전투적 혁명가’에게 사람의 의미를 없애버리는 일이 되며 형사사법제도에 의존하게 만든다고 보기 때문이다. 이는 주로 리체(Lecce) 대학 역사지리철학부의 MURS 측의 도움으로 발간된 그의 저작들에서 표명되었다. 현재 역시 붉은여단 출신인 부인 나디아 폰티와 함께 지내는 반쯤은 자유로운 생활을 허용 받고 있다. 낮에는 밀라노시에서 남동쪽으로 16킬로미터 떨어진 요새지역인 멜라그나노그에 가있어야 하므로 책을 보질 못하지만 저녁에는 밀라노시 오페라 감옥으로 되돌아오고 있다. 그의 저작 일부는 붉은여단 출신이 운영하는 출판사 측에서 나오고 있다. 빈첸조에게 살해당한 기도 로사의 딸인 사비나가 2008년 감옥에 가서 빈첸조를 면회한 다음 나와서 조건부석방 은전을 내려주도록 요청하였다. 그러나 이에 빈첸조는 참회해야 하는 조건부석방이란 받아들일 수 없다고 밝히고 있다. 그의 저서는 다음과 같다.

『노인의 죽음』 *Il vecchio che non muore*, Freebook, Milano, 1991.

『투옥재판기록 : 어느 죄수의 러브스토리』 *Il Mete imprigionato: storia di un amore carcerato*, pubblicato da Grafton 9, 1994.

『고통과 형벌』 *Dei dolori e delle pene*, ediz. Sensibili alle Foglie, 1997.

『거듭된 패배 : 붉은여단은 희생양 제물이다』 *Di sconfitta in sconfitta. Considerazioni sull'esperienza brigatista alla luce di una critica del rito del capro espiatorio*, edito da Colibrì Edizioni, 2002.

『저항과 자살 : 정치적 양심론』 *Resistenza e suicidio. Appunti politici sulla coscienza*, edito da Colibrì Edizioni, 2005.

『검은꽃 : 섹슈얼리티와 장애인』 *Il fiore oscuro: sessualità e disabili*, con Edoardo Facchinetti, Nunzia Coppedè e Adriana Belotti, pubblicato da Sensibili alle Foglie, 2005.

관 보좌관 등을 지냈습니다. 그러나 그의 경력을 이야기할 때 그 후 적어도 25년 이상 동안 그가 형사사법제도 폐지주의 운동과 이론을 직접 전개해온 점을 빼놓을 수 없습니다. 물론 가장 유명한 폐지주의자인 노르웨이의 닐스 크리스티와 토머스 마티센 등과 더불어서 함께 말입니다. 그래서 지금부터 18년 전 프랑스에서 루크 훌스만과 자클린느가 함께 펴낸 이 책의 이탈리아어판을 법학자도 아니고 범죄학자도 아니며 최소한 사회학자조차도 아닌 절대적으로 전과자에 불과한 제가 이 책을 이탈리아어로 번역 소개하게 된 것은 전혀 불가사의하거나 무시무시한 일이 결코 아닙니다.

따라서 옮긴이는 여기서 법 이야기는 따로 하지 않겠습니다. 그리고 위에서 언급한 학계의 이단적인 폐지주의에 대해 보건대 독자들은 이렇게 옮긴이인 저 자신 못지않게 저자인 루크 훌스만에 대해서도 자세히 언급하지 않는다 해도 그다지 놀라진 않을 것입니다.

약간의 허영이 불가피하다 해도 하는 수 없습니다. 다만 저는 온갖 '추상적인 것들'과 대비되어 '살아 움직이는' 폐지주의자인 루크 훌스만의 방법론과 조화를 이루어야 하는 중요성을 감안할 때 루크 훌스만이 저에게 이탈리아어판을 내도록 허락하여 주신 점에 대하여 지극히 자연스러웠다는 점을 말씀드리고자 합니다. 사실 저는 23년 동안 감옥살이를 했으며, 이 또한 제가 이 책을 이탈리아어로 번역 소개하는데 학계의 폐지주의와는 대비되는 좋은 경력이 될 수 있다고 생각했습니다.

제가 그 많은 세월을 감옥에서 보낸 후 치매 등을 앓으며 제 정신을 잃게 되질 않고 대신 이렇게 루크 훌스만의 이 책을 이탈리아어로 번역 소개할 수 있다는 것은 정말 커다란 행운입니다. 물론 저만 그런 것은 아니겠습니다만, 폐지주의 사상가 3대 거두인 루크 훌스만, 닐스 크리스티, 토머스 마티센 등은 그들이 사는 저 북유럽에서 이탈리아에 바람을 불어넣어 이탈리아 반도를 감싸고 있는 먹장구름들을 걷어내 주었으며 저로 하여금 생각을 여물게 만들어갈 수 있도록 격려해주었습니다. 사실 저는 루크 훌스만의 경로와는 매우 다른 길을 통하여 폐지주의라는 결론에 도달한 바 있습니다. 하지만 제가 개인적으로 여러 가지 시각들에 대해 개인적으로 마음 둘 데 없이 절망적인 상황에 빠지지 않도록 발견의 기쁨을 누리게 된 것은 바로 이분들의 "북유럽 바람" 덕분이었습니다.

폐지주의의 바탕에 있는 루크 훌스만의 사상은 무엇을 말해주고 있는 걸까요? 그것은 바로 폐지주의란 전혀 새로운 혀 즉 새로운 언어체계라는 점입니다. 요컨대 폐지주의 세상은 그 시작이 불가피하게도 무척이나 힘든 것입니다. 고대 로마시대로부터 지금까지 모두가 다른 무엇보다도 '죄 지었다'고 하는 것에 대하여 전혀 다른 혀 다른 언어들로 말해오고 있었습니다. 그러나 정말 오래 된 바로 이 언어야말로 끊임없이 새로이 쌓는 바벨탑에 불과합니다. 탑을 쌓는 사람들끼리 모두가 말이 서로 달라 혼란과 혼동의 연속이었습니다. 그런데 지금도 여전히 똑같은 말을 해도 서로가 다른 것을 뜻하며 말이 전혀 다릅니다.

자, 루크 훌스만은 이 책에서 형법과 형벌과 감옥 제도의 특성을 아주 뚜렷하게 부각시켜주고 있습니다. 그런데 이에 대하여 응답이 없는 게 아무리 중요하다고 해도 그와 같은 특성이야말로 지금과 같은 형사사법제도를 만들어낸 바로 원천인 것입니다. 모두가 폐지주의의 길로 나아가고 있습니다. 바로 여기에서부터야말로 모색과 행동이 일치하는 희망과 방법이 시작됩니다. 정말 도달하기 힘든 지혜를 가진 루크 훌스만은 있을 수 있는 허다한 형이상학적 범죄이론들의 철학적 토대를 아예 꿰뚫어 보는 일조차 하질 않습니다. 보복응징의 마음을 공유하지 않고서도 루크 훌스만은 이 이상으로 논쟁을 벌이질 않으며, 대대적으로 진짜 범죄 피해자나 잠재적 범죄자 등에게 혜택이 돌아가게 해야 한다고 공언하고 있습니다. 즉 바로 저에게 독자 여러분은 복수하기를 원합니다. 저는 여러분의 안전과 보호받고자 하는 욕구를 잘 이해합니다.

그러나 형사사법제도는 여러분에게 요청하는 것을 전혀 제공해주질 않으며, 그보다는 오히려 뒤에서 여러분에게 약속한 것과는 정반대의 해악들을 안겨주고 맙니다. 이는 제가 여러분에게 말씀드린 논리적 관점에서 유일한 것입니다. 루크 훌스만은 제가 보기에 사실상 사법을 통하여 매우 공정하게 이루어지는 보복과 복수, 안전, 보호 등등의 필요성이란 매우 현실적이며 이성적인 태도로부터 유래하는 것으로서, 진짜 '집단환각 중증정신장애'를 일으키는 것에 불과하다는 점을 너무도 잘 설명해주고 있습니다. 하지만 안전과 보호에 관한 한 매스컴과 정치인들은 고의적으로 허위정보나 역정보를 내보냄으로써 시극히 이례적이며 변태적인 행태를 저지르고 있습니다.

바로 이 지점에서 저는 루크 훌스만이 매우 유용하다고 봅니다. 제가 앞에서 말씀드린 대로 폐지주의자들은 서로 매우 다른 길들을 통하여 똑같은 폐지주의의 결론에 도달하였습니다. 우리가 원한다면 루크 훌스만은 이 '철학적 경로'를 의도적으로 한쪽으로 유보해버린 것입니다. 저는 '붉은여단' 소속으로서 무장투쟁을 벌이다가 마침내 패배하여 감옥에 갇혔습니다. 저는 폭력혁명사상에 의존하였으며, 다시금 우리가 입구 문 쪽에서 사냥하던 것들에 대하여 일개 창문으로 다시 들어가게 만들고 싶지는 않았습니다. 즉 저는 희생양이라고 하는 가장 고대적인 의식의 제물이 되어 모든 적들과 균형을 이루게 된 것입니다. 그러나 우리는 어떠한 영역에서든 어떠한 종류의 위기이든 난관에 봉착한 것을 깨달았더라도, 그래서 우리가 비판해마지않던 기존 규범들에 제휴 협력하고 있는가를 어디에선가부터 제대로 인식하기 위하여 똑같이 우리 자신을 되돌아보며 성찰하기보다는, 속죄를 위한 희생양 정도로 규정하고자 온갖 노력을 다 경주하였습니다. 그래서 자발적으로 다시 감옥형을 살게 되는 것까지도 마다하지 않게 된 것입니다.

그리고 폭력에 의존하는 것은 제휴협력과 자발적 감옥형의 여러 가지 형식들에 대하여 주의를 흐트러뜨리도록 조장하였습니다. 결국 이는 기존 질서에 순응하는 것입니다. 똑같이 명백한 사실은 제가 살고 있는 이 감옥형이야말로 바로 그와 같은 집단적 사고방식의 최대치라는 점을 도저히 알 수 없었다는 점입니다.

그러므로 제가 보기에 우리는 지라르(Rene Girard)가 그의 저서 전반에서 주장하는 것처럼 인간의 자기파멸 고통 즉 문자 그대로 반드시 제거해야 하는 무의식적인 속죄 고통이라고 하는 광기에 사로잡혀 있었습니다. 긴 안목에서 보면 고통과 형벌이란 우리의 유일무이한 모럴이자 우리 서구 문명의 중심축 바로 그 자체인 것입니다.

그러나 문명의 이런 내부붕괴 형식으로 계시록적인 위험이 희석되어 나오는 것은 과연 어디에서 유래하는 걸까요? 사람이란 동물과, 자신은 전혀 움직이지 않으며 태고 적부터 확고한 외부의 실체인 것, 이 둘 사이에서 다리 역할을 하고 있다는 사실로부터, 자기 자신과 분리한다면 초월자의 원리에 대해 그것이 가능한 현실로부터 유래한다고 잘못 이해하거나 잘못된 해석을 하게 됩니다. 그것은 마치 전유의 논리와 영지지배론과 주권론 등을 통하여 완전한 존재의 불완전성을 방어

하는 것과 똑같습니다. 또한 이상비대 발달을 통하여 외부의 도움 없이 살아나가는 마치 착각 속에나 있는 환상적인 자족적이며 완전한 인간이 정말 실제로 있는 것처럼 환원하는 것과 똑같습니다. 그 자체가 모두 1심 법원 소유자로서 여전히 우리들에게 이런 진보를 가져다준 철학자의 머리에서 구성되어진 것입니다.

그리고 이 모든 것들은 결국, 하나하나의 학습 과정이라고 하는 게 동물의 세계와 마찬가지로 모방에 불과하다는 바로 그 진부하기 짝이 없는 이유 때문입니다. 그리고 이런 카무플라주 위장 원리란 곧 지라르가 설명하는 바와 마찬가지로 '2인자가 되려는 욕구'에 다름 아닙니다. 바로 이런 그림 속에서 속죄의 희생제물 의식과 습관이야말로 승인되지 않은 것이면서도 인간의 모든 행위들 속에 반드시 꼭꼭 숨어 들어있는 중심축이 되고 말았습니다. 맞습니다. 형사사법제도란 이렇게 지금까지 역사적으로 죽임을 일삼는 이런 종교를 위해 세운 최대의 기념비, 바로 그것입니다.

그러나 이 종교는 속죄를 위한 희생 제물에 대해 우리들 사회적 삶의 유일한 중심축이리며 거기에 의존하는 비이성적 성격을 지니고 있으며, 그러나 이와 더불어 언제나 끊임없이 새로운 마녀를 사냥해야만 하는 훨씬 더 수많은 사냥꾼들이 있으며, 그러나 이들에게 '그 속죄를 위한 희생제물을 배급하도록' 하는데 있어서는 그와 같은 종교도 이젠 아무런 쓸모도 없는 것이 되고 말았습니다. 그럼에도 불구하고 그들에게 논리적 관점에서 보더라도 형사처벌제도라는 것이 그들이 예상하는 것을 가져다주진 못한다는 점을 설명해주어야만 합니다. 민법제도야말로 복수의 욕구에 불타는 사람들조차도 훨씬 더 만족하게 해줄 것입니다. 대신 그들에게 확실히 감옥이란 경제적으로 반대결과와 역효과만을 낳는다는 사실을 여실히 입증한다는 점은 안중에도 두질 않으며, 분노를 이기지 못하여 스스로 파멸의 구렁텅이에 빠져 버려 결국에 가서는 한 나라 한 사회의 경제를 파탄시키고 마는 사람들이 엄존하고 있는 실정입니다.

오히려 이처럼 수도사처럼 이 '종교적인 사람들'에 대해 형이상학적인 성찰을 해보는 것은 억압에 반대한다고 공언하는 사람들이나 자신이 그렇다고 생각하는 사람들에게 모두 매우 소중한 것이 될 수 있습니다. 바로 이 지점에서 '승인되지 않은 중심축'을 붙잡아내지는 못한 채 온갖 무수한 성찰만을 거듭하면서도 여전히 무덤만을 파헤치며 머뭇거릴 뿐, 어렵게나마 진정한 변화를 이루어낼 가능성들을 활용하지 못하고 있을 따름입니다. 비판적인 사람들은 수도 없이 기념비에 불과한 형사사법제도를 긍정할 뿐만 아니라 1천 개에 달하는 다른 분야들에 있어서까지도 그 형사사법제도의 토대에 공모하며 무의식적으로 다양한 형태로 야합을 서슴지 않고 있습니다. 위기가 발생하는 경우 바로 그 자동소총을 더 많이 들이밀며 그 손쉬운 적이 위기를 초래했다고 나서는 모습들은 정말 불쾌하며 기분 나쁜 일입니다.

노조운동가, 여성운동가, 환경운동가, 동성애운동가 등이 형사사법제도의 확대 강화를 위하여 새로운 범죄들을 더 만들어내고 필요한 개념규정을 더 많이 해달라고 요구하고 나서는 것은 정말 슬프기 짝이 없는 노릇입니다. 폭력 없는 좀 더 살기 좋은 세상을 원한다면, 그러므로 분쟁과 갈등이라고 하는 게 무력으로 억눌러야만 하는 그 어떤 것이 아니라, 중재 조정 보상 배상 등과 같은 방법을 통하여 자유롭게 해결 해소하는 방안을 논의해야 하는 긍정적인 현실이라고 보고자 한다면, ... 즉 분쟁과 갈등의 구조를 바꾸어 해결하도록 하는 방안을 찾아보며, 그래서 사람 됨됨이의 양심에 따르는 그러한 방향으로 나아가고자 했으면 합니다.

저는 선과 악, 비극적 파국과 그로부터 탈출구 중에서 어느 쪽인지는 모르지만 우리들이 전환기에 가까이 와있다는 것만은 확실하다고 봅니다. 형사사법제도의 패러독스란 이 제도가 움직이지 않으면 않을수록 즉 작동하지 않으면 않을수록 '무의식적인 속죄 제물'을 만들어내질 않게 된다는 사실에 있습니다. 지난 20여 년 동안 그리고 지금껏 형사사법제도가 기고만장하도록 치켜세우며 극단으로 치닫게 만들며 확대강화를 도모해온 히스테리는 그것이 지배종교의 제단에 불과함을 확인시켜주며, 공개적이진 않으나마 모든 것에 대하여 다소라도 잘 설명해줍니다.

1982년 출간된 루크 훌스만과 자클린느의 이 책은 이 모든 것을 명백하게 지적하고 있진 않습니다. 그럼에도 불구하고 이 책은 이 모든 것에 대한 타당성을 부수지 않을 뿐만 아니라 오히려 절대적으로 그 타당성을 확증하고 있으며 정확한 판단과 입장 정하기에 매우 유용한 지침서가 되어주고 있습니다.

형사사법제도는 자체 영역을 훨씬 벗어나 종횡무진하고 있으며, 자신의 논리를 훨씬 더 수많은 사회생활 및 개인의 사적인 삶의 영역으로까지 확장해나가고 있고, 더욱 더 정치를 포기하게까지 내몰고 있습니다. 특히 이탈리아 사례를 보면 감옥은 물론이고 이제는 재판마저도 그 자체가 수많은 법의 족쇄들을 제거해버렸으며, 대신 이를 정반대인 상을 주는 것으로 바꾸어버리고 말았습니다. 그야말로 순수한 형벌논리 및 인간의 존엄성에 대한 모독을 극대화한 것입니다. 일반적으로 서구유럽의 경우 국가 차원에서 위기 시 가장 가난하며 취약한 계층에 대하여 거의 유일한 응답으로 사회 '국가'로 변모한다고 주장하면서 보다 더 커다란 감옥들을 새로 짓거나 개조하고 있습니다. 요컨대 단지 억압하는데 그치지 않고 더욱 더 많은 사람들을 감옥에 수용하고자 하는 것입니다.

미국의 경우 죄수들이 2백만 명 정도입니다. 상당수는 사형 판결이 확정된 상태입니다. 이탈리아의 경우 1990년에 비해 오늘날 죄수들이 두 배 이상 늘었습니다. 국제적 수준에서 보더라도 외교적 수단에 의하지 않고 대신 상설적으로 운영하는 국제형사법원에 의존하는 추세로 나아가고 있는 실정입니다. 그러나 저는 형사사법제도가 확대 강화되면 될수록 그 자체가 더욱 더 비효율적이며 실효성도 더 떨어지게 될 뿐만 아니라 오히려 반대결과와 역효과만을 드러낼 따름이라는 패러독스는 더욱 더 명약관화하게 나타난다는 점을 재차 반복하여 지적해 두고자 합니다.

이탈리아에서 흥미로운 것은 1990년대 수사가 이루어진 이른바 '마피아와 연계된 정치부패사건'이었습니다.* 당시 형사사법제도 측은 전통적으로 민간인과 공무원 일색이던 데에서 벗어나 수많은 화이트칼라 출신까지도 수사대상으로 삼아 형사 처벌하였습니다. 물론 이들은 실제로는 거의 감옥형이 확정되기까지 하지는 않았지만 이들은 '사법의 과도한 정치화' 및 '형법의 과도한 남용'이라며 소리 높여 항의해 마지않았습니다. 이로 인하여 훨씬 더 온건한 중도파를 표방하는 '포르짜 이탈리아당'이 만들어졌으며, 이탈리아 정치권이 자유주의 혹은 진보주의 방향으로 나아가도록 자극하기에 이르렀던 것입니다. 이들 화이트칼라 계층은 망가지고 해체된 사회에서 원자화된 삶에 대해 스스

---

* 이탈리아 정치부패사건(Tangentopoli, 일명 '부패도시'사건) 1990년대 초반 이탈리아 정부, 의회, 기업세계 등을 휩쓴 정치부패사건으로 국영전력회사 ENEL 측이 7억 달러를 유력정치인과 정당 등에게 정부계약을 따내는데 뇌물로 전달한 사건이다. 크락시 전총리, 베를루스코니 총리의 동생 등을 포함하여 4백여 의원 및 160명의 일반인 등이 연루되었다. 또한 같은 시기 마피아소탕작전이 함께 벌어져 시칠리아 기민당총재이자 국방부장관을 역임한 살보 안도, 안드레오티 전총리 등이 연루된 것으로 밝혀져 사법처리된 바 있다.

로 책임을 지진 않았습니다. 그렇지만 분쟁과 갈등을 해결해야 한다고 처음으로 요청받았을 때 형사처벌제도 측은 이론상 오히려 오직 마지막으로 나서서 역할을 하는데 그쳐야 합니다. 그런데 오히려 이들이 훨씬 더 히스테리컬한 '관용제로' 및 가난한 자들로부터 안전을 지키는 정책을 요구한 반면, 자기 자신들에 대해서는 '사법의 과도한 정치화'를 중단하라고 요구하였습니다. 이는 이중적 잣대라고 하는 지극히 고전적인 위선자의 모습이자 진정한 정신분열증을 여실히 드러낸 것입니다.

내부붕괴를 재촉하는 이와 같은 속죄제물 희생양의 논리에 직면하여 저는 억압반대운동 측에서 형사사법제도에 대하여, 그것이 절대 다수 신자들을 차지하고 있으며 우리 모든 삶을 규제하는 중심축으로서 종교의 '유일한' 제단임을 제대로 설명하지 못한다면 도대체 거의 아무 것도 해낼 수 없다고 봅니다. 그렇지 않으면 우리는 숨겨진 중심축이나 사람 됨됨이에 대해 비폭력적인 태업형 스트라이크를 벌여가며 수지맞는 활동을 벌이는 방안이라고 하는 게 파멸을 향해 치닫게 되고 만다는 것을 알게 될 것입니다.

이상과 같은 지적이 일부 계시록논자나 천년왕국설논자들에게는 아무런 의미도 없을 것입니다. 그들은 무엇을 해야 하며 사태가 이떠한가 하는 것은 시류에 전혀 맞지 않는다고 볼 것입니다. 저는 사실상 우리가 지금 지적하는 사항이 가장 오래 된 것으로까지 거슬러 올라간다고 확신합니다. 이 점에 대해서도 우리는 스스로가 정말 장구한 세월 동안에 걸쳐 논란을 벌여왔습니다. 예컨대 지라르(Girard, *The Scapegoat,* 1982)에 따르면* 복음서에서 사탄은 기소자(검사)처럼 가서

* 르네 지라르(René Girard : 1923~) 저명한 프랑스 역사가, 비평가, 사회과학철학자. 모방은 학습뿐 아니라 욕망에 대해서도 영향을 미치며 모방된 욕망이란 결국 분쟁과 갈등의 원인이 된다고 보는 모방이론, 희생양 만들기 메커니즘이야말로 인류문화의 근원이라고 보았으며, 지라르는 종

보는 자인 것으로 등장합니다.

반면 그리스어 'parakletos'에서 유래하는 성서의 '탄원자'라는 사람은 이탈리아의 바로 그 변호사와 정확히 일치합니다. 말하자면 모든 방어해야 하는 측의 사람과 피해자들을 지켜주는 사람을 가리킵니다. '탄원자' '구원자'란 박해자의 논리를 잘 막아주도록 하기 위하여 등장합니다. (전혀 무작위적인 게 아니라는 점은 '판결하지 않는다'는 저 유명한 탄원 단계란 전혀 무작위적인 게 아니라는 예는 수없이 많이 나온다.) 그러나 이 말은 반드시 단지 음역하는 식으로만 다른 나라 말로 바꾸어 썼습니다. '위로자'로는 결코 번역이 되질 않았습니다.

좋습니다. 우리가 말하고자 하는 것은 현실적인 매듭에 다가가 있는 것에 대해서이며 이 책에서 루크 훌스만이 제시한 모든 내용에 대한 것입니다.

바로 지금 이탈리아에서 전개되는 상황과 관련하여 유럽에서도 이탈리아야말로 가장 많은 종신형을 가하는 나라라는 점을 지적해두는 것은 매우 시의적절합니다. "가장 멋진 형벌"이라는 말처럼 통상적인 게 아니라고 말할지라도 여전히 감옥생활은 현실입니다. 그렇지 않으면 그 정반대야말로 절대적으로 정말 맞는 말입니다.

빈첸조 구아글리아르도

2000년 8월

교란 인류의 발달과정에서 모방을 두고 라이벌 싸움을 벌이는 과정에서 발생하는 폭력을 통제하는데 필수적인 것으로 등장하였다고 본 희생양 이론, 성경은 앞의 두 가지 이론을 잘 보여주며 희생양 메커니즘을 규탄하고 있다고 보는 성서이론 등을 제시하였다.

제1부

루크 훌스만 인터뷰

1장 상황과 사건

2장 내면세계

제1부 루크 훌스만 인터뷰

1장 상황과 사건

자클린느 : 자, 루크 훌스만 교수님, 당신은 뭐하시는 분인지 먼저 소개 좀 부탁드릴까요?

루크 훌스만 : 저는 18년 전부터 로테르담대학교의 교수로 있어요. 당시 제가 어떻게 교수가 되었는지 아주 잘 기억하고 있어요. 어느 날, 겨우 이름정도나 알고 지내는 누군가가 저에게 전화를 했어요. 처음 새로 만들어진 법과대학에 대해 이야기하고 싶다고 하더군요. 1964년이었지요. 바로 전 해인 1963년 로테르담 대학은 새로 두 개의 단과대학을 더 만들었거든요. 과거 경상대학을 보완하기 위하여 법과대학과 사회과학대학을 만든 것이지요. 당시 법과대학을 만든 첫 해엔 형법강의가 없었습니다. 그러나 2년 차에 접어들어서면서부터는 담당 분야 교수가 필요해졌어요. 이유는 몰랐지만 저는 그 당시 주저하지 않고 이 교수직을 수락했습니다.

자클린느 : 교수임용 경쟁시험을 통과하셨나요? 네덜란드 대학은 교수가 되는데 필요한 정상적인 절차와 방법이 어떻게 되어 있나요?

루크 훌스만 : 네, 교수임용은 대부분 개인의 이력서를 참고하여 이루어집니다.

자클린느 : 그 자리에 당신을 임용할 만큼 당신이 무슨 업적을 남기거나 어떤 일을 하신 적이 있나요?

루크 훌스만 : 제가 교수직을 제안 받았을 당시 저는 네덜란드 법무부에서 근무하고 있었으며, 프랑스의 스트라스부르그에서 여러 해 동안에 걸쳐 저는 '유럽범죄문제대책위원회' 위원장직을 맡고 있었습니다. 그리고 네덜란드 법무부에서 근무하기 전엔 네덜란드 국방부에서 근무했어요. 저는 법학 전공 학업을 마치고 한때 국방부(당시 명칭은 전쟁부)에서 근무한 거지요. 저는국방부 근무 당시 '유럽방위공동체' 중재위원회 측에 파견 근무를 나가 있었으며 그래서 저는 당시 2년 이상 파리 주재 근무를 하게 되었어요. 이처럼 저는 오래 전부터 아주 훌륭한 국제관계 실무 경험을 쌓는 기회를 가졌습니다.

자클린느 : 당신의 첫 근무지인 전쟁부는 형벌제도 문제와는 아무 관련도 없는 분야의 부처 아니었던가요?

루크 훌스만 : 절대 그렇지 않습니다. 당시 저는 사법공조를 위한 전유럽 차원의 국제 법규를 만드는 일에 관여하였으며, 유럽 차원의 군대 운영 법규를 만드는 프로젝트도 진행하였습니다. 하지만 이러한 작업들이 결실을 거두기까지 하지는 못했습니다. 역사를 보시면 아시겠지만 당시 프랑스 정부 측에서 비준을 거부했기 때문이지요. 저는 이 일에 매우 깊이 관여했으며, 제가 할 수 있는 최대한의 정력을 쏟아 부었습니다. 당시 저는 네덜란드와 파리 사이를 끊임없는 왕래하며 정열적으로 일하였음에도 불구하고 그간의 노력이 어떠한 결실도 맺지 못한 것을 알게 되었을 때 저는 정말 매우 낙담할 수밖에 없었습니다. 그 후 전 근무처를 국방부에서 법무부로 옮기게 되었는데, 그 이유는 명백히 바로 그와 같이 결실을 맺지 못한 것이 가장 컸기 때문이었습니다.

자클린느 : 파리로 파견을 나가 근무하기 전에는 어떤 일을 하셨나요?

루크 훌스만 : 네덜란드 국방부 법무관실에서 3년 동안 근무하였습니다. 당시 제가 맡은 업무에 대해 지금 거슬러 올라가 생각해보았을 때, 제가 해야 하는 업무는 처음부터 형사상 판결 결과에 대항하여 혹 저질러졌을 수 있는 비인간적인 처우나 수사나 판결은 아니었는가에 대하여 하나하나 꼬치꼬치 캐물어가며 연구 조사해보아야만 하는 그런 형태의 직무였습니다.* 당시 저는 즉각 군형법에 관련된 사안들에 대하여 전념하여 매달려야만 했습니다. 당시 저에게 그때그때마다 수행하도록 부과된 업무 사이사이로 더 수행해야 하던 또 다른 업무는 조건부 석방과 사면제청에 대하여 의견을 표명하는 일이었어요. 당시 이 업무를 하던 저는 매우 불행했습니다. 왜냐하면 제가 보기에 정말 믿기 어려울 만큼 가혹한 제 상관의 형사상 판결에 대항하여, 그와 같은 조건부 석방과 사면 제청을 해야만 하는 업무를 해야 했으니까요. 당시 제가 누군가를 석방하거나 사면해야 한다고 말하면 그들은 저에게, "안 돼,

* 스웨덴, 독일 등지에서 널리 운용되고 있는 일종의 군사옴부즈맨의 역할을 수행한 것으로 볼 수 있다.

당신은 거절해야 해......"하고 말하였거든요. 당시 인사팀에서 영창을 보내는 결정을 내리곤 하였으며, 그와 같은 판결 중 일부에 대해서는 제가 잘못된 것이라며 대항해야 하는 것이 당시 제 업무였습니다. 당시 저는 새파랗게 젊었을 때였으므로, 담당자를 찾으러 가는 일을 마다하질 않았어요. 누군가에 대하여 소급해서 해임 효력이 발생하는 판결을 내린 분에게 저는 분명하게 다음과 같이 물었습니다. "당신은 개인적으로 그와 같은 방식으로 해임 당한다면 어찌할 것입니까?" 그래서 저는 형을 받은 사람들에게 유리한 조건부 석방을 더욱 더 많이 진전시키며 이끌어낼 수 있는 정책 방안들이 무엇이 있는가를 열심히 찾아보기 시작하였던 것입니다.

자클린느 : 너무나 당연하게도 그건 정말 불가능한 꿈이었던가요?

루크 훌스만 : 전적으로 그런 것은 아니었습니다. 저는 시간이 흐르면서 조건부 석방에 관한 정책이 더욱 더 개인의 자유를 존중하는 쪽으로 방향을 바꾸어 나가도록 하는데 성공할 수 있었습니다. 바로 이와 같은 성과야말로 제 인생에서 정말 가장 커다란 보람 중의 하나이기도 하였습니다. 그렇지만 저는 당시와 같이 보잘 것 없는 직위에 머물러 있더라도 전문적으로 잘 준비하며 집중적으로 매달려 전념하기만 한다면 분명히 배타성이 강한 공무원들도 움직여낼 수 있는 것이로구나 하는 점을 매우 일찍 깨달아 잘 알게 되었습니다. 분명히 저에게는 행운도 따라주었습니다. 즉 당시 저는 모든 것을 끌어당기는 매우 유리한 직책에 있었거든요. 명백히 군사적이지 않거나 경제적이지 않은 모든 문제들에 대하여, 국방부의 입장이나 자문을 구하기 위해서는 바로 제가 근무하는 법무관실에 전달되어야만 했던 것입니다. 다른 부처에서 만든 모든 기획안들도 장관 자문위원회에 전달되기 전에 국방부와 제가 근무하던 국방부 법무관실을 거치게 되어있었습니다. 그런데, 당시 제가 국방부 법무관실에 근무하기 시작하였을 때 우리 팀의 다른 멤버들은 마침 네덜란드의 식민지였던 인도네시아 정세 문제에 골몰하고 있었습니다. 그 당시 인도네시아에서는 전쟁 중이었습니다. 통치권의 이전을 준비해야 할 필요가 있었습니다. 이 업무는 우리 부서 사람들에게 매우 커다란 일거리를 가져다주었습니다. 따라서 항상 일상적으로 그러한 것은 아니었지만

당시의 현안들이 마지막에 들어와 일하고 있던 막내 격인 저에게 맡겨지기 일쑤였습니다. 예를 들어, 핵에너지에 관한 법률문제를 제가 맡게 된 것은 당시 제가 그 부서 업무를 맡은 지 두 달밖에 되지 않았을 때였습니다. 사실 당시 저는 핵에너지에 대해 문외한이었거든요. 따라서 저는 최선을 다해서 일을 시작하였습니다. 그리하여 저는 업무 수준에 대하여 높은 평가를 받기에 이르렀으며 그러다보니 저는 커다란 신뢰를 받기 시작하였습니다. 이 일은 저에게 그 무엇과도 맞바꿀 수 없는 막대한 효용가치를 가져다주었습니다. 즉 국방부 법무관실의 관례상 중요한 업무로 판단되는 일을 하기 위해서는 법적으로 저를 절실히 필요로 할 수밖에 없게 만들었으며, 저는 결정적인 순간이 다가오자 이를 바탕으로 하여 때를 놓치지 않고 이때부터 조건부 석방을 인정하는데 있어 제약을 최소화하도록 요구할 수 있게 되었던 것입니다. 게다가 저는 내 영향력도 막강한 위력을 발휘할 수 있도록 만들어주는 다른 조그마한 트릭도 구사할 수 있음을 알게 되었습니다. 예를 들면 일부 장차관들을 교체해야 한다는 의견서를 제출하는 경우가 그러했습니다. 어떤 한 사안이 장관의 지침으로 가결되기 위해서는 해당 부처가 동의해 주어야만 합니다. 따라서 해당 부처가 시간을 벌기를 원하는 경우, 총리로 하여금 우리가 요구하는 바를 수용해주도록 하는데 지대한 관심을 갖게 만들어 결국 해당 사안을 통과시켜주도록 만드는 방식으로 저는 저의 요구사항이 관철되도록 할 수 있었습니다. 저는 이 과정을 빠르게 하거나 늦추도록 힘을 발휘하여 어떤 것들을 확실하게 얻어낼 수 있었습니다. 즉 저는 형법과 형벌과 감옥 제도 폐지주의라고 하는 것에 대하여 어떤 확실한 이치나 실천 방안을 명확하게 인식하기 전에 벌써, 네덜란드 국방부에 근무하면서 진즉부터 폐지주의가 "현실에서 관철 시행되는 실무" 경험을 하게 되는 행운을 누린 것입니다.

자클린느 : 거기 국방부에서 근무할 당시에 대하여 당신이 설명해주는 것을 들어보니 법안을 통과시키는 방식에 대하여 정말 불안하며 매우 근심스러운 빛을 던져주는 것 같군요!

루크 훌스만 : 뿐만 아니라 그들이 매우 공들여 만든 방식에 대해서도 마찬가지였습

니다! 법률이라고 하는 게 과연 어떻게 만들어지는가에 대해 제 전체 생애를 통하여 이 기간 동안만큼 그렇게 아주 명확하게 보고 알게 된 적은 없었습니다. 즉 법률이란 우선 먼저 통상 말단 공무원에 의하여 초안이 만들어지며, 정치적 조급함과 타협 속에서 수정에 수정을 거듭하기 때문에, 법률이란 절대적으로 전혀 민주적이지 않을 뿐만 아니라 이데올로기적 일관성이라는 결과는 그저 어렵사리 이룩할 수 있을 따름입니다. 훨씬 더 나쁜 사실은 이렇게 통과된 법률안이라고 하는 게 이 법률에 의하여 영향을 받게 되는 대상들과 상황들이 그토록 다양한 것이라는 점에 대하여 전혀 모르는 가운데 공포된다고 하는 점입니다. 원칙의 수용과는 아무런 관계도 없이 현실을 적나라하게 드러낸다면 이것은, 우리 사회에서 그 어느 것도 우리들에게 제시되어 있는 모델에 따라 작동하지는 못한다고 하는 여러 가지 발견사실들 중의 한 국면에 불과할 따름입니다. 그러나 이것을 명확히 밝히기 위해서는 저의 개인사의 저 멀리로까지 거슬러 올라가 보아야만 합니다.

자클린느 : 만약 당신이 그렇게 할 수 있다고 한다면, 당신의 경험이 다른 사람들에게도 폭로자 역할을 할 수 있는 정말 매우 흥미로운 일이 될 텐데요.

루크 훌스만 : 사실상 틀림없이 그럴 겁니다. 아, 그렇고말고요. 저는 정말 오랫동안 가르치는 일이야말로 현실이라고 생각해 왔습니다. 예컨대 어떤 하나의 윤리신학, 혹은 국가는 개인을 보호한다는 이데올로기 등을 가르쳐왔으며 그게 현실이라고 생각해왔던 것입니다. 그런데 몇 가지 사건들을 계기로 하여, 저는 이 모든 것 중에서 그 어느 것도 지탱될 수 없다는 것을 깨달아야만 했습니다.

자클린느 : 당신은 어떤 윤리신학을 말씀하시는 것입니까?

루크 훌스만 : 저는 네덜란드에서 태어나 자라나고 양육되었습니다. 그런데 네덜란드라는 나라는 제2차 바티칸 공의회 이전까지만 해도 공식적으로 가톨릭 교리가 절대적으로 지배하던 나라였습니다. 그래서 선택 받은 민족이 있다느니, 존재하지도 않는 다른 어떤 것들이 있다느니 하면서 낯설며 이상하기 짝이 없는 사상과 생각들을 주입시켜왔던 것입니다. 스콜라 학파의 이데올로기에 따라서 모든 것은 하느님 명령에 따르며, 단 한 번 하느님 말씀에 따

라 모든 사물에 대한 규정과 개념이 주어졌다고 가르치며 그리고 또한 그러하다고 배워야만 했습니다. 즉 이런 식이었습니다. 하느님이 선택한 사람들과 민족이 따로 있으며, 그로부터 다시 선택 받은 민족 중에서 그리스도의 신비한 몸으로 출현하시었고, 그 바깥쪽으로는 나머지 다른 사람과 민족들이 있다는 식이었습니다.

자클린느 : 당신은 억지로라도 그리고 눈꼽만큼이라도 어떻게 해보려 하질 않았나요? 복음서를 보면 '버림받은 자를 찾아 구원하러 왔노라!' 하고 되어 있지 않습니까?

루크 훌스만 : 저는 전혀 억지를 부리질 않았어요. 저는 세례 받은 자는 하느님과 함께 존재한다고 늘 그렇게 배워왔어요. 세례의 개념이 약간 더 확대되며 풍부해진 것은 분명했어요. 대개 존재의 욕망을 가졌던 자들이 세례를 받는 것으로 간주해왔지요. 피의 세례라는 것을 만들어내기도 했어요. 그러나 어쨌든 제가 받아온 교육에서 보면, 그건 엄정한 원리 원칙을 확대해석한 것이었지요. 지금 말하는 것은 복음서에 대한 것이 아니라, 교회 안에서 구체적인 사법(재판)에 관한 어떤 흐름, 굳이 새로운 표현을 동원하여 말한다면 "교회 바깥에서도 구원 받을 길이 있다"고 하는 것에 대해서였지요. 예를 들면 제가 엄청 호감을 갖고 있는 저의 수호성인인 프랑스 루이왕은 전쟁을 일으키기를 원하질 않았어요. ...... 그럼에도 불구하고 루이왕은 튀니지 전쟁을 일으키고 말았어요. 그래 사람들은 그가 기록해둔 것을 읽어보고 혼동하며 혼란에 빠질 수밖에 없지요. 그에 따르면 영국에 대항해서 전쟁을 벌이면 안 되었지요. 왜냐하면 영국 역시 인간의 존재이기 때문이라는 것이죠. 반면 아랍과는 전쟁을 해야 한다는 것이었어요. 아랍은 그리스도 신비체에 속해 있지도 않으며, 전혀 아무런 존재도 아니기 때문이라는 것이었지요. ...... 거기엔 다음과 같은 말이 적혀 있어요. "불쌍한지고. 그러나 이리 되었느니라. 즉 그쪽은 패전하고 말았느니라." 어쨌든 그쪽은 일과 사물의 의미를 도대체 이해하지 못하는 종족이라는 것이었어요. ...... 실제로 일과 사물이란 여러 가지 다양한 등급에서 어떤 서열을 차지하고 있느냐에 따라 선택받은 사람들만 이해할 수 있는 그러한 의미를 갖고 있다는 것이죠. 그렇기

때문에 교황만이 하느님과 직접적인 관계를 갖고 있는 덕분에 아주 명확하게 이해하여 알아들을 수 있다고 해요. ...... 당시 저는 불안과 걱정 속에 빠져 세상을 살아나가야 했어요. 저는 지옥에 가게 되진 않을까 하고 항상 스스로에게 되물어야 했어요. 저는 당시 정말 오랫동안 지옥이라는 게 존재한다고 믿었거든요. '도대체 나는 정녕 구원받을 수는 없는 것일까?' 어쨌든 저는 이게 알고 싶었어요. 저는 이에 대해 응답을 구하기 위해 다음과 같이 일종의 놀이들을 해보았어요. 만약 제가 길을 걸어가며 정말 구원받을 수 있는지 없는지 명확한 응답을 구하는 계산을 다 끝내기 전에 사거리에 도착하게 된다면 지옥에 떨어질 것이며, 그 계산을 다 끝내면 지옥에 떨어지질 않을 거라는 식으로 말이죠. ...... 아하! 온갖 재판과 사법이라는 게 이미 거기에 다 있었구나! 저는 오래전부터 공공연하게 지옥이라는 건 존재하지 않는다고 이야기해왔었지요. 저는 제가 누군가가 참회하며 속죄한 덕분에 어떠어떠한 양심을 경험하게 되었는가, 그리고 다른 누군가를 위해 혹은 그를 위해 누군가가 그저 잠깐 동안만 연옥에 있다 들어 올려지도록 하였는가에 대하여 말해주었지요. 그와 같이 기도하면 60일을 벌 수 있으며, 모든 성인을 기념하는 축일인 만성절 날(11월 1일) 교회에 가면 전대사를 받는 그런 식이었어요. ...... 저는 지금까지도 어느 해인가 11월 1일 있었던 일을 기억해요. ...... 그날은 날씨가 정말 무척이나 화창했어요. 그런데 전대사를 받기 위한 참회와 속죄를 하기 전에는 밖으로 놀러 나가서는 안 되다니요? 그토록 많은 연옥 영혼들이 울부짖고 있는데도 무작정 놀러나간단 말이냐! 제가 그들 연옥영혼들을 구해낼 수 있는데도 불구하고 제가 도대체 어떻게 숲으로 놀러가거나 산책 나간다고 할 수 있겠느냐? 이랬던 거예요.

자클린느 : 당신은 그 지독한 걱정과 불안에서 결국 어떻게 해서 벗어날 수 있었나요?

루크 홀스만 : 제가 기숙학교에서 몇 년 동안 생활하였는데 그 어느 해인가는 윤리신학을 공부하게 되었어요. 전적으로 제 나름대로 이 과목을 선택하여 수강하였지만 실제로는 이 강의 프로그램에 참여하질 않게 되고 말았어요. 저는 당시 위와 같이 이야기하는 것들을 더 이상 믿지 않기 시작했거든요. 뿐

만 아니라 가르쳐주어 배우는 것들이라는 게 제 경험이나 체험과는 너무나도 거리가 멀었어요. 저는 당시부터 저 자신의 종교를 단련시키기 시작했지요. ...... 처음엔 교회가 전파하는 것들과 배치되는 정보를 얻어내기란 정말 너무나도 어려운 일이었어요. 저는 어느 순간 성경을 낚아채 제 것으로 붙잡아내 독파하는데 성공했어요. 이 윤리신학 강의는 다이너마이트 폭탄과도 같이 정말 위험천만한 것이었어요. 저는 우리들이 계속해서 따르도록 배워온 바로 그 전례와 기성 제도에 정면으로 배치되는 온갖 자료들을 복음서에서 갑작스럽게 찾아내 읽어보기에 이르렀으며, 그건 제 마음에도 쏙 드는 것이었어요. ...... 그렇지만 저는 제게 주어져 있는 주변 환경에서 빠져나오기가 무척 어려웠어요. 그 이유는 당시 제가 속해 있던 수업에서 비판서적은 제공해주지 않았을 뿐 아니라, 제가 생활하며 살아가던 가톨릭이 지배하는 지역 상황 속에서는 기존 가톨릭 교회제도의 사상과 배치되는 문헌들은 도서관이나 서점에서 도무지 전혀 구할 수가 없었기 때문이지요. 저는 제 생애의 바로 그 시기에 이미 기성의 기관과 제도가 절대적인 힘을 갖고 다른 세계 다른 방식으로 진입하려는 것을 극력 저지하는 사태를 적나라하게 체험했던 게지요. 하지만 이처럼 당시 제가 품은 의혹이 거꾸로 제가 소외를 극복하며 그로부터 해방되어나올 수 있도록 만들어 주었어요.

자클린느 : 어떻게 소외로부터 벗어나 해방에 이르게 되었나요?

루크 훌스만 : 체제 순응주의에서 빠져나오게 되면 자유의 세계에 도달하게 되죠. 그러나 때때로 그게 즐거움을 가져다줌에도 불구하고, 거기에 머물러 있지 않고 벗어 나오도록 하는 것이 사실 그렇게 항상 쉬운 일만은 아니었어요. 몇몇 사건들이 발생하여 그게 저를 도와주었어요. 예를 들면 제 인생에서 아주 중요한 시기에 스페인내전이 발발했거든요. 제가 사는 지역에서 신문들은 모두 프랑코 편을 들었어요. 당시 이러한 언론의 뒤를 좇아가던 저 역시, 프랑코가 도시를 새로 점령하며 그의 군대가 전진해나갈 때마다 저 역시도 마음이 편안해지며 안도할 수 있었거든요. 그러나 1938년, 저는 다른 쪽에서 다른 정보에 접하기 시작하였으며 제가 안주하며 편안해 마지않던 제 마음과 감정에 대하여 갑자기 자신감을 잃어버리게 되고 말았어요. 저는 저를

둘러싸고 있던 조직에게 완전히 기만당했음을 깨닫기에 이르렀어요. 지금 저는 당시 프랑스와 네덜란드 등지에서 프랑코에 맞서 전투에 참가했던 분들과 공화파 분들에 관한 책을 읽어보곤 하면서, 제가 그 당시 근원적인 실수를 저질러 처박히게 되었던 거 하며 수치심에 더욱 더 치를 떨어야 했던 거 하며 당시 이런 것들에 대해 더욱 더 제대로 잘 깨달아 이해할 수 있게 되었어요. ...... 저는 이 시기에 겪어야 했던 그 깊은 트라우마 때문에, 프랑코가 죽기 전에는 스페인을 결코 방문하질 않았지요. 이 사건에 얽힌 에피소드는 저에게 매우 깊은 영향을 주었어요.

자클린느 : 당시는 국가를 정당화하는 원리들에 관해서도 당신이 똑같이 꼬치꼬치 조사하며 의문을 던져보기 시작했던 바로 그 때였던가요?

루크 홀스만 : 당시 점령당한다는 것과 레지스땅스 활동과 그리고 전생, 이런 경험들이야말로 제가 국가의 신화적 성격을 벗겨낼 수 있도록 해주었거든요. 어느 한 순간, 저는 독일에 징용 당하여 끌려가는 것을 피하기 위해 신원을 속이며 살아왔던 것과 꼭 마찬가지로, 거꾸로 정작 저의 나라 경찰! 즉 네덜란드 경찰에게 저는 체포당하게 되고 말지요. 그리고는 강제수용소에 끌려갔어요. 독일에게 점령당한 네덜란드의 모든 정부기관들이 마치 아무런 일도 없었던 것처럼 계속해서 업무를 수행하며, 자리를 지키게 된 고위공무원들은 법이라고 하는 것들을 계속해서 만들어 생산해내었거든요. 지금 저는 이론적으로 시민을 보호하기 위하여 만들어진 사회구조와 법이라고 하는 게 이러저러한 어떤 환경 속에서는 정반대로 시민들에게 반하는 것이 되고 만다는 점을 인식하며 깨닫게 되었던 겁니다. 말하자면 저는, 한편으로는 민족과 사람들 생존을 위하여 국가가 필요하다고 주장하면서도, 다른 한편으로는 국가는 인민의 대표라며 정당성을 부여하는 것과 같은 관변측 담론들이 허구에 불과한 것이라는 사실을 발견하여 깨닫게 된 것이죠. 저는 제가 받은 스콜라주의 교육에 속아 넘어 갔으며, 스페인전쟁을 둘러싸고 있는 복잡하기 짝이 없는 환경에 기만당했던 것과 꼭 마찬가지로, 제가 정치적 담론에도 속아 기만과 사기를 당했다고 하는 점을 이 자리에서 털어 놓습니다. 그 후 정말 깊은 회의주의가 저를 사로잡게 되었으며, 이 회의주의는 마

침내 모든 제도와 조직에 대해 전반적인 설명과 해명을 시도조차 하지 못하도록 가로막았으며 저는 모든 제도와 조직에 대해 결코 그 정당성을 검증할 수 없게 되고 말거든요.

자클린느 : 지금 말씀하시는 철학의 영역은 당신을 전통적인 모델과는 아주 다른 교수로 만들 수밖에 없었네요. 그렇지 않습니까?

루크 훌스만 : 그런 관점에서 저는 변화를 거듭해왔지요. 그리고 이 점은 앞에서 말씀드렸듯이 1964년 제가 형법학 학과장 교수직 취임 제안을 받고 대경실색한 바 있는데, 당시 제가 이 교수직을 아주 자연스럽게 수락한 이후부터 그와 같은 변화를 거듭해 왔다고 말씀드리는 게 맞습니다. 도대체 어떻게 저를 형법 교수로 받아들일 수 있는가? '유럽범죄문제대책위원회' 모임을 계기로 하여 제가 수많은 나라의 범죄학 전문가들을 잘 알게 되었다는 건 명확했어요. 하여튼 저는 유럽의 경우에는 모두가 형법제도가 다른 맥락 속에 있다는 견해를 가지게 되었으며, 저는 또한 앞서 나가는 선진적 범죄학자들과 이미 여러 번 접촉을 가졌지요. 선진적 범죄학자들과 맺은 이런 관계와 교류들은 저에게 법률적인 문제접근법을 넘어서서 나아갈 수 있도록 정말 커다란 도움을 주었지요. 다른 한편 저는 독일에 점령당해 있는 동안 저는 포로 즉 죄수로 잡혀 있었으며, 당시 저의 '죄수로서 구금조건'이라고 하는 것은 마치 풀리지 않은 미해결 문제 마냥 저의 내면세계 가장 깊은 곳에 아로새겨져 남아있었거든요. 제가 현행체제에 대한 비판적 태도를 견지할 수 있었던 것은 사실, 대학에서 제 스승이신 반 베멜렌(Van Bemmelen) 교수님에게서 배웠던 것이지요. 대학시절 어느 한 형법교수님께서는 형법학이라고 하는 것이 통상적으로는 마치 한낱 법 기술 정도에 그치고 마는 것처럼, 이상하게도 언제든지 가벼운 보조학문분야 쯤으로 간주해버리곤 하셨거든요. 그리고 그 교수님은 범죄학 접근법을 제공해주셨으며, 자신이 가르친 것에 대하여 제가 열광하도록 만드셨어요. 그렇게 몇 달 동안에 걸친 저의 법학 공부는 끝이 났으며 저는 대학에서 그 교수님 조교로 있었지요. ...... 그러나 제가 교수직을 수락하도록 부추긴 것들도 모두, 당시 저로 하여금 교직자로 만들도록 하는데 필요한 구체적인 인식을 저에게 가져다주질 못했

어요. 적어도 사상과 생각 속에서 너무나 클래식함 속에 빠져 있어서 당시 제가 걱정해 마지않았던 게지요. 새로운 이 교수직에 대해 저는 너무도 빈약하며 제대로 준비도 하지 못한 상태라고 생각하였거든요. 예컨대 저는 형법의 역사를 전혀 알지 못하였으며, 교수로서 형법제도에 대하여 어떻게 가르쳐야 하는가에 대한 확신도 가지고 있질 못했어요. 저는 형법제도에 앞서는 게 무엇인지, 형법의 기원과 발달 과정은 어떠한지 등에 대하여 명확한 개념과 생각을 가지고 있질 못했거든요. 그와 꼭 마찬가지로 방법론 문제도 제기되었어요. 제가 교수직의 이름에 값할 만한 가르침이라고 믿는 것을 주고 가르치도록 하기 위하여 저는 모든 카테고리들을 재검토해야만 했어요. 자, 역사 속에 그리고 교수방법에 몰두하게 된 당시 제 모습을 보세요. 그 모양이었거든요. ...... 그런데 보세요. 놀라운 일이 저를 기다리고 있었어요. 제가 대개 가장 흥미 있는 교육론 저작 및 교육에서 인류의 개념을 다룬 저작 등을 읽을 때마다, 교수의 역할이 어떠해야 하는가에 관하여 아주 잘못된 선입견을 가지고 있음을 깨닫게 되었어요. 블룸(Bloom)은 인지 작용의 각기 다른 여러 가지 수준을 명확하게 밝힌 저작을 남겼지요. 교육의 인지 작용 측면에 관해 말하면 5단계로 구분하지요. '1단계, 나는 텍스트를 인식 인지하고, 그것을 반복할 수 있다. 2단계, 나는 텍스트를 이해한다. 3단계, 나는 개념을 적용한다. 4단계, 나는 분석한다. 5단계, 나는 통합하여 종합해낼 수 있다.' 당시 저는 속으로 말했어요. '만약 내가 명확하다면, 그리고 만약 내가 체계화를 한다면, 분석과 종합 및 통합의 최고 단계에서 나는 나 자신을 발견하게 된다. 그러나 만약 가난한 학생들을 위해 내가 준비한 모든 것을 준다면, 그들은 《이해하다》 또는 《인식한다》는 첫 번째와 두 번째 단계에만 항상 머물고 말 것이다.' 교육을 통하여 해내어야 하는 것을 제가 모두 준비한다는 건 아주 정도를 벗어난 것이 되고 말지요. 저는 제가 완전히 소화하여 이미 제 것이 되어 명확하게 이해할 수 있게 된 것을 가지고 모든 사상과 생각과 아이디어들을 학생들에게 단지 내던져 주진 않으며, 대신 학생들이 복잡한 상황 속을 헤쳐 나가며 자신들의 길을 찾아내도록 하는 그런 성찰의 요소들만을 제시하도록 하는데 그치려고 각오를 단단히 하고 결심하였지요. 바로 그들 학생들이야말로 분석해야 하며, 통합과 종합을 연구해야 하는 것이지요. 그들이야말로 우리가 끄집어내어 다루는 문제에 관하여 그들 개인적 결론들을 이끌어내게 되는 것이죠.

자클린느 : 당신은 교수직에 오르게 되었을 때 벌써 이미 형법과 형벌과 감옥 제도 폐지론자가 아니었던가요?

루크 훌스만 : 정말 그렇지는 않았어요. 사실 제가 대학 교수직에 가 있을 때야말로 형법과 형벌과 감옥 제도 폐지주의 같은 생각과 사상이 제 머리 속에 꽉 들어차 있었거든요. 저는 형법과 형벌과 감옥 제도라고 하는 게 정말 이례적이며 예외적인 위험을 제외하고는, 형벌제도가 정당하다고 주장하는 바로 그 원리 원칙 그대로 작동하거나 움직이진 않고 있다고 보며 그렇게 인식해왔어요.

자클린느 : 대학교수로 재직하고 있는 동안에도 당신은 왜 그것을 정당화해야 했나요?

루크 훌스만 : 대학이란 곳이 상당 부분 국가제도에 대해 정당성을 제공하며 부여해주는 그런 활동을 벌여오고 있는 건 정말 사실입니다. 그러나 그와 동시에, 대학이란 곳은 비판적 활동을 벌이기에도 매우 유리한 곳이죠. 저에게 있어 대학이라는 곳은 법적 접근방법과는 다른 경험적 연구와 다른 여러 가지 접근방법들을 접하게 해주었지요. 바로 그러한 의미에서, 대학은 제가 형벌과 형법제도에 대하여 글로벌하며 전혀 새로운 비전에 도달할 수 있게끔 해주었을 뿐만 아니라, 제가 형벌과 형법 및 감옥제도 폐지주의자로서 그 입장과 위치를 확고하게 다지게 만들어준 바로 그런 곳이 되어주었어요. ……

게다가 여러 분야의 사회과학 성과들은 결국 저의 형법과 형벌과 감옥제도 폐지주의 입장과 위치를 향해 나아가도록 저를 재촉했다고 말할 수 있을 겁니다. 다음과 같이 말할 수 있지요. 즉 저는 여러 가지 사회과학 성과물과 방법론적 성과들을 실제 현실 속에 적용해보면서 아하, 사회과학 성과들은 제가 기다리던 대답의 유형을 곧이곧대로 그대로 제공해주는 것은 아니로구나 하는 점을 깨닫게 되었지요. 여러 사회과학 분야들은 저에게 과학적 '지식'이라고 하는 것은 항상 '실제 생활세계'를 통하여 최종적 권위를 획득하게 된다는 점과, 제가 잘못 생각한 것처럼 어떤 경우에도 과학적 지식이라고 하는 게 실제 생활세계를 대체할 수 없다는 점을 가르쳐주었지요. 이런 점에서 여러 사회과학 분야와 그 성과들이야말로 제가 실제 생활세계가 지극히 중요하다는 사실을 일깨워준 것이죠. 그와 마찬가지로 사회과학 성과들은 바로 그와 동일한 '실제 생활세계'에 대하여 훨씬 더 잘 이해하며 인식하도록 뒷받침해주면서, 저로 하여금 여러 사회과학 성과들은 실제 생활세계와 매우 행복한 관계에 있다고 생각하도록 이끌어주었어요. 마찬가지로 사회과학 성과들은 제 눈에 보기에도 점점 더 '형법과 형벌과 감옥 제도란 무의미하다'는 사실을 더욱 더 명확하게 밝혀주었어요. 바로 그 무의미한 형법과 형벌과 감옥 제도 속에서는 실제 생활세계가 들어설 자리나 여지라곤 전무하다시피 한 것이죠. 몇몇 경험적 연구들은 제가 형법과 형벌과 감옥 제도라는 게 무의미하다는 점을 매우 직접적으로 밝혀내는데 도움을 주었지요.

자클린느 : 당신은 형법과 형벌과 감옥 제도가 무의미하다는 점을 입증할 수 있나요?

루크 훌스만 : 당신도 이미 어느 정도 그 점을 직접 보며 경험하고 계실 겁니다. 제 강의 서두에서 저는 다소 전통적인 관점을 견지하면서 합리적 실험의 틀을 체계화 하려고 시도하였지요. 그러나 그와 동시에 저는 개인적으로 제가 확인하며 검증한 결론에 대하여 사회 및 삶과 생활세계 등에 대한 저의 글로벌 비전으로 대체하고자 했어요. 그런데 어느 한 '형벌 양형' 연구용역을 제가 맡게 되면서부터 저는 구체적이며 특별한 기회를 갖게 되었어요. 이 연구에서 저는 한 가지 규범적 모델을 개발했지요. 저는 이 모델 안에 나름대로 원칙과 원리들을 만들어 연구원들에게 내려준 바 있어요. 결국 네덜란드의 판사 등 법조인과 범죄학자들은 대체로 이 모델을 수용하게 되었으며, 이들은 이 규범적 모델에서 표명하고 있는 원칙과 원리들을 좇아 '올바른' 양형을 선고하기에 이른 것이죠. (범죄에 대해 가하는 형벌의 비례성 원칙, 형벌과 감옥제도라는 것은 부차적인 것에 불과하다는 원칙, 피의자에 대한 확실한 정보의 원칙 등등) 제 동료 연구자 중 한 사람은 이 모델을 컴퓨터에 설치하였지요. 우리는 구체적인 문제에 대해 이 모델을 가지고 일하기를 원

했으며, 우리는 멍할 정도로 엄청난 경험을 하게 되었어요. 우리는 다음과 같이 물었지요. '이런 경우에...... 그리고 또 다른 경우에...... 각각의 경우에 상응하는 형벌은 어떤 것인가요?' 그 컴퓨터 기계는 언제나 '형벌이란 없음'이라는 응답만을 보여주거든요. 법원 측이 형법 제도의 틀 안에서 올바른 형벌을 선고하도록 하기 위하여 양형 결정에 필요한 조건들을 모두 종합하여 여기에 바탕을 두고 형사판결을 내린 적은 결코 없지요. 이는 모두 1970년에 일어난 일들이었어요.

자클린느 : 1970년이라면 영국에서 데니스 채프맨(Denis Chapman)이 그 유명한 『비행사범 스테레오타입』이라는 책을 출판한 바로 그 해 아닌가요? 당신은 이 데니스 채프맨이나 아니면 미국 범죄학자들로부터도 영향을 받으신 건가요?

루크 훌스만 : 아닙니다. 저는 당시 영국이나 미국의 범죄학 동향이나 범죄학자들을 알고 있지는 못했어요. 저는 개인적으로 경험적 사회학을 접하며 실행했으며, 경험적 사회학이란 어느 곳을 막론하고 그 자체가 좋아서 독자적으로 시작하는 것이라고 보면 되죠. 제가 데니스 채프맨의 연구 작업과 저작을 제대로 파악하게 된 시점은, 제가 주도하는 '유럽이사회' 측의 비범죄화 방안에 관한 연구위원회에 그에게 합류해주도록 초청하기에는 너무 뒤늦은 때가 되고 말았지요. ...... 그래서 저는 바로 이 이 비범죄화 방안 형태의 '양형'에 관한 연구를 통하여, 그리고 형법과 형벌과 감옥 제도가 작동하는 방식을 감안하여 보면, 도대체 어느 하나의 형벌이라고는 해도 형법과 형벌과 감옥제도에 대해 어떤 형태를 막론하고 도저히 '정당성을 부여해'주기란 거의 불가능에 가깝다는 점을 깨달아 철저히 인식하기에 이르렀던 것이지요. 제가 보기에 형법과 형벌과 감옥 제도라고 하는 게 비합리적으로 운영되고 있는 게 확연하며 전적으로 부조리하며 정도를 완전히 이탈해 있어요. 그리고 바로 그때, 제가 청소년 시절부터 지금까지 제기하여 오고 있으면서도 아무런 대답이나 해명도 구해보지 못한 채 남아있는 어떤 본질적이며 심오한 어떤 한 가지 물음에 대하여 줄곧 끈질기게 그 대답과 해명에 매달려왔음을 깨닫게 되었지요. 저는 청년시절부터 로마문화에 관하여 제 자신에게

다음과 같이 자문을 거듭해야만 했거든요. 도대체 왜 로마인들은 새들 날개 짓이나 희생 제물로 바친 닭의 창자 모양에 따라 자신들의 중요한 결정 사항을 내맡겨야 했는가 하는 것이었지요. 이 문제는 제가 바칼로레아 즉 대학입학자격을 얻은 이후에도 저에게서 떠나질 않았어요. 저는 로마인이란 시공간으로 보아 저로부터 아주 저 멀리 떨어져 있는 게 아니냐고 스스로에게 말하면서 그 오랜 물음을 잊어버리려 무진 노력해왔었거든요. 그러나 문제는 제 안에 감추어진 채 그대로 남아있었으며, 저는 몇 주 동안 로마에 체류하면서 다시 그 물음에 맞딱뜨려야만 했어요. 제가 로마문화에 대해 갖게 된 이미지를 통하여 비로소 저는 정신을 차리게 되었지요. 정신을 차리고 보니 저는 다음과 같은 점들을 깨닫게 되었어요. 즉 로마시대 고대문명의 정신은 그 후로도 장구한 시대 동안 새어나가 사라져버리고 만 것은 아니었으며, 지금의 우리들과도 크게 다르지 않았고, 지금 우리들 삶이라고 하는 것도 결국 상당 부분 로마문명 시대의 사상과 사고방식으로 가득 채워져 있음을 알게 되었던 것이지요. ...... 또한 약간은 역설적이게도, 어느 한 순간 로마시대 문명의 정신도 전혀 달라질 수 있으며 우리들이 살아가고 있는 문명이라는 것도 어느 날 갑자기 정지하고 말 수도 있겠구나 하는 것도 알게 되었어요. ...... 그럼에도 불구하고, 저는 희생제물이 된 닭과 그 닭의 창자 모습에 관하여 끈질기게 따라다니며 저를 괴롭히던 문제에 대해서는 여전히 아무런 대답이나 해명도 구할 수 없었던 게지요. ...... 저를 괴롭히던 이 물음에 대답을 찾아내게 된 것은 제가 대학에서 바로 그 형벌과 형법과 감옥제도가 무의미한 것이라는 사실을 밝혀내게 된 바로 그 순간이었거든요. 저는 지금 우리들이 법을 가지고 하는 일들을 과거 로마인들은 새와 닭을 가지고 하던 것과 지극히 닮았다는 사실을 정말 일순간 갑작스럽게 이해하여 깨달아 알게 되기에 이른 것이죠. 저는 법, 윤리신학, 새의 날개 짓과 희생제물 닭의 창자 모습에 대한 해석, 점성술 ...... 등등은 결국 동일한 방식으로 작용하고 있음을 깨닫기에 이른 것이죠. 그것은 바로 그 자체의 고유한 논리를 가지고 있는 제도인 것이며, 인간의 삶과 생명이나 인민과 민족의 문제에 대해서까지 들이대서는 아니 되는 논리인 것이죠. 저는 그 각각의 제도마다 그 나름대로 신호와 표징에 의존하고 있지만, 이 각각의 신호와 표징이라고 하는 것들은 정작 진짜 물음이 제기되었을 때에는 전혀 아무런 해법도 제시해주지 못한다고 생각해요. 지금 우리에게 있어서 응답과 대응 방안은 법에 있으며, 로마인에게 그것은 희생제물 닭의 창자 모습에 있었고, 다른 시대 사람들의 경우 그것은 점성술에 있었지요. 그러나 모두 그 메커니즘은 똑같아요. ...... 제 강의에서 저는 서양의 법률을 자주 핀볼 게임기에 비유하지요. 술집에 있는 핀볼 게임기들은 모두 번쩍번쩍 하게끔 만들어져 있어요. ...... 핀볼 게임은 그 자체로 매우 고유한 논리를 가지고 있어요. 사람들이 매우 자유롭게 말하는 것들은 모두 분명하지요. 즉 만약 빗나간 쪽이 1000이면 나는 결혼하겠다고 하며 만약 800이라면, 나는 이러저러한 일을 하기로 한다는 등과 같이. ...... 제비뽑기를 통해 이러저러한 결정을 내릴 수는 있어도, 이때 속여서는 안 되며, 전혀 다른 논리에도 거기에 그대로 따라야 한다는 점을 명심해야만 하는 것이죠. ......

자클린느 : 당신은 정확히 바로 그 당시로부터, 비합리적인 이 형법과 형벌과 감옥제도를 폐지해야 한다고 말씀하시게 된 것이로군요?

루크 훌스만 : 그와 같은 폐지주의 사상이 저에게 마치 스펙터클처럼 정말 갑작스럽게 분출해 나온 특정 시기가 있었던 건 아니었어요. 형법과 형벌과 감옥제도를 폐지해야 한다는 생각이 제 확고한 사상으로 자리 잡게 된 것은 매우 점진적인 과정을 거쳐 이루어진 것이었어요. 제가 대학에서 경험하게 된 것들과 나란히, 저는 다른 사상가 및 연구자들로부터 요긴한 지식과 정보들을 받아들였으며, 이 분들은 저에게 확실한 출발점을 확보할 수 있도록 도와주었어요. 저는 특별히 어느 한 역사학 저작을 읽고, 벗어날 수 없는 일종의 순환운동이 도처에서 드러난다는 사실을 주목하게 되었지요. 이러저러한 제도들이 여기저기에서 각기 다른 단계의 모습으로 드러나곤 하지요. 그러나 항상 이를 극복하며 동일한 한 지점으로 되돌아오며, 모든 나라가 모두 유사하거든요. ...... 돌고 도는 원과 같아요. ...... 토머스 마티센*(Thomas

* 토머스 마티센(1933~)은 노르웨이 오슬로대학 법사회학 교수로 있으며, 영국의 감옥개혁운동 및 폐지주의에 지대한 영향을 미쳐오고 있고, 수많은 저서 중에서 영문으로 출간된 것만을 예시하면 다음과 같다. 『약자를 위한 변론』(1965), 『기관들의 영역을 넘어』(1972), 『폐지주의 정치

Mathiesen)의 저서, 『폐지주의 정치학』*(Politics of Abolition*, 1974)은 제가 지금과 같은 폐지주의 입장에 도달하는 성찰 과정에서 정말 커다란 영향을 주었어요. 왜냐하면 저는 그의 책이 나오기 이전에 벌써 저의 폐지주의 입장이 서있어서 그의 책에 나오는 입장을 받아들일 준비가 완전히 이루어져 있었거든요. 이 책에는 제게 충격을 준 내용들이 많아요. 마티센의 그 저작은 그토록 풍부한 인간성이 흘러넘쳤어요. 그리고 그의 저작은 마치 성경과도 같았어요. 성경처럼 그의 그 저작 역시 미완성이었으며, 이 미완성으로 남겨둔 측면은 마치 저에게도 일조를 하도록 미리 통 크게 계산해둔 것 같았어요. 미국'대통령 위원회'가 펴낸 14권짜리 보고서인 그토록 중요한 『자유사회와 범죄의 도전』(*Challenge of Crime in a Free Society*)이라는 시리즈도 있어요. 형법과 형벌과 감옥 제도라고 하는 게 무엇인가를 이해하면서 또한 그것이 진화되어 가고 있는 중이라는 사실까지도 제대로 이해하고자 한다면, 이 대통령 위원회 측의 14권짜리 보고서 시리즈는 그야말로 시사하는 바가 크며 매우 밝은 빛을 비쳐주는 것이었지요. 여러 다양한 연구들이 모든 측면들에 대해 논의를 하였으며 그 엄청난 시리즈 문서와 기록들을 뒷받침하였으며, 형법과 형벌과 감옥 제도가 생겨나기 이전 상황에 대해서도 종합적인 모습을 제시해주었지요. 바로 그 가운데 결정의 연결고리들을 어떻게 만들어낼 것인가를 명확하게 제시한 어느 한 분석 논문도 들어있었던 것이지요. 이처럼 이 시리즈를 읽는 것 역시 저에겐 강한 영향을 주었어요. 그리고 가령 제가 저의 성소년 시절까지 거슬러 올라가 제 폐지주의 사상의 단초를 찾아본다고 하더라도, 저는 바로 그 오르테가 이 가세트*

학』(1974), 『법과 사회와 정치행동』, 『수상록 강요당한 침묵』(2004), 『감옥에 대한 심판』(3판, 2006)등. 토머스 마티센 자신이 쓴 다음과 같은 자전적 기록을 참고할 수 있다. http://folk.uio.no/thomasm/biography.html

* 호세 오르테가 이 가세트(José Ortega y Gasset : 1883-1956) 스페인철학자, 에세이스트, 마드리드대학교수, 『잡지 서양』 창간인. 우리나라 독자들에게는 칼 만하임, 에리히 프롬, 한나 아렌트 등이 함께 공유하고 있는 대중사회론 사상을 수렴한 『대중의 반란』(1929)이 소개된 바 있다. 스페인내전 때 아르헨티나와 유럽 등지에서 망명 생활을 하였다. 오르테가 이 가세트, 베르그송, 슈펭글러, 키서얼링 등의 영향으로 민주주의 및 사회적 계몽사상에 반기를 드는 지식인 운동이 일어났으며, 이것은 간접적으로 파시즘으로 이어졌다는 지적을 받고 있다. 당시 그는 하이데거의 영향을 받았다.

에게 큰 빚을 지고 있음을 밝히고 싶군요. 오르테가 이 가세트는 저에게 다음과 같이 매우 중요한 이미지를 심어주었던 겁니다. 즉 그토록 많은 문명권에서 인간은 안전해지고자 하는 열망으로 추상적인 것에 불과한 형법과 형벌과 감옥 제도를 만들어냈으며, 그리고는 이 제도를 더욱 더 세련되게 하려고 갖은 노력을 다해 왔다는 겁니다. 오랜 세월이 흐르는 동안 온갖 세부사항들을 공들여 가다듬어 왔던 것이지요. 그러나 그러한 제도들을 만들어 보호하려 했던 바로 그 온갖 조건들은 변화할 수밖에 없으며, 결국 이 모든 구조는 더 이상 어떠한 것들에 대해서도 전혀 응답할 수 없게 되고 만 것이지요. 구체적인 생활세계와 구조 사이의 간극은 너무나도 커져서 이제는 무너져 내려 폐허가 되고 만 것이죠.

자클린느 : 당신은 형법과 형벌과 감옥 제도란 현실과는 너무나 동떨어져 있는 지극히 추상적인 구조여서 더 이상 버텨내지 못하고 결국 스스로 산산조각 무너져 내릴 수밖에 없다고 주장하고 싶은 것이지요? 하지만 실제로는 그 제도란 정말 불행히도 쇠락의 기미는 전혀 보여주질 않고 있잖습니까? 오히려 그와는 정반대이잖습니까? 온갖 '형법개정위원회'를 만들어 운영하면서 필시 억압을 강화하는 새로운 형법조문들을 쏟아내고 있거든요. 거의 어디에서나 이런 일이 벌어지고 있는 것은 바로 그 형법과 형벌과 감옥 제도에 대해 활력을 회복하며 이를 유지 강화하기 위한 것이지요. 그렇다면 폐지주의 입장에서는 오히려 매우 비관적일 수밖에 없지 않겠습니까?

루크 훌스만 : 저 개인적으로 입장을 말한다면 그처럼 철저하게 비관적이진 않아요. 저는 비현실적인 낙관론 입장은 아니지만, 결국 폐지주의가 현실화될 만한 이유가 충분하다고 말씀드리고 싶군요. 그러나 그 이유를 충족시키도록 하는 동시에 폐지주의에 이르는 여정이 어떻게 실현될 수 있는가에 대해 제가 보는 독특한 입장을 제대로 이해시켜 드리려면, 저의 내면적 경험세계에 접해보도록 해야 하며 그러기 위해서는 아마도, 지금까지 주욱 말씀드려온 제 삶과 생활세계를 크게 틀 지운 여러 가지 사실과 사건들 영역을 떠나, 훨씬 더 깊은 저의 내면세계 수준에서 어떤 과정과 일들을 겪어 왔는가에 대해 설명해 드려야만 해요. 몇 가지 상황들로 인하여 저는 형사사법 분야에

대해 훨씬 더 전문적인 관심을 갖게 되었으며, 이 분야에서 업무를 보는 공직을 선택하여 일해 왔어요. 이 점에 대해서는 방금 앞에서 살펴보았지요. 그러나 다른 무엇보다도 명백히 제 삶의 골조를 구성하는 사건들과 연결되어있으면서 훨씬 더 깊은 데 있는 몇 가지 제 경험들이야말로, 저의 존재방식과 사유방식 모두에 대해 영향을 미쳤으며, 뿐만 아니라 형법과 형벌과 감옥 제도에 관하여 저의 사유체계가 걸어온 길에서는 숨겨져 있는 여러 가지 출처들을 이루는 경험들이기도 하지요. 제가 15년 전(즉 1967년 -옮긴이)에 경험한 적이 있는 어떤 개인적 위기를 겪은 이후 지금까지 동전의 양면처럼 제가 세상에 대해 설명하며 해명하는 것과 제가 제 자신에게 대해 설명하며 해명하는 것을 나란히 진행해온 사실을 아주 잘 의식해왔지요. 다음과 같은 사실은 우리들 모두 각자에게 사실임에 틀림없지요. 즉 우리들이 우리들 자신의 불안과 욕망에 접근하는 방식은 우리들이 세상을 이해하는 방식과 태도에도 영향을 미치며, 그 역도 그대로 성립하지요. 즉 우리들이 내면세계의 경험을 가드레일 즉 준거틀로서 쇠창살처럼 설명하며 해명하는 것과 꼭 마찬가지로, 외부세계에서 무엇을 배울 것인가 하는 데에도 써먹게 되는 법이죠.

자클린느 : 당신은 자신의 형법과 형벌과 감옥 제도 폐지주의 입장을 설명하기 위해서는 당신의 내면세계에 대해 가장 깊숙이 파고들어가며 연구해보아야만 하는 것입니까?

루크 훌스만 : 예, 바로 그래요! 제 세계관, 그리고 제가 형법과 형벌과 감옥을 바라보는 시선과 눈 등이 어떻게 진화하여 왔는가 하는 것은 그야말로 필연적으로 저의 개인적 내면세계의 진화 과정과 나란히 뻗어온 것이기 때문이거든요.

자클린느 : 그럼 결국 우리는 당신의 형법과 형벌과 감옥 폐지주의 입장 중에서도 그 가장 비밀스러우며 가장 깊은 샘에까지 찾아보고 싶어 한다면 두 번째 인터뷰 시간을 따로 정해 두어야만 하겠군요.

2장 내면세계

자클린느 : 루크 훌스만 교수님, 저는 당신이 자신에 대하여 손수 겪어온 경험을 통하여 규정할 수 있다고 생각합니다만 제 판단이 맞는 건가요?

루크 훌스만 : 정말 그렇습니다. 언제나 온갖 경험들이 명확하며 확실하게 하나로 '조합'과 종합을 이루게 되었을 때에만 비로소 그 '한 사람'을 제대로 파악할 수 있도록 해주는 것이지요. 이때 경험들의 바로 그 한 조합이라고 하는 것은 유일하거나 그렇지 않더라도 매우 드문 것이지요. 여기서 한 사람이 살아온 것들, 그가 얼굴을 맞대며 겪어온 일들, 그가 받아들인 이러저러하게 정선한 학문적 영향, 자기 자신에 대하여 그리고 소식으로 들어본 세계에 대한 설명모델들, 검증된 실천적 경험, 이런 것들이 모두 얽히고설킨 것들에 대하여 제가 여기에서 설명하려는 것이지요. 훨씬 더 많은 성격의 특성들에 대하여 규정해보려는 것이지요.

자클린느 : 당신의 삶과 생활세계를 유감없이 잘 보여주는 경험들이 있다면 그건 어떤 것인가요?

루크 훌스만 : 저는 도중에 이미 어떠어떠한 것들이 바로 그것이라고 가리켜 지적했어요. 그러나 제 내면세계에서 무엇이 나를 동원하여 단단하게 뭉치게 만들었는가에 대해 내가 제대로 납득하여 이해하려면 정말 다시 되돌아 가보아야만 해요. 저는 저의 기숙학교 시절 경험은 저에게 트라우마라는 극심한 정신적 충격을 준 것들 중 하나라고 말씀드릴 수 있어요. 저는 여러 차례에 걸쳐 기숙학교에 되풀이하여 보내졌거든요. 제가 마지막으로 가 있던 기숙학교는 제가 15살 때 도망쳐 나오기도 한 바로 그 중학교였으며, 그곳은 '부모님 모임'(Pères) 측에서 운영비를 대던 곳이었지요. 비록 제 부모님께서야 물론 저를 그 기숙학교에 보낸 이유를 명확히 저와는 어찌어찌 다른 방식으로 말씀하며 정당화하셨긴 했지만, 제 입장에서는 부모님이 저에게 벌을 주기 위해 기숙학교에 보낸 것이라고 생각하게 되었지요. 왜냐면 당시 어머니는 제가 무척 까다로운 아이라고 말씀하시는 것을 자주 들었기 때문이죠. ...... 바로 그 한 해 동안 저는 아주 불행했어요. 저는 당시 기숙학교를 지

배하던 강제적 분위기라는 이름의 규율을 전혀 견뎌내질 못했어요. 그리고 다른 학생들은 잘 적응하였지만 저는 그들과는 달리 친구가 없었어요. 저는 제 가족 관계에서 경험해야 했던 거부감이 곱절로까지 증폭되는 일종의 한계 상황과 고립무언 속에서 빠져 있었어요. 저는 기숙학교나 부모님이 저로부터 기다리며 기대해 마지않는 것들에 도무지 순응하질 않는 아이였거든요. 그 후, 가장 중요한 경험은 전쟁과 레지스땅스가 초래한 것들이지요. 저는 이미 그것들에 대해서는 말씀드렸어요. 그러나 여기서 저는 아직까지도 말하지 못했지만 저에게 매우 근본적인 경험으로 들이닥쳤던 것들에 관하여 정확히 해두고 싶습니다. 제가 청소년 학생이었을 때, 저희가 살던 집 맞은 편 포장도로 부분부터는 독일이라는 나라가 시작되는 거리였지요. 제가 살던 도시 자체가 두 나라로 나뉜 국경도시였어요. 우리는 애-라-샤뻴르에서* 물건을 샀으며, 우리는 거리 다른 쪽에서 살아가는 상인들도 모두 잘 알

* 루크 홀스만의 고향인 애-라-샤뻴르(Aix-la-Chapelle, 프랑스어)는 지금은 지명이 아헨(Aachen, 독일어)으로 바뀌었다. 애-라-샤뻴르는 지금은 독일 도시인 아헨을 가르키는 프랑스어 지명이다. 아헨은 독일 노르트라인베스트팔렌주의 도시를 가리킨다. 인구는 24만 3천 6백 명(1999)이다. 이 주의 서쪽은 벨기에와 네덜란드 국경지대이다. 아헨은 쾰른에 이르는 고대 로마도로 연변에 위치한 역사적인 도시이다. 지금은 쾰른에서 벨기에 및 프랑스로 통하는 국제철도와 고속도로 E5가 통하는 국경의 교통요지이다. 직물, 바늘, 기계, 전기기기, 유리 등의 공업이 성하며, 공과대학을 위주로 한 대학이 있다. 또 11개의 온천(온도 72℃로 독일에서 최고)이 있어 예로부터 온천지로 유명하다. 시의 중앙부를 이루는 옛 시역은 원형이며, 12세기 말 및 14세기의 성벽자리는 이중 환상도로로 되어 있고, 도시 중심부는 유명한 돔과 시청사, 시장, 광장 등이 있으며, 남쪽으로 온천과 공원이 있다. 내환도로 바깥쪽에 중심상점가와 시립극장이 있다. 14세기 성벽의 자취로 폰토문이 남아 있고 옛 시역 북동쪽에 온천공원이 있다. 옛날에는 신성로마제국의 제국도시였다. 1세기 이후 로마인에 의해 온천휴양지로 이용되었으며 지금도 온천관광지로 유명하다. 샤를르마뉴 대제(742년 탄생)가 이곳을 수도로 삼고 독일, 벨기에, 네덜란드, 룩셈부르그, 프랑스, 스페인 북부 등을 통치하였다. 794~795년 카롤루스대제는 왕궁을 건설하였다. 881년 노르만족이 파괴한 뒤, 936년 오토 1세가 즉위한 이후 1531년의 페르디난트 1세에 이르기까지 역대 독일국왕은 이곳에서 즉위하는 것이 관례였다. 1166년 프리드리히 1세로부터 도시법과 여러 가지 특권이 부여되어 자유도시 기반을 굳혔다. 1348년 이후 도시귀족의 과두지배에 대항하여 춘프트(동일직종의 길드)투쟁이 일어났으며 1450년의 특허장에 의해 수공업자들도 시정 운영에 참가하게 되었다. 종교개혁기에는 도시참사회 내부에서 신구교간 분쟁이 일어났으며 그 때문에 2번이나 황제가 파문하는 일이 있었으나, 결국 구교측의 승리로 끝났다. 1814~1815년의 빈회의에 의해 프로이센령으로 편입되어 라인주에 속하게 되었으며, 1946년 이후에는 노르트라인베스트팔렌주에 속하게 되었다.

며 지냈지요. 그런데 전쟁이 터졌으며, 점령기간 동안 저는 속에서 뜨거운 게 끓어오르는 것을 느꼈고, 저 자신이 독일에 대항하는 매우 이중적인 행태를 표출하게 되었지요. 저는 어떤 한 순간 저는 태연자약하게 그들 모두를 죽일 수 있었던 거지요. 독일 측에서 포격을 가해왔을 때에서야 비로소, 제가 그때까지 그 독일에 맞서 마음 속 깊은 곳에서도 전혀 아무런 감정도 느끼지 않으며 또한 아무런 분노나 원한도 없이 그 독일을 제가 바라볼 수 있었다는 것을 스스로 깨닫게 되었던 것이죠. ...... 이미 앞에서 언급한 대로 당시 저는 체포되어 수감된 다음 어느 한 강제집단수용소에 내던져졌지요. 그러나 제가 만일 지금 저의 내면적 경험에 대한 것들을 밝히고자 한다면, 저는 정말 리얼하게 당시 현실에 대하여 말씀드려야 하겠지요. 즉 저는 몇 년 정도 길다면 길었던 그 기숙학교 시절보다 매우 짧은 기간 동안이었으나마 당시 나치독일에 감금당하여 수감되어 있던 그 기간 동안이야말로 오히려 저의 내면세계에 대해 훨씬 더 잘 지내며 살아남을 수 있었습니다.

자클린느 : 정말인가요?

루크 훌스만 : 그건 놀랄 만한 일이죠. 하지만 '정치범'은 투옥을 당해도 자기 존엄성이나 다른 평판은 잃지 않아요. 정치범은 그의 삶의 온갖 측면들에서 고통을 당하며 상처를 받게 되지요. 그러나 전쟁의 전선에서도 법을 수호해야 하는 사람이 있기 마련이죠. 정치범은 타락하지 않았거든요. 당시 그러한 경험은 저에겐 지극히 중요한 것이 되었어요. 왜냐하면 당시 경험은 저에게 사람이란 격리되어 있을 때에도 오명을 뒤집어쓰거나 낙인이 찍히지 않도록 한다는 게 얼마나 중요한가를 여실히 보여주었기 때문이죠. ...... 마침내 제가 온갖 사건들을 내면화하였던 것과 꼭 마찬가지로 언제나 바로 그 사건들 속에 숨겨져 있는 모습과 비교되는 것이지만, 저는 석방 상황 역시 저에게 정말 중요한 것들을 겪으며 살아보도록 함께 허락해준 것이라고 말씀드릴 수 있어요. 어려서 제가 기숙학교에서 도망쳐 나왔던 것과 꼭 마찬가지로 저는 나치독일의 강제집단수용소에서 도망쳐 나오는 것도 성공했어요. 제가 첫 번째 기숙학교에서 도망쳐 나와 보았던 경험이 두 번째로 강제집단수용소에서 도망쳐 나오는 것을 훨씬 용이하게 만들어준 것은 의심할 나위가 없

어요. 당시 제가 도망쳐 나와 저를 독일로 실어 나른 기차를 올라탔을 때, 미국은 이미 네덜란드 남부를 해방시키고 있었으며, 거꾸로 후퇴에 후퇴를 거듭해야만 하던 나치독일 측은 제가 갇혀 있던 아머스푸르트(Amersfoort) 강제집단수용소의 정치범들을 더욱 더 후방 쪽으로 이송시키고 있었지요. 1944년 9월이었어요. 그 당시 저는 독일 북부의 어느 지역에서 친구 집으로 숨어들어가 그 9월 한 달 동안 내내 은신해 있어야만 했어요. 저는 미군의 해방작전을 통하여 자유를 회복한 북쪽 지역 마을에서 어느 날, 미군이 네덜란드에 진주해 들어온 이후 정규군에 편입된 제 레지스땅스 동료대원 누군가를 조우하게 되었어요. 당시 해방된 지역과 아직 해방되지 않은 지역, 이렇게 일시적으로 두 지역으로 나뉜 네덜란드 내부의 임시국경으로 정해진 강을 건너는 것이 금지되어 있음에도 불구하고, 이 친구는 저에게 아무런 문제나 불상사를 겪지 않은 채 남쪽에 있는 저의 집에 되돌아갈 수 있도록 허위증명서과 제복을 만들어주었지요. 자신들이 필요로 하는 모든 것들을 태연하게 훔치거나 빼앗는 대원들, 즉 장비를 제대로 갖추진 못했지만 은신하여 활동하던 레지스땅스 군부대 대원들, 저는 최근 다녀온 짧은 여행에서 이들을 재회했어요. 바로 이들을 재회하는 자리에서 제가 줄곧 말하고자 하는 바로 제 내면적 경험세계가 펼쳐졌어요. 곧 이중적 경험인 것이죠. 즉 당시 우리들은 훔쳤지요. 우리들은 독일군 자전거를 훔친 것과 꼭 마찬가지로 영국군의 군인제복과 각종 의류 및 미군의 총을 탈취했었거든요. 모두가 명료한 의식 속에서 움직인 것이죠! 다른 한편, 저는 당시 일주일 동안 독일 점령군 군대라는 공식신분이라고 꾸며대면서 숨어 살도록 하는 조건으로 지낸 적이 있어요! 절 믿으세요. 지금까지 말씀드린 것을 보면 결국, 어느 한 인간의 됨됨이라고 하는 것에 대해 법적 신분이나 사회적 신분이라고 하는 것에 너무 얽매여서는 안 된다는 점을 아주 잘 보여주죠. ......

자클린느 : 위에서 말한 여러 가지 경험들을 수집하여 말씀하여 주셨는데, 우리가 과연 이 모든 경험들이 지금과 같은 당신의 존재를 어떻게 만들어냈다고 말할 수 있는 건지요. 그리고 지금 당신의 성격과 독창성이란 것도 결국은 어떠어떠하다고 규정할 수 있는 것인지요?

루크 훌스만 : 제가 내면세계 깊은 곳에서 경험한 것과 아직도 제가 되어가고자 노력하는 것에 대하여, 다음과 같은 세 개의 키워드로 상징적으로 표현할 수 있을 거예요. 첫째, 열린 자세를 견지하도록 하자. 둘째, 연대활동을 하며 살아가자. 셋째, 끊임없이 대화를 지속해나가도록 하자.

자클린느 : 당신이 제안한 바와 마찬가지로, 만일 우리들 설명과 해명의 쇠창살이라고 하는 게, 즉 준거틀이라고 하는 게 우리들 자신에게 말하는 동시에 세상에 대해서도 말한다고 하는 게 타당하다고 인정한다면, 당신 입장에서 보면 그것은 결국 명확한 휴머니즘에 관한 키워드이기도 하겠습니다.*

루크 훌스만 : 그래요. 맞습니다.

자클린느 : 그런데 당신에게는 그게 어떻게 관련되어 있는가요?

루크 훌스만 : 겉으로는 고등학교에 입학하는 것으로 되어 있을지라도 실제로는 결정적으로 기숙학교를 거부하였을 때, 저는 처음으로 저를 열어젖히고 싶은 감정 혹은 감금으로부터 벗어나고 싶은 감정을 경험하게 되었어요. 당시 우리 반은 모두 6명이었으며 서로 사이좋게 잘 지냈습니다. 결국 친구들도 생겨났으며, 전 더 이상 혼자가 아니었지요. ...... 우리는 프로그램 과정의 범위를 벗어난 이러저러한 것들, 그리고 무엇보다도 우선적으로 철학적 토론회 모임을 조직하였지요. 그러고 나서 우리는 우리들끼리는 『대안』이라고 부

---

* 휴머니즘운동의 역사에서 네덜란드의 프라그의 역할이 크다. 그를 소개하도록 한다. 잡 반 프라그 (Jaap van Praag : 1911~81). 암스테르담에서 현대의 유태인사회주의 환경에서 태어나 자라났으며, 네덜란드어와 네덜란드역사를 공부하고 교사가 되었다. 제2차 세계대전 이전 시기에 다양한 반전청년운동단체에서 활동하였으며, 이때 제2차 세계대전이 끝난 훗날 그가 '네덜란드 휴머니즘연맹'을 만들 때 인맥이 되어준 인사들을 만나 교류하였다. 독일 네덜란드 점령기간(1940~45) 동안 그는 숨어 지냈으며, 이 기간 동안 그는 자신의 휴머니즘 이론을 발전시켰다. 1946년 네덜란드 휴머니즘연맹 창립 당시 그는 주요설립자 중 한 명이 되었으며 1946년 9월부터 1969년까지 대표를 맡았다. 1954~74년 그는 네덜란드 휴머니즘연맹 이사를 맡았으며, 레이덴대학 휴머니즘학과 초대교수(1964~79)를 지냈다. 그는 교회의 대안이 되는 것으로서 인간의 삶 중에서 삶의 의미를 부여해주는 비종교적 측면을 강조하였다. 그는 국제 휴머니즘윤리연맹(International Humanist and Ethical Union, 약칭 IHEU) 설립(암스테르담, 1952)에 결정적인 기여를 하였으며, IHEU 초대 대표로서 이 단체를 공고화하며 확장하는 활동을 벌였다. 그는 1960년대와 1970년대를 통하여 자신이 가지고 있는 천부적인 리더십과 중재자 역량을 발휘하여 국제사회에서 바티칸의 가톨릭 측과 당시 강력한 정치세력이던 마르크스주의가 서로 만나 대화를 하도록 이끄는데 크게 기여하였다. 1975년 이사직을 그만 둔 이후에는 명예이사로 휴머니즘 운동에 기여하였으며 1978년 런던 IHEU 총회에서 특별상을 수상한 바 있다.

르는 신문을 발간하며 거기에서 반체제 운동을 벌여나갔어요.

자클린느 : 반체제 운동이란 무엇과 관련되어 있는 반체제 운동이었나요?

루크 훌스만 : 우리는 제도권 상황과 구조에 대해 의문을 제기하며 반대하지만, 간접적으로는 교회제도에 대해서도 반대하였습니다. 왜냐하면 당시 그 고등학교는 성 프란치스코 사제단 성직자들이 운영하였기 때문이죠. 제가 제 삶이 마치 계속해서 새롭게 발견되는 그 어떤 것처럼, 그리고 마치 '해방'이나 '석방'처럼 강하게 느끼게 된 것은 틀림없이 바로 이때부터였지요. ...... 맞아요. 제가 삶을 마치 해방처럼 살아나도록 하는 바로 그것이야말로 제 내면세계의 가장 강한 감정들 중 하나가 되었어요.

자클린느 : 지극히 겉으로 드러내기 힘든 감정이라는 게 있지요!

루크 훌스만 : 지배적인 담론, 그리고 교육 등은 독특하거나 독자적이거나 고유한 경험을 추방해버리는 것과 같은 방식으로 삶과 생활세계와 사회에 대해 모습을 드러내기 때문에, 해방이나 석방과 같은 감정은 제대로 드러나지를 않는 것이죠. 이런 의미에서 보면 지배적인 담론이나 교육이라고 하는 것은 결국 소외당하게 만드는 장치가 되는 셈이죠. 그러나 올바르게 열린 자세를 견지한 채 그와 같은 소외에 맞서 싸울 수 있는 것이지요. ...... 제가 읽어본 몇몇 분들 저작을 통하여 제가 사실상 구금되어 있는 상태에서 저를 벗어나도록 하는데 커다란 도움을 받았어요. 즉 제가 17,18세였을 무렵 저는 수많은 책을 탐독했지요. 저에 대한 교육을 담당한 스콜라 학파의 제도는 '객관성'에 그 바탕에 두고 있었어요. 스콜라 교육기관은 주체인 개인과 사람을 배제하지요. 그와 꼭 마찬가지로 스콜라 교육기관은 감정과 정서의 중요성을 부인하며, 좀 더 제대로 말한다면 감정과 정서를 표현하는데 필수적인 언어를 제공하질 않는 것이죠. 저는 소설작품, 그레고리오 성가, 작은 교회의 명징함, 그리고 화려한 전례를 좋아해요. 그러나 저에게 지적 우주를 만들도록 해주었으며, 게다가 그 지적 세계는 매력이 있었고, 하지만 지적 세계 속에서는 감정은 들어설 여지가 없었지요. 예컨대 저는 춤추러 간다는 생각을 전혀 해보질 못했으며, 제가 언젠가 어머니에게 써 보낸 연애편지들은 무척이나 곤란하게 만들었던 듯해요. 제 세계관은 어쩔 수 없이 중간이 잘린 것

이 될 수밖에 없었지요. ...... 저는 다음과 같은 물음에 제가 대답할 수 있어야 한다는 커다란 욕망에 사로잡혀 있던 때가 회상이 돼요. "'안다'는 게 도대체 무엇인가?" 그리고 제가 인식행위에는 이미 '주관'이 들어있다는 점을 제시한 메를로 뽕띠의 책에 대해 아주 특별한 관심을 기울였던 적도 있음을 기억해요. 바로 그때부터 저는 인식 행위란 관계이며, 이 관계는 주체가 인식하는 대상과 대상을 인식하는 주체 사이의 관계이고, 우리가 '현실세계'라고 부르는 것은 곧 '상호작용'이라는 사실을 이해할 수 있게 된 것이죠. ...... 그래요. 바로 이 시기부터 저는 세계와 저 자신을 찾아나서는 탐험여행을 시작하게 된 것이죠. 그리고 이 탐험여행은 곧 세계 자체를 소외시키는 과정이기도 하였지요. 즉 발견하면 할수록, 빠르게 그리고 멀리 저 멀리로까지 더 끌어들이죠. ...... 세상을 향해 열려있는 사고방식과 사고과정 역시도 그 후 항상 강조되어왔지요. 그와 꼭 마찬가지로 제가 레이덴(Leyden)대학에서 법학공부와 법학연구를 하던 와중임에도 불구하고 저는 1946~47년부터 네덜란드 교회를 뒤흔든 문제를 해결하기 위한 거대한 사회운동에 가담했어요. 이 네덜란드 사회운동은 결국 제2차 바티칸공의회를 준비해나가도록 만든 여러 결정적 요인들 중 하나가 되었어요. 저는 성직자와 정치인들과 함께 『여섯째 시간』(*La onzième heure*)이라는 잡지 편집위원으로 활동했어요. 그 당시 저는 전쟁 전과 전쟁 후의 오랜 세월 동안 그 잡지 편집위원으로서 네덜란드 교회의 탈제도화운동(deinstitutionalisation, 제도권 탈피운동)에 헌신해왔으며 이 운동은 네덜란드 사회 전반을 뒤흔들었으며 엄청난 영향을 끼치게 되었지요.

자클린느 : 당신은 먼저 교회 탈제도화 운동을 벌이고 그러다가 나중에 가서야 비로소 국가 탈제도화 운동을 벌이신 게로군요?

루크 훌스만 : 저의 국가경영의 탈제도화 운동과 활동은 사실상 교회 탈제도화 운동에 대한 하나의 응답이기도 한 것이었지요. 게다가 국가 탈제도화 운동은 경천동지할 만한 사건이 일어난 것이 되었어요. 저는 처음엔 진정한 제도화란 교회에만 있는 것이며, 세속화야말로 일종의 해방이라고 보았지요.

자클린느 : 그런데 그게 사실이 아니었나요!

루크 훌스만 : 맞아요. 그게 아니었어요! 교회의 한 가운데 있는 투쟁 메커니즘이 세속화되었다고 일컬어지는 상황 속에 처해 있는 것을 알게 된 것은 정말 아주 흥미로운 일인 동시에 아주 실망스런 경험이었지요. 저는 국가구조와 교회제도의 구조 사이에는 놀랄 만큼 유사성이 크다는 점을 여러 번 되풀이하여 항상 똑같은 놀라움을 느끼며 인식하곤 했지요. 제가 교회를 탈제도화시키는데 기여하기 위해 벌이는 운동과 활동들은, 모든 건들에 대해 벌이는 투쟁과 관련되어 있는 메커니즘에 대하여 아주 좋은 아이디어를 제공해주었어요. 이것은 나중에 가서는 저에게 국가제도 그중에서도 특히 형법과 형벌과 감옥 제도의 작동원리와 스콜라주의 형식주의 제도 사이에 있는 유사성을 활용할 수 있도록 해주었거든요.

자클린느 : 요약하면, 당신이 열린 자세를 견지해야만 한다고 말할 때 당신은 개인적으로나 그리고 집단적으로나, 자기 자신 속으로 스스로 퇴각해 물러나는 것을 피하기 위해 항상 투쟁해야만 한다는 걸 의미하시는 건가요?

루크 훌스만 : 그래요. 맞습니다. 만약 우리들의 제도 속에, 즉 우리들이 틀어쥐고 있다고 생각하는 바로 그 진실 속에 거꾸로 갇혀버리게 된다면, 우리들은 삶과 생활세계의 옆을 지나치는 것이 되고 말지요. 그리고 우리가 변화 발전시키고자 하는 것에 대하여 다른 혹은 누군가의 행동이나 조치를 취하도록 하는 것은 바로 그 당시로서는 완전히 불가능한 일이죠. 저는 '현실을 있는 그대로 인식하지 않으면서' 거꾸로 그 현실에 대하여 영향을 미치고자 할 때, 사태는 당신들에게 해를 끼치는 쪽으로 역전되곤 한다는 점을 빈복해서 경험했지요. 많은 사람들이 경험하듯이 저도 제 아이들에게서 이를 먼저 경험했어요. 아이들은 원하질 않는데도 불구하고 우리는 어떤 조치나 입장을 아이들에게 강요하며, 우리가 아이들을 위해 좋은 것이라고 예상되는 것을 해주는데도 불구하고 우리가 기다렸던 결과가 나오는 경우란 사실 매우 드물어요. 왜냐하면 우리 앞에 있는 아이들은 정말 살아 움직이는 구체적인 아이들이기 때문이며, 우리는 그 아이들이 스스로 말하도록 내버려 두질 않고, 그 아이들 말에 귀도 기울이질 않기 때문이죠. 기본적으로 우리도 우리 자신 속에서 나오는 소리는 더욱 더 잘 듣질 않고 있지요. ......

자클린느 : 그리고 바로 그와 같은 자세가 우리를 삶으로부터 더욱 더 멀리 떼어놓는 게 아닐까요?

루크 훌스만 : 그와 같은 자세와 태도는 끊임없이 두들겨 맞아 현실과는 틈이 벌어지고 말지요. 여담으로 말하면, 형법과 형벌과 감옥 제도가 안고 있는 비인간성이야말로 그 제도 속에서 일하는 종사자들과 피고인들 사이의 상호작용 상황 그 자체의 중요한 요소로 되어 있는 것이죠. 사활적인 상황의 일부가 됩니다. 이 형법과 형벌과 감옥 제도의 맥락에서 보면, 피고인들은 정말 말을 할 수 없으며, 말할 기회조차도 얻질 못하고, 그러나 결국 경찰과 판사들은 피고인들의 말을 듣고 싶지만 그렇게 들을 수 있도록 할 수조차도 없게 되고 말지요. 비인간적 상황을 만들어낸 바로 이 형법과 형벌과 감옥 제도가 설정한 바로 그와 같은 관계 유형. ...... 제 개인적 경험에 대한 이야기로 다시 되돌아오면서, 저는 이러저러한 불법과 비리들을 종식시키도록 하기 위하여 염원해 마지않던 온갖 종류의 개혁들이 실현되었음에도 불구하고, 어느 한 순간이 다가오자 정작 이것이 당초의 그 프로젝트 취지와는 정면으로 배치되는 쪽으로 치달아 온갖 억압과 무력함만을 더욱 더 크게 초래하고 만 것을 확인할 수밖에 없었다고 말씀드려야 하겠군요. 물론 그 개혁은 저 자신과 다른 이들의 노력으로 실현된 것들이지만요. 그럼에도 불구하고 여전히 그리고 역시 온갖 강력한 노력들이 전개되었음에도 불구하고, 정말 아무런 성과도 거두질 못하고 말았지요. 결국 형법과 형벌과 감옥 제도 측에서 이 온갖 노력을 무력화하거나 중화시켜버렸기 때문이지요. 우리가 마치 '정당화 혹은 합법화'라고 하는 것과 '현실'이라고 하는 것을 서로 혼동하면서, 시정하거나 개혁하려고 시도하며 노력하는 구조의 현실에 대해서 언제나 정말 잘못된 생각을 하기 때문에 실패와 좌절이 오게 되었던 것이죠. 정작 저는 이런 사실을 차츰 조금씩 깨달아 왔을 따름이에요.

자클린느 : 우리에게 다음과 같은 충고에 귀 기울이라는 이의 제기도 있어요. 즉 아무리 존재하는 것에 다가가 관심을 기울이려 하기 이전이라 할지라도, 온갖 사태가 정말 어떻게 일어나고 있는지 제대로 알아야 하며, 무작정 기다리고만 보자는 식의 일종의 형세 관망주의 속에 빠져들고 마는 위험은 없지는

않은가요?

루크 훌스만 : 저는 누구든지 전모를 알 때까지는 모든 행동을 삼가야 한다고 말할 수 있을 뿐이지요! 그러나 자신이 참여하는 지형에 대해 잘 인식하면서, 행동의 전체 과정에 대하여 어떠한 일이 벌어지는지 세심한 주의를 기울이도록 하는 게 분명 필요해요. 그리고 변화를 바라는 구성요소들 및 구조의 기능에 대해 제대로 인식하기 위해서는, '실천' 속에 적극 뛰어들어야만 하지요. 진정한 인식과 이해는 실천 및 실천에 대한 성찰의 결과인 것이지요. 결국 저는 제가 수많은 실천에 자발적으로 참여하였으며, 그러나 제가 제 입장을 삶과 생활세계 속에 터를 두도록 '순조롭게' 진행할 가능성은 그리 많지 않았던 것이지요. 참여해야 하며 그렇지 않으면 실질적으로 가까이 근접해 들어가도록 하기만이라도 해야 합니다. 저는 바로 그러한 이유로 다른 사회계층에서 태어났거나, 예컨대 아메리칸 인디언이나 다른 몇몇 인도 지역 사람들 등과 같이 아예 다른 사회에 속해 있는 사람들에 대해 알고 싶은 것이지요. 예컨대, 첫째, 죄수, 출소자, '어려운' 즉 다루기 힘든 청소년, 정신병 '환자', 성적 일탈자, 마약중독자, 공유지 무단 거주자 등과 같이 일탈자로 규정된 사람들, 둘째, 역사학자, 인류학자, 사회학자 등과 같은 온갖 이러저러한 분야의 전문가들, 셋째, 경찰, 판사, 검사, 감옥 종사자 등과 같은 형법과 형벌과 감옥 제도 종사자 등등을 말하는 것이지요. 저는 제가 주도하였든 안했든 제가 개최했든 안했든 상관없이 온갖 종류의 위원회, 사업단체 혹은 특정 단세 등에 속해 있는 여러 가지 모임과 회의에 참석해오고 있지요. '칸막이' 낭안에서 사는 다른 저 사람들 경험과 또 다른 '칸막이'안에서 사는 우리들은 서로 분리되어 살아가고 있기 때문에, 우리들에게는 잘못된 사고가 켜켜이 쌓여가고 있지요. 저는 개인적으로 제게 정열적인 경험을 하게 해준 저의 칸막이로부터 끊임없이 벗어나기 위하여 온갖 것들을 해오고 있어요. ......

자클린느 : 만약 매우 다양한 경험을 하며 살아가고 있는 사람들과 만나고 교류하면서 당신이 배우며 알게 된 것들에 대하여 짧게 요약한다면 어떻게 말씀해주시겠습니까?

루크 훌스만 : 저는 지금 진실이라고 주장하거나 지식이라고 주장하는 정말 많은 것들이 실상은 허위에 불과한 것임을 확실하게 알게 되었어요. 저도 대부분의 사람들과 마찬가지로 자원주의 쇠창살(이론 혹은 준거틀)에 의거하여 사회에 대해 우려를 하거나 이해하도록 틀 지워져 있어요. 정치적 담론과 법적인 것에 관한 담론 등은 우리들로 하여금 이런 식으로 사회를 이해하도록 몰아넣고 있는 것이죠. 이는 어떤 하나의 지향성은 사회적 과정에서 나타나는 몇몇 현상을 통하여 도입되는 것이며, 그 사회적 과정이란 곧 앞에서 말한 지향성에 맞추도록 하는 것을 당연하다고 여겨요. 결국 저는 사회적 현실을 이해하는데 있어서 자원주의 접근이란 오로지 사람들이 서로 얼굴을 마주보며 비교적 평등한 관계 속에서 살아갈 때에만 도움이 되며, 삶과 생활세계의 조건이 되는 현상학적 접근이나 유물론적 접근이야말로 규범적 접근보다 훨씬 더 적합하다는 점을 이해해야 한다는 점을 납득하게 되었지요. ...... 이상과 같은 모든 만남과 모임, 제가 참여한 그 모든 토론 모임, 그토록 다양한 분들의 여러 가지 말씀들이 한결같이, 산업화 사회가 전통적 사회에 대해 우월하다고 주장하는 관념과 사상의 허구성을 벗겨주었지요. 지금 저는 우리들이 여러 가지 점에서 아직도 전통적인 사회에 남아 있는 사회적 제도나 기반설비로부터 정말 많은 영감을 받아야 한다는 걸 잘 알게 되었어요. 뿐만 아니라 공식적 담론이 이 점을 전적으로 인정하지 않고 있음에도 불구하고 우리 사회는 그런 전통적 사회에 남아 있는 사회적 제도들에 의존하여 생명을 부지해나가고 있는 것이지요. 그야말로 우리 서구산업사회를 떠받치는 사활적 요소가 되는 것이지요.

자클린느 : 당신이 지금 말씀하신 명확한 대책은 그와 동시에 유토피아적이며 혹 퇴보적인 주장인 건 아닐까요?

루크 훌스만 : 천만에 말씀이죠! 한편으로 보면 저는 '낭만적으로' 전통적 사회에 복귀하자고 설득하려드는 게 아니거든요. 다른 한편, 당신이 앞으로 나와 제시하며 사람들이 자주 기억을 되살려내는 것들을 듣곤 하는 바로 그 '퇴보'라는 관념에 대하여 아주 구체적으로 문제를 삼도록 해야 해요. 사람들이 우리 사회를 관찰할 때 결국 무엇을 보는 것일까요? 우리 사회는 노동분업,

위계구조, 징계제도, 선발제도, 수량화의 중요성, 분석가능함의 중요성 등과 같이 몇 가지 원칙에 기초해 있는 물질적 부의 생산방식을 발전시켜왔어요. 이와 같은 우리 사회의 접근방법이 나름대로 매우 유용하다는 점을 저는 부인하기까지 하지는 않아요. 우리 사회의 절대 빈곤을 종식시켜 주었어요. 그러나 물질적 부의 생산 영역에서와 꼭 마찬가지로 그와 같은 접근방법이 전혀 문제가 없는 게 아니라는 점에 주목해야 해요. 결국 사람들은 보건, 교육, 주거, 환경, 상호간 분쟁 등 삶과 생활세계의 모든 영역에 대에서까지도 그와 같은 접근방법을 확대 적용하려 들어요. 그런데 바로 이 점에서 절대적으로 해로운 것이 되고 말아요. 산업화에 나름대로 적합했던 그와 같은 합리성의 발전이라고 하는 게, 기실 삶과 생활세계에서 가장 중요하며 가장 깊은 데 있는 영역들에 있어서는 '파국적'인 것이 되고 말거든요.

자클린느 : 수많은 사상가들은 사실상 삶과 생활세계 현상들이라고 하는 건 어렵긴 하지만 그래도 당신이 말씀하시는 바로 그 합리성의 빛을 통해서만 관찰할 수 있음을 지적하고 있지 않습니까?

루크 훌스만 : 사실, 저는 전혀 새로운 것을 말씀드린 게 아니에요. 거의 모두가 거기에서 정말 커다란 문제가 있음을 보고 잘 인식하고 있어요. 그러나 사람들은 전반적으로 그리고 저 역시 이따금씩은 그 점에 대하여 추상적으로 말하곤 하지요. 훨씬 더 깊은 측면에서 말씀드리면 저는 마치 일종의 '암 전이과정' 처럼 저의 개인적 경험의 현실 속에서 문제가 되는 바로 그 합리성의 확산 사태를 목격하고 있지요. 제 나름대로 사회생활에 참여하는 것에서 마저도 저는, 이 접근방법이 사람들이 사물과 사태를 설명하는 방식과 실제로 경험되어진 현실 사이에 나타나는 간극을 더욱 더 깊게 파고들면서 더욱 더 빠르게 그리고 얼마나 넓게 더 확산되어 가고 있는가, 그리고 사람들은 이 접근방법의 사고과정을 통하여 과연 어떻게 '겉모습의 사회'에 도달하게 되는가에 대하여 잘 알게 되었지요. 결국 사람들이 말하는 것이 실제로 일어난 것 및 실제로 자신들이 하는 것들과는 정말 근원적으로 다른 것이 되고 말 때, 수많은 사람들이 엄청난 무력감에 시달리며 사회적 삶에 커다란 영향을 받는다는 느낌을 받게 되지요.

자클린느 : 그래서 당신은 전통사회로 복귀하는 것이야말로 우리 사회에도 큰 도움이 된다고 생각하시는 건가요?

루크 홀스만 : 예. 저는 그렇다는 입장이에요. 우리가 알고 있는 산업화라는 역사적 위상을 가지고 있는 것으로 알려져 있는 국가들은 전통적 사회 유형이 가지는 여러 가지 원칙들에 대하여 재평가 하고 있는 실정이지요. 전통적 사회는 노동분업이 훨씬 덜 이루어진 사회조직이지요. 바로 그와 같은 전통적 사회는 제도적 틀보다는 오히려 '보충성의 틀'을 적용하지요. 전통적 사회의 경우 양적인 것으로 좌우될 여지는 그다지 없어요. '질적 측면'이야말로 훨씬 더 커다란 중요성을 지니게 되지요. 전통적 사회에서 분석적 시각과 비전은 전통적 사회를 지배하고 있는 '삶과 생활세계에 대한 직관적 글로벌 접근방법'을 전혀 억누르질 않아요. 우리 사회도 그와 같은 위상을 회복해야 해요.

자클린느 : 현실적으로 그것을 어떻게 이해해야 할까요?

루크 홀스만 : 탈전문화, 탈제도화, 탈중앙집권화 등을 이룩하기 위하여 노력해야 합니다.

자클린느 : 말하기는 쉽지만 실제로 정말 어려운 일 아닐까요?

루크 홀스만 : 전문화, 제도화, 중앙집권화 등의 차원에서 빠져나오기란 대단히 어려울 수도 있다는 건 사실이죠. 저는 전문적 형식을 받아들인 저처럼 일반인들에게도 그렇게 말씀드리고 싶지만, 우리들은 제도적 접근방법론의 식민지로 너무 깊이 전락한 상태가 되어버렸기 때문에 우리가 아무리 탈제도화하며 탈중앙집권화 하고자 해도 결국 우리가 도망쳐 나오려고 애쓰는 바로 그 모델의 수렁 속에 다시 빠져들고 마는 것이지요. 우리는 글로벌 사회방안에 대한 비제도적인 습관, 노하우, 지식행동 등을 놓쳐버리고 말았지요. 그런데 우리가 전통적 사회를 지배하던 사회조직원리를 다시 찾아내고자 하면서, 우리가 내부에 제도적 모델을 다시 끌어들이려 해서는 안 되는 것이죠. ……

자클린느 : 그럼 어떻게 해야 할까요?

루크 홀스만 : 그와 같이 제도화가 아닌 다른 사회조직원리를 재평가하면서, 제도

라는 암적 상태로 전이되는 나쁜 상황을 막아내며 이를 멈추도록 하는 유일한 방안은, 제가 보기엔 형법과 형벌과 감옥 제도 '폐지주의'의 시각에서 탈제도화 하도록 하는데 있다고 봐요.

자클린느 : 당신에게 모든 길은 폐지주의로 통하는군요. 그렇지요?

루크 훌스만 : 결국 그렇지요. 제가 앞에서 지적한 '연대' '전향' 등과 같은 다른 열쇠 말들 역시 저의 정체성을 설명해줌과 동시에 저를 폐지주의로 이끌어주기도 하는 것이죠.

자클린느 : 당신은 그 점에 대해 설명해주실 수 있나요?

루크 훌스만 : 먼저 '연대'라는 말부터 보도록 하지요. '연대'란 제가 제 자신의 존재를 지각하는 방법으로서 저와 연결되어 있는 것이지요. '연대'란 일종의 내적 동력인 겁니다. 저는 저의 '연대'에 대한 감정이 존재들의 동등성에 관한 날카로운 지각 속에 아주 깊게 자리 잡고 있다고 생각해요. 그러나 여기서 동등성 개념은, 일반적으로 우리 사회의 공식적 담론과 제도적 실천이 제시하는 개념과는 전적으로 반대되는 개념임을 주의해야 해요.

자클린느 : 어떻게 반대되는 것인데요?

루크 훌스만 : 제도적 실천과 담론보다 더욱 더 자주 동원 활용되는 동등성이라는 개념은 다양성을 배제하지요. 공식적 동등성 개념은 삶과 생활세계를 축소하는데 동원되고 있어요. 제도란 복잡한 일과 정세를 휘어잡아 잘 다루도록 하기 위하여 그 복잡한 일과 정세를 제도의 본질에 맞게끔 억지로 축소 환원시키도록 하지요. 이것은 그야말로 제가 말하는 독특한 동등성 개념과 진면적인 모순관계를 이루며, 반면 제 입장에서 보면 동등성이란 다양성과동의어이죠. 반 헤어졸테*가 쓴 중요한 저작이 바로 이 점을 잘 밝혀줍니다. 이 책은 사회제도를 의인화하거나 인격화하는 현상을 다루고 있습니다. 법철학 교수인 그녀는 사회체인 국가라고 하는 것이, 온갖 인간, 식물, 돌, 제도

---

* Amoene van Haersolte: 1890~1952, 네덜란드 용커 귀족이자 작가로서, 1947년 제1회 후프트(P.C. Hooft)상을 수상하였다. 후프트상은 네덜란드 시인이자 희곡작가인 피터 꼬르네리조운 후프트의 이름을 딴 문학상으로서, 네덜란드어로 쓰인 문학작품에 대하여 네덜란드 정부가 수여하는 최고의 문학상으로서 명성을 자랑하고 있으며, 1947년부터 지금까지 62년 동안 매년 시상해오고 있다.

전반 등과 같이 모든 존재하는 것들과 같은 차원에 위치해 있다고 비유하면서 스스로 질문을 던지지요. 반 헤어졸테에게 있어서 '인간'은 하나의 새로운 정보통합을 가리키며 인간의 속성은 바로 이 새로운 통합에 의해 좌우된다고 본 것이죠. 그리고 그녀는 국가를 사회체인 것처럼 의인화할 수 있다고 하는 가능성을 받아들인 다음, 국가에 대해 가장 높은 사회적 지위를 부여하려는 경향에 대해 이를 막기 위해 경계를 게을리 하질 않았어요. 즉 반 헤어졸테에 따르면 국가란 통합의 관점에서 보면 한낱 '벌레' 수준에 불과할지언정, 결코 '인간' 수준까지 되지는 못한다(!)는 사실은 명백하다고 밝히고 있어요. 저는 반 헤어졸테가 보는 국가에 대한 이런 이미지가 정말 너무나도 인상적이에요. 저는 제도라고 하는 게 몇몇 분야와 영역과 같은 조직에 대해 조직적 틀을 제공해준다는 점에서 나름대로 유용하다는 점을 부인하진 않아요. 그러나 저는 그 제도라고 하는 게 인간의 삶이나 인간의 생활세계에 비해서는 아주 낮고 열등한 차원의 생명력을 가질 따름임을 잘 납득하고 확신하기에 이르렀지요. 가장 지적이지 못한 인간이여, 그러나 수행해야 하는 임무 차원에서 보면 정말 정말로 경탄해 마지않는 통합을 이룩해 내는구나! 그러나 그토록 거창하다고 일컬어지는 제도여, 정작 수행해야 하는 소임 차원에서 보니, 정작 제도가 수행하는 역할이란 지극히 지극히도 미미할 따름이구나! 그런데 우리 시대의 산업화 사회에서, 사람들은 제도 특히 국가를 의인화하며, 결국 국가와 제도라고 하는 것을 일개 '벌레' 차원으로 전락시키기에 이르고, 마침내 우리는 국가와 제도를 가지고'하느님'을 만들어내고 마는구나! 국가와 제도란 일반적으로 극히 보잘 것 없으며 종속된 역할에 하는데 불과함을 인정하는 대신, 오히려 인간의 능력을 마지막에 있는 것으로 방치하고 마는 것이죠. 인간에 대해 등급을 한없이 추락시켰으며 열등한 것으로 취급하고 있죠. 그리고 인간의 삶과 생활세계는 극도로 풍요로우며 적응력이 뛰어남에도 불구하고, 이를 지극히 단순화시키고 말며 제도의 칸막이 속에 집어넣는 것으로 전락시키고 마는 것이죠.

자클린느 : 연대에 대해 말한다면 누구를 향하여 그리고 무엇을 위하여 연대해야 하는 것인가요?

루크 훌스만 : 저에게 있어서 연대란 다른 어떤 사회조직이나 제도에 대해 양보하거나 타협하는 것이 결코 아니에요. 연대란 항상 제가 말씀드린 구체적인 존재나 구체적인 단체나 집단, 즉 구체적인 인간, 동물, 대상 등에 대하여 더불어 함께 살아나가는 연대를 가리키는 것이죠.

자클린느 : 구체적인 대상이라구요?

루크 훌스만 : 사막처럼 사람이 거의 살지 않는 황량한 지역에 살 때, 예컨대 숲이나 돌 같은 물질은 다른 의미를 가지게 되죠. 그것들은 '가까운' 것이 되는 것이죠. ...... 그래요. 저는 세계를 구성하는 각각의 요소들과 더불어 연대를 느끼지만, 제도나 제도를 상징하는 문장(紋章)이나 엠블럼 등에 대해 연대를 느끼진 않아요. 하지만 우리 사회에서는 이러저러한 제도나 그 제도들의 상징에 대해 연대감을 표시하는 경우가 정말 많아요. 제 입장에서는 정말 그런 것들을 싫어해요. 그런 형태의 연대에 대해 저는 전율을 금치 못해요.

자클린느 : 정말 그럴 정도인가요?

루크 훌스만 : 네. 그렇고말고요. 그와 유사한 눈부신 저의 신념은 저의 유년시절 경험에 기원을 두고 있어요. 히틀러가 권력을 장악하기 전부터, 그리고 잘 알려진 것처럼 히틀러가 권력을 장악한 이후에 특히나 더욱 더, 저는 라디오에서 흘러나오는 연설과 대중들이 이 연설에 대하여 보인 반응 등을 들었던 기억을 아주 생생하게 기억하여 간직하고 있어요. 그리고 저는 정말 제가 혐오하며 증오해 마지않는 그런 종류의 연대가 독일에서 널리 퍼져나가고 있음을 목격했던 것이죠. 당시 저는 어린이었으며, 그리고 제가 더욱이 네덜란드-독일 국경지대에서 살고 있었기 때문에, 저는 당시 이미 히틀러의 연설들이 연대감이라는 포장형식을 끌어들이면서 다른 사람들과 마찬가지로 저에 대해서까지도 마치 자석처럼 끌어당기는 엄청난 매력과 매혹으로 작용하는 것을 느꼈으며, 그와 동시에 앞서 제가 설명한 것처럼 엄청나며 거대한 위험까지도 함께 초래할 것이라는 점에 대해서까지도 당시 이미 피부로 느끼며 뼈저리게 알게 되었던 것이죠. ...... 제가 말씀드리는 연대란 정말 매우 미묘하며 섬세한 개념이어서, 저 자신조차도 결코 제대로 포착할 수 없으며 겨우 어설프게 밖에는 설명해드릴 수 있을 따름이죠. 연대란 상호의존

정서 바로 그것이며, 저에게 있어 상호의존 정서란 이러저러한 방식으로 삶과 생명에 대한 근거 그 자체라고까지 할 수 있는 것이거든요. 우리들은 모두가 다함께 일종의 우주적 합일과 친교 속에서 살아가며 존재하는 것이죠. 이 점을 잘 의식하여 이해하면 서로 돕는다는데 대한 일종의 존경심, 우아함, 바램 등을 더욱 더 발전시키지요. 연대란 어려움이나 곤경에 처해 있으며 취약한 처지에 빠져 있는 이들에 대한 책임감과 특별히 관심과 배려 등을 뜻하는 것이지요. 성령강림절(부활절 이후 일곱 번째 일요일) 전례가 특별히 이런 측면을 아주 잘 표현하고 있지요. "오소서 성령이여..... 가난한 이들의 아버지시여, 저희들에게 오소서 ...... 오소서 제 마음의 빛이여 ...... 더러운 것을 씻어내시며, 메마른 것들을 적셔주시고, 상처를 낫게 하소서 ...... 굳은 것을 부드럽게 하시고, 차가운 것을 따뜻하게 하시며, 거짓이 있는 것을 바르게 하소서 ......" 이 '연속' 장면은 저에게 언제나 매우 의미심장하지요. 이 기도는 아마도 저에게 일종의 내면적 풍경을 불러일으켜주며 그와 동시에 저에게 삼라만상의 온갖 존재들에 대하여 올바른 존재 양식과 올바른 존재 양식의 법칙을 일깨워주는 같아요. 왜냐하면 각자가 자신을 위하여 그와 같은 존재양식을 주장할 때, 어느 누구에 대해서도 각자의 존재양식대로 살아나가고자 하는 권리를 거부할 수 없기 때문이죠. 그런데 우리들 모두가 사회에서 받은 그 교육을 통하여 그와 같은 법칙을 거부하는 세계관에 대해 대결을 벌여야 했던 것이지요. 제가 이미 밝힌 것과 마찬가지로, 기숙학교시절 주위 분들은 제가 다른 학생들과는 전혀 다르다며 설득하여 납득시키고 싶어 했어요. 가톨릭 신자인 제가 기숙학교 집단에 속해 있지 않은 학생보다 더하다는 식이었어요. 저는 마음속으로 그런 시선을 결코 인정하지 않았으며, 저는 일평생 동안 모든 분리를 거부하였고, 또한 삶의 여러 가지 다른 형식들을 배제하면서 세계를 인식하며 이해하려는 모든 태도를 거부하도록 하는 생을 살아왔어요. 바로 이 여러 가지 삶의 형식들이라고 하는 것이야말로 인간을 완전한 존재로 만들어가는 바로 그것인 셈이죠. 제게 있어 동물과 그리고 '자연'이라고 불리는 바로 그런 것들이야말로 우주적 합일과 친교에 포함되어 있어요.

자클린느 : 당시 성 프란치스코회의 접근방법에 아주 편안해 했었나요?

루크 훌스만 : 기독교 세계 안에 있는 것이라면 그렇다고 말 할 수 있지요. 하지만 저는 아메리칸 인디언이 살아가는 삶의 경험에서도 똑같이 저 자신을 느끼며 편안해 하지요. 혹은 산업사회가 만들어낸 이데올로기와 관련하여 말씀드리면 저는 생태주의 흐름 속에서도 똑같이 편안함을 느끼지요.

자클린느 : 때로 당신은 천사주의라며 비난 받는 경우가 있지 않나요?*

루크 훌스만 : 어떤 의미로 말씀하시는 건가요? 사회에서는 필연적으로 온갖 분쟁과 갈등 상황이 일어날 수밖에 없음을 저는 무시하지 않을 따름이죠. 바로 그러한 관점에서, 제 언어는 확실히 전통적 언어보다 그리고 특히 형법과 형벌과 감옥 제도의 언어보다 오히려 훨씬 덜 유토피아적이지요. 형법과 형벌과 감옥 제도야말로 이른바 완전히 비현실적인 컨센서스라고 일컬어지는 것에 토대를 두고 있는 거거든요 ......

자틀린느 : 제가 말씀드리고 싶었던 것은, 때로 그들 중 일부에 대해 반대하면서도 그로부터 단호하게 분리하여 나오지는 않은 채, 모든 존재와 그 존재방식들에 대하여 수동적 묵상에만 머물러 있기만 하다면 바로 그것이야말로 비현실적일 것일 수밖에 없지 않는가 하는 점이지요.

---

* 천사주의(Angelism) 포스트모던 시대 여러 가지 형태로 천사 이미지를 핵심으로 하여 등장한 종교 및 영성을 일컫는다. 르네상스 시대 신비주의 종교로 신비주의 시로 등장하였다가 다시 포스트모던 시대 재등장한 것이다. 하느님과 사람, 하늘과 땅 사이에서 배회하는 존재로서 천사는 양측으로부터 소외된 존재이기도 하다. 중세시대 하느님 중심주의와 현대의 사람 중심주의 둘 다와 구별되며 양측의 매개자 역할을 한다. 현대인의 의식세계에서 천사는 '다른 사람'으로 하느님은 '이방인'으로 자리 잡고 있다. 독일 빔 벤더스 감독의 영화 '욕망의 날개'에서 잘 표현되고 있다. 그리고 포스트모던 시대 천사주의란 중세시대 마녀를 화형하는 장작더미와 아우슈비츠 대학살장의 죽음의 도가니, 이 둘을 연결하는 고리 역할을 하게 되었다. 영혼이 없는 테크놀로지에 입각한 현대 문명에서 등장하는 마르크스주의, 실존주의, 휴머니즘, 정신분석 등을 천사주의 맥락 안에 있는 것으로 보기도 한다. 고대시대 천사는 하느님의 종으로 호산나 노래를 바치지만 현대의 천사는 메시지 없는 메신저로 등장하며, 천사주의란 곧 다원주의 사회를 반영하여 다문화주의를 일컫게 되었으며, 그러나 초월적 존재에 대한 다원영성주의를 가리키진 않는다. 일신론에서 벗어나려 하면서도 감히 다신론으로 되돌아가진 않으려 하는 포스트모던시대의 영성 형식이기도 하다. 순수한 형태의 다신론, 일신론, 불가지론 등이 불가능해진 포스트모던 시대, 하느님 없는 천사, 메시지 없는 메신저, 너머로부터 우리에게 다가오는 계시 대신 그저 애매모호할 따름인 형이상학 루머 등의 형태를 띤 천사주의가 자리 잡게 된 것이다. Mikhail Epstein, "Angelism", *ISUD Glossary*, November 29, 2007.

루크 훌스만 : 제가 연대에 대해 말했던 태도와 방식을 말해요. 지금 막 제가 공격성 측면에 대해서는 전혀 검증해보질 못한 점을 생각하던 참이었거든요. 그건 완전 허위에요. 제가 말한 감정은 투쟁정신과 공격성을 배제하는 것도 아니며, 이러저러하게 행동해야 하는 상황이나 자세나 방식에 있어서 불리한 거부를 배제하는 것도 아니지요. 저는 매우 강력하며 정열적인 거부의 삶을 살아나갈 자신이 있어요.

자클린느 : 온갖 형식들로 나타나는 삶과 생활세계와 강력한 친교와 합일을 이루는 동시에, 과연 도대체 어떻게 적수는 파멸시키려는 의지까지도 함께 가지며 살아나갈 수 있는 걸까요?

루크 훌스만 : 저는 전혀 혼동이 되질 않아요, 하고 말해야 해요. 저는 제 적수에 대하여, 제 적수가 견지하고 있는 것과 더 이상 혼동하질 않으며, 제가 싸워야 한다고 보는 것과도 혼동하질 않아요. 사실 저는 결코 반전운동가나 평화운동가가 아니었지요. 독일의 점령기간 동안 저 역시 레지스땅스 '무장' 단체의 한 지류에 속해 있었으며, 그래서 저는 당시 투쟁에 참전했다고 생각해요. 저는 그 시기만 해도 적수가 전쟁의 핵심 쟁점으로 축소되어서는 안 된다고 하는 명확한 시각을 제대로 파악하고 있질 못했지요. 이 점은 추호도 의심할 여지가 없어요. 그러나 저는 오랜 세월이 흐른 이제 그리고 그간 살아온 경험 덕분에 다음과 같이 말할 수 있어요. 즉 오늘날에 이르러 모든 경우, 저의 가장 깊은 내면에서 거듭하여 시도해오던 바로 그와 같은 연대 유형이야말로, 싸움과 전투에 이끌려 들어간 사람들에 대하여, 제가 자라나면서 반항해 마지않아오던 바로 그 사회적 상황과 사회적 제도 등에 다시 되밀어 넣어 위태로움에 빠트리도록 하는 일은 저 스스로 나서서 중단시키도록 만드는 바로 그것이죠.

자클린느 : 당신은 사람들 각자 나름대로 고유한 존재양식대로 살아나갈 수 있도록 기회를 부여하고자 하는 것과 같은 의미의 바로 그 연대 측면과 연결을 지어 결합시켜내기 위하여 어떻게 하시겠습니까? 당신 경험에서 우러나오는 '교훈적' 이야기를 들려주세요.

루크 훌스만 : 얼핏 보면 처음 다가오는 인상은 그와 같은 제 입장이 결국 정말 엄청

난 패러독스인 것처럼 보이죠. 하지만 제가 살아온 실제 삶의 측면에서 보면 전혀 패러독스가 아니지요. 근본적으로 저는 어떤 상황에 대하여 판단하거나 평가하는데 정말 매우 주저주저 한 연후에 가서야 비로소, 글로벌 차원의 총체적인 측면 및 내면세계에 있어서 삶의 양식과 생활양식들을 포착하게 되거든요. 저는 다른 삶의 형식이 선험적으로 제가 고수해오던 삶의 형식에 비해 그다지 좋지 않은 처지는 것이라고 보는 생각에서 진작 벗어났어요. 오히려 저에게는 저와 다른 모든 것들에 대해 관심과 흥미를 가지고 있으며, 저와 다른 것들을 발견해내는데 커다란 기쁨과 즐거움을 갖도록 부추기는 천부적 호기심이 가득 들어차 있거든요. 저와 다른 방식으로 존재하는 세상 사람들과 온갖 세상 모습들은 저에게 부정적인 경험이 아니라 거꾸로 정말 커다란 자극제이제 활력소(!)가 되거든요.

자클린느 : 그러나 어떤 상황의 내면세계에 대해 잘 평가해보며, 글로벌 차원의 총체적인 맥락에서까지 그 상황에 대해 유심히 살펴보았는데도 불구하고 당신이 비판적인 판단을 내려야 한다면 어떻게 그리고 무엇을 할 것인가요?

루크 훌스만 : 저는 여기서 아마도 매우 중요한 구별을 해야 하겠군요. 저는 어떤 삶의 양식이나 그와 같은 삶에서 일어나는 어떤 상황에 대해 개인적으로 잘못된 것이거나 해롭거나 아니면 분노를 일으키도록 만든다고 평가할 수는 있어요. 몇몇 나라 사회에서 여성이 처해 있는 특수한 지위를 예로 들어보도록 하지요. 하지만 만일 이해당사자 자신들이 그런 처지에 있음에도 불구하고 거기에서 아무런 문제점도 알아채지 못한다면, 저는 제 자신의 관점이나 시각을 그들에게 결코 '들이대서는' 안 된다고 생각해요. 저는 이러한 맥락에서 그들 이해당사자들을 부추김으로써 그들 스스로 변화를 실현해내도록 노력할 따름이죠. 역사를 보면 당연하게도 거대한 불행을 도발하던 변화과정으로 가득 들어차 있어요. 왜냐하면 역사상 많은 이들이 다른 사람들에 대해 그들은 동의할 생각조차 해보지도 않은 '보다 더 좋은' 삶의 양식을 강요하고 싶어 했기 때문이죠. 제가 보았을 때 이와 같은 행동양식은 제가 들어온 바와 같이 인간은 기본적으로 동등하다는 원칙에 대해 심각하게 반하는 것으로 보여요. 이를 두고 보았을 때, 이런 경우 변화과정에 동참하도

록 하기엔 제가 동원할 수 있는 수단들이 극히 제한될 수밖에 없음을 잘 보여주어요. 저는 그들을 설득하려고 노력을 할 수는 있어요. 저는 그들이 어떤 사태들에 대하여 기만과 신화적 허구성에서 벗어나도록 해줄 수는 있어요. 저는 그들에게 다른 행동방식의 모델을 제시해줄 수는 있어요. 하지만 이상과 같이 제가 동원할 수 있는 수단들은 모두 그들에게 변화과정을 시작하거나 아니면 그들이 그와 같은 변화과정에 동참하게 하도록 만드는 일종의 '초대'라는 형태를 띨 따름이지요. 그리고 만일 제가 권력 주변에 있다면 저는 다른 사람들을 위하여 삶의 조건들을 개선하거나 그들 자신들에게 맞는 삶의 양식을 찾아내도록 촉진하도록 하기 위한 방안을 찾아내고자 노력할 겁니다. 물론 이렇게 할 때 저는 그들이 자신의 고유한 세계관이나 정세관대로 살아나갈 수 있는 기본권은 결코 배반하거나 포기하도록 하질 않아요. 그 외에 다른 경우들은 더욱 더 간단해요. 그럴 때에는 이들에게 손해를 가하거나 잘못을 저지른 다른 사람들의 삶의 양식을 그대로 감내하며 견뎌내도록 하지요. 이때 분쟁과 갈등으로 가득 차있을 겁니다. 그리고 만일 제가 그 분쟁과 갈등에 참여하게 된다면, 저는 법원 등에서 진행 중인 재판을 포함하여 그 분쟁과정에서 모종의 행동, 아마도 모종의 투쟁에 적극 동참하며, 그와 동시에 제 세계관과도 양립하는 유익한 역할을 다해내고자 노력할 것입니다. 말하자면 그렇게 되면 저는 모든 걸 다할 겁니다. 그렇게 되면 당연히 온갖 문제들이 가장 구체적인 모습으로 제기될 거예요. 물론 저는 제 적수에 대해서도 '결코 비인간적으로 대하진 않을 것'입니다.

자클린느 : 당신은 인간이 악의적일 수 있다고 생각하진 않나요?

루크 훌스만 : 당신 물음은 제 아들이 네 다섯 살 무렵 저에게 던진 질문이기도 하네요. 아들은 제게 물었지요. "아빠, 진정 나쁜 사람들이 있는 걸까요?" 전 다음과 같이 대답해주었어요. "잘 모르겠구나, 로드위크(루크)야. 하지만 난 그렇게 나쁜 사람을 결코 부딪쳐본 적은 없구나." 그로부터 28년이 지난 오늘날까지도 저는 여전히, 진짜 한번 만나보니 정말 "바로 이 사람이 정말 나쁜 사람이로구나" 하며 말하고 싶은 그런 사람들은 결코 한 사람도 만나보질 못했다고 말할 수 있어요. 저는 다루기 어려운 사람들은 참으로 많이

만나보았어요. 저는 분노가 머리끝까지 치밀어 올라오게 하는 사람들도 만나보았어요. 그렇지만 저는 조금만 이해하려 들면, 그들 자신이 근본적으로 혐오스러우며 저 자신과는 180도 다르게 동떨어진 것으로 보이는 그런 사람들은 결코 그 누구도 만나보질 못했어요. 제가 보기엔 인간 존재는 각각 근원적으로 서로 다르며 그렇지만 그와 동시에 실존적 의미에서는 서로 매우 가깝다고 봐요. 이는 온갖 차별에 바탕을 두고 있는 세계에 대하여 잘 설명해주며, 나쁜 사람으로 간주되거나 판단되는 이러저러한 이들을 따로 떼어두도록 자극하고들 싶어 하지요. 개인적으로 제 나름대로 경험한 바에 따르더라도 그와 같은 설명방식은 우리가 말한 바 있는 자원주의 접근방법을 불러일으키기도 할 뿐만 아니라, 별로 현실성도 가지고 있지 않으며, 사회생활 측면에서 본다면 제가 제 입장으로 견지해오고 있는 현상학적 접근방법보다 그다지 도움도 되질 않는다고 하는 점들을 잘 납득할 수 있게 해주었지요. 앵글로 색슨 계통의 범죄학 관점에 따르면, '범죄자'에 대하여 범죄 상황에 의거하여 부여하는 개념정의를 따르도록 하며, 범죄자의 행동이란 대다수 일반인들의 행동에 비해 '정상적'이지 못하며 모든 경우 일반인들 행동에 비해 더 나쁘다는 점을 밝혀냈다고 주장들을 하지요. 따라서 다른 사람들이 설령 개인적으로 범죄자의 삶의 방식에 대하여 동조하지는 못한다고 해도 범죄자의 삶에 대해서만은 의미를 존중할 수 있어야 한다는 점을 인정할 때라야만 비로소, 분쟁과 갈등에 대한 '인간적'인 대응방안을 찾아낼 수 있는 거거든요. 마니교와 같은 선아이분법에 집착하는 이론적 설명만으로는 탈연대 방향 즉 연대의 해체 방향이라고 하는 반대쪽으로 내닫는 것이 되고 말 뿐이며, 저는 이를 결코 받아들일 수 없어요.

자클린느 : 당신은 몇 가지 경험들이 과연 어떻게 당신으로 하여금 스스로 확인한 것만을 믿도록 신념을 강화해 나가도록 이끌어주었는지 잘 제시해주었어요. 즉 관찰과 합리적 추론뿐만 아니라, 온갖 인간 존재들과 일종의 내면적 친교와 합일, 즉 당신이 연대감이라고 부르는 바로 그런 내면적 친교와 합일 등등이 그 예가 되겠지요.

앞에서 당신은 자연과 본질로 환원하고야 마는 제도에 대해 극도로 불신하며 혐오하고 그러면서도 동시에 당신이 인간에 대해 그리고 나아가 인간 전체에 대해 갖고 있는 신념과 믿음 등에 대하여도 잘 말씀해 주었어요. 당신은 다른 사람들을 향하여 자신 아닌 다른 사람들에 대해 열린 자세라고 하는 구체적이며 개별적인 태도를 갖도록 촉구하였지요. 하지만 당신의 형법과 형벌과 감옥 제도 폐지주의 입장을 제대로 설명하려면, 다른 또 한 사람이 당신의 근원적 태도에 대하여 도와주도록 청해야만 한다고 말씀하셨던 적이 있지요? ......

루크 훌스만 : 맞아요. 제가 누구인가를 제대로 설명하기 위해서는 마지막으로 근원적 경험 즉 저의 '전환'(종교적으로는 회심(回心) 혹은 개종이라고 일컬음) 경험에 대하여 명확히 밝혀 드리도록 해야 해요.

자클린느 : 당신은 이 '전환'이라는 말을 어떤 의미로 사용하시는 건가요?

루크 훌스만 : 저는 은유법으로 말씀드리고 싶네요. 아마도 작은 서랍들 여러 개가 달려 있는 자그마한 서류함으로 규정할 수 있을 거예요. 우리는 이 서류함에 우리가 구한 정보와 사실관계 서류들을 체계적으로 잘 넣어두도록 하지요. 우리가 살펴본 것들, 내부와 외부에서 우리들에게 일어난 메시지들을 모두 서류함에 체계적으로 정리하여 넣어두지요. 또한 우리들이 알게 된 지식도 잘 분류하여 넣어두지요. 그런데 우리는 이 서류함에 개별적으로는 잘 들어맞지 않는 메시지들은 거부하는 경향을 보이기 마련이지요. 만일 우리가 서랍을 가지고 있지 않거나 우리가 구한 정보와 사실관계 서류와 그 내용이 기존하는 서랍에 넣어두기에 판형이나 형태나 체재가 잘 들어맞질 않는다면 우리는 그걸 없애버리게 되지요. 그러나 만일 새로운 정보와 사실관계 서류와 내용들을 거부하지 않고 대신 모든 서류들 분류체계를 고쳐가며 모든 서랍들에 대해 다시 체계를 고쳐나가도록 한다면, 이는 제가 말하는 '전환' 바로 그것이 되는 것이지요. 현실세계에서 전환이란 항상 도약을 의미해요. 왜냐하면 도대체 언제 어떤 일이 닥쳐와 이와 같은 체계 전환을 가져오게 될 지 정확히는 전혀 알 수 없기 때문이지요. 전환만큼 위험천만한 도약이란 필연적으로 다음과 같은 두 가지 차원에서 일어나기 마련이죠. 하나는 현실 '이해와 인식'의 도약이고 다른 하나는 현실인식의 도약과 나란히

일어나게 되는 '실천'의 도약을 가리키는 것이지요.

자클린느 : 그건 가슴이 찢어질 마음 아픈 일 아닌가요?

루크 훌스만 : 사람들이 이제 막 도약해야 하는 상황에서 겪을 수 있는 주저함이나 망설임은 이와 같은 형태의 경험을 여러 번 되풀이 해보면서 적어지게 될 겁니다. 제 경우 마음이 아프진 않다고 말할 거예요. 필연적인 전환을 목전에 두고 불안하다는 생각에 빠지게 되는 건 자신의 정체성을 상실하게 되지는 않을까 하는 거라는 관념에서 오는 것에 불과해요. 저는 그와는 정반대되는 경험을 해왔어요. 저는 제가 경험해야만 하는 도약을 거쳐 오면서 저 자신의 정체성을 전혀 상실하지 않았거든요. 모든 게 새로운 의미를 갖는 것으로 재해석되었거든요. 그것도 더욱 더 깊으며 더욱 더 진실하게 말이죠. 전환을 거치면서도 정체성을 잃지 않으며 오히려 새롭게 자기 자신을 재발견할 수 있는 것이지요. 제가 지극히 유익한 바로 이와 같은 전환의 도약현상을 몸소 겪으며 경험하였기 때문에, 어떤 한 순간이 닥치자 제가 형법과 형벌과 감옥 제도 폐지주의 입장으로 도약할 수 있었던 겁니다.

자클린느 : 그러나 그와 같은 폐지주의 입장은 줄곧 일개 고독한 개인의 입장에 머물러온 것은 아닌지요?

루크 훌스만 : 네, 맞습니다. 바로 그러한 이유로 저는 전환에는 두 가지 유형이 있다는 점을 말씀드리고 싶군요. 하나는 개인의 전환이며 다른 하나는 집단의 전환이죠. 형법과 형벌과 감옥 제도를 폐지하기 위해서는 집단의 전환이 이루어져야만 하는 것이지요.

자클린느 : 집단의 전환은 정말 드문 일 아닌가요?

루크 훌스만 : 세상 사람들은 거의 대부분 그렇다고 생각하곤 하지요. 사람들은 자기 주변 사람들로부터 기존하는 것과 같은 사회제도가 마치 영원하다는 인상, 혹은 설령 사회제도가 변화해야만 하는 경우에조차도 그러한 변화는 아주 천천히 일어날 수 있을 따름이라는 인상을 주어가며 말하는 것을 듣게 되곤 하지요. 저 역시 오랜 세월 동안 그와 같은 의견을 가지고 있었어요. 하지만 저는 경험을 통하여 그와 같은 관념으로부터 벗어나 스스로를 자유에 이르도록 하는 법을 배우게 된 것이지요.

자클린느 : 당신은 집단의 전환 경험을 해보지 않았나요?

루크 훌스만 : 우리는 모두 집단의 전환을 경험해보았지요. 무엇보다도 먼저 역사를 통하여 우리는 모든 문명이라고 하는 게 나름대로 제도와 조직에 따라 움직여왔으며 뿐만 아니라 나름대로 사회와 세계를 보는 방식을 표현해왔음을 잘 알고 있지요. 물론 오늘날의 우리가 그런 것을 도저히 완벽하게 이해할 수는 없지만요. 옛적 사람들은 도대체 어떻게 마법사를 믿었으며, 또한 마법사가 이러저러한 것들을 불타오르게 하면 온갖 종류의 재앙들을 피해나갈 수 있다고 어떻게 믿을 수 있었을까요? 오늘날 우리들 중에서는 누구도 그와 같은 관념에 집착하지도 않으며 그런 것을 다시 실천해보도록 요청하지도 않을 겁니다. 도대체 그런 게 사실이라는 이와 같은 사례는 우리들에겐 아주 저 멀리에나 있는 것처럼 보이며, 그리고 그와 같은 믿음은 '아주 점차적으로' 사라지게 되었다고 말할 수 있을 겁니다. 그러나 우리들에게 훨씬 더 가까이에 있는 다른 실례들을 끄집어내어 살펴보더라도, 그건 마치 마법을 부리듯이 그리고 마치 스펙터클을 보여주듯 180도의 전환처럼 눈길을 끄는 화려한 전환을 잘 보여주지요. 예컨대 노예제도 폐지 및 학교체벌 금지 등과 같은 것이 그 생생한 전환 사례가 될 겁니다. 요컨대 노예제도와 학교체벌은 우리들이 단지 용인되어오던 이 제도를 더 이상 이해할 수 없게 되어 갑자기 중단하게 되었으며, 그 무엇보다도 원칙이라는 차원에서 원하는 바가 아니었던 것이지요.

자클린느 : 당신이 제시한 사례들은 매주 인상적이긴 하지만, 우리들 역사 속에 자리한 것이 아니잖아요.* 당신 개인적인 경험에 대해 이야기 해 주시겠습니까?

루크 훌스만 : 그렇게 하도록 하지요. 제 자신의 경험을 살펴보건대 제가 살아온 60년 가까운 세월을 통하여, 어느 누구도 그토록 빠르게 엄청나며 거대한 변화가 닥쳐오리라고는 생각조차 하질 못하던 그런 변화들을 저는 생생하게 지켜보았어요. 특히 제가 놀라움을 금할 수 없는 두 가지를 제시해보도록

* 서구 혹은 프랑스. 즉 노예제란 근현대 서구와는 아무런 관련이 없으며 단지 미국이라는 대서양 건너 신대륙에 국한된 문제라는 생각에서 하는 이야기이다.

하지요. 첫째는 독일에서 나치가 권력을 장악하던 당시 독일에서 벌어진 변화이지요. 저는 당시 독일에서 여러 해 동안에 걸쳐 도대체 어떻게 해서 수많은 독일인들의 정신 구조 속에서 사회 및 유태인과 같은 특정 인종에 대하여 인식하며 이해하는 방식이 그토록 크게 변화를 겪게 되었으며, 그와 동시에 그들이 실천에 있어서도 커다란 변화를 어떻게 겪어왔는지 '지켜보았었지요.' 그밖에도 저는 전쟁이 끝난 후, 사회와 유태인에 대한 동일한 인식과 이해 방식이 정반대로 뒤집어져 전혀 새로운 관점과 태도로 바뀌는 현상 그리고 여기에 상응하여 실천도 180도 바뀌는 현상들이 순식간에 벌어지는 것을 직접 경험하였지요. ......

자클린느 : 나머지 다른 하나의 사례에 대해서도 말씀해 주시겠습니까?

루크 훌스만 : 그렇게 하지요. 이 역시 아주 놀랄 만한 일이지요. 저는 네덜란드에서 태어났어요. 제가 태어나 자란 네덜란드 고향에 대해서는 교회제도가 거의 완벽하게 시민사회의 여러 제도들을 지배한다고 말씀드린 바 있지요. 예컨대 도서관, 학교, 직종별 조합 등은 제도권 교회가 지배하고 있었으며, 이 제도권 교회는 다시 특별히 성관계 문제 및 테크놀로지 활용 문제 등과 같이 일상적인 실천 측면에 대해서도, 시민사회 제도를 지배하는 것 못지않게 매우 잘 지배하고 있었지요. 바로 이 실천에 대해 관찰해본 모든 이들은 한결같이 당시 결코 근절이 되질 않는 여론이 문제라고 지적들을 했거든요. 그런데 그 여론이라는 건 교회의 공적 위상에 의해 틀 지워진 것이었거든요. 그리고 저는 어 모든 교회제도의 네트워크라고 하는 게 '5년 내에'(!) 무너져 내리는 걸 목격하게 되었지요. 네덜란드 사람들은 그 5년이라는 짧은 시간이 흐르자 제도교회의 각종 의무에서 해방되었으며, 그와 동시에 교회제도가 전파한 이데올로기와 결부되어 있던 이러저러한 실천들, 특히 이러저러한 성적 행동 측면에서 매우 커다란 수정을 하게 되었지요. 바로 이 전환 사건이 발생하기 전에는 제가 그토록 짧은 시간 안에 무척이나 개인적이며 내밀한 관계에 대해 근원적인 수정을 하게 되는 건 불가능하다고 말한 바 있어요. 그러나 정작 제가 바로 이 교회제도의 전환 사건에 '직접 참여하며 관여'했거든요! 저는 이 사건에 관여하면서 제가 '전환'이라는 용어를 사용할

때와 같은 의미에서 정말 불가능하다고 믿어지던 집단의 전환을 이끌어낼 수 있었던 것이지요.

자클린느 : 다른 한편으로 보면 사람들은 전환이 일어날 것이라고는 전혀 확신하거나 단언할 수 없잖습니까?

루크 훌스만 : 사실입니다. 개개인 사람들은 자발적으로 변화나 변혁을 통제하거나 이끌어낼 수는 없어요. 그리고 많은 사람들은 자신들이 살아가는 곳에서 할 수 있는 게 전무하거나 지극히 미미한 것밖엔 없다고 말하는 게 맞아요. 그러나 모든 사람들은 각각 자신의 자리가 어떠한 곳에 있든 간에 각자는 최소한 온갖 변화의 희망들조차도 헛된 것이라는 관념으로부터는 벗어나올 수 있는 법이거든요. 개개인은 자기 자신의 가장 깊은 곳으로부터 정세나 사태와 사물의 어떤 상황이나 상태에 대해 나쁘다고 거부하면서도, 모두가 마치 물리학에서 말하는 긍정(+)의 힘처럼 각자 내면세계어서 자신의 변화에 대한 소망에 대한 결실을 맺도록 하며, 이를 두고 성경에서 사도가 말하는 것처럼 "이 세상에는 존재하지 않는 이가 만든 이 세상 속에서"살아나갈 수 있는 것이지요. 이것은 기독교 용어로 말하면 희망이라는 이름으로 말하는 바로 그것이기도 하지요.

제2부

형법과 형벌과 감옥 폐지주의

1장 폐지주의란 무엇인가?

2장 어떠한 자유를 지향하는가?

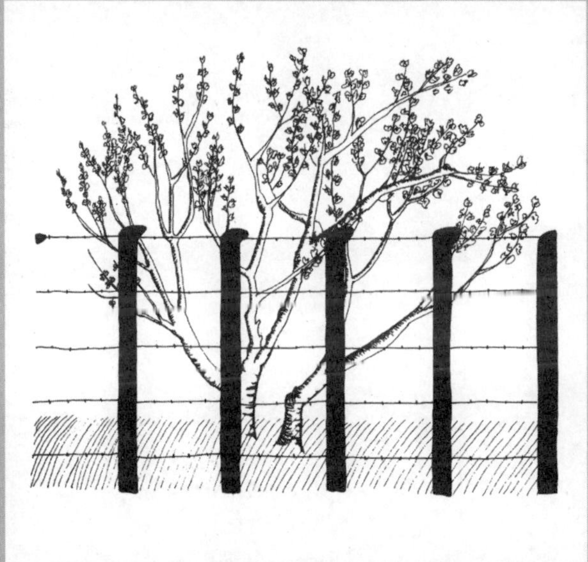

제2부 형법과 형벌과 감옥 폐지주의

-루크 훌스만의 강의 노트-

앞서 루크 훌스만과 대담은 그가 지금까지 살아온 길, 그리고 그가 지금까지 견지해오고 있는 형법과 형벌과 감옥 제도 폐지주의 입장에 대하여 복잡 미묘하면서도 정말 깊은 곳에 자리한 여러 가지 이유들에 대해 보다 더 명확하기 밝혀주었습니다. 이제 여기 제2부 두 차례 시리즈를 통해서는 루크 훌스만은 자신의 폐지주의 관점이 발산하는 내부 응집력에 대한 성찰을 명확하게 잘 보여줄 것입니다. 이를 통하여 그는 과연 누가 우리들이 잘 아는 형벌제도의 적용에 대하여 심문하며 물고 늘어지고 괴롭히는지 그 전모를 잘 제시해주고 있습니다.

이 책에서 제시하는 입장이 위치해 있는 틀에 관한 기본정신을 잘 간직하며 기억해 두도록 중요한 경고로 미리 다음과 같이 지적해두고자 합니다. 즉 루크 훌스만은 통상적으로 "전통적 일탈범죄"라는 용어로 지칭하는 것들에 초점을 맞추는 쪽을 택하고 있습니다. 말하자면 물건과 재산을 손대는 사건들에 관한 전통적 일탈범죄 용어는 형법과 형벌과 감옥 제도 측에서 "절도, 사기, 문화예술의 파괴 혹은 공공기물파손을 일컫는 반달리즘 행위" 등이라고 명명하고 있으며, 개개인의 안전에 반하는 신체적 폭행 사건들에 대해서는 전통적 일탈범죄 용어로 '폭행에 의한 부상, 무장 강도 등'이라고 명명하고, 주거안전에 관한 사건은 전통적 일탈범죄 용어로 '주거침입강도'라고 명명하는 식입니다. 따라서 이 책의 입장에서는 위에 지적한 범죄 분야 이

외에 도로교통에 관한 범죄, 정치적 범죄, 기업범죄 등과 같은 개별적인 범죄영역은 따로 다루지 않고 있는 것입니다. 이들 중 뒤에 제시한 사건들의 경우 루크 훌스만의 폐지주의 사상과 이론에서 배제되는 것인지 여부에 대해서는 확실하지 않습니다. 그러나 이들 사건에 대해서도 루크 훌스만의 폐지주의를 적용하려면 개별적인 특수사건들에 알맞게 적용하도록 개작을 감행하여야 하며 그렇게 되면 루크 훌스만 폐지주의 본질에 대한 제2부의 설명들이 쓸모없는 것으로 전락하고 마는 위험이 발생하고 맙니다.

더욱이 "전통적 일탈범죄"라는 영역이야말로 일반적으로 여론이라고 하는 쪽에서 형법과 형벌과 감옥제도에 대해 가지고 있는 전반적인 이미지를 아주 잘 보여줍니다. 현실적으로 구체적인 개개인은 통상, 피해나 위협을 당했다고 생각하고 있는 것으로 밝혀지고 있습니다. 그리고 이들 사건들이야말로 형법과 형벌과 감옥 제도 측에서 보면 가장 빈번하게 감옥에 처넣어야 하는 활동을 벌이는 사건들인 것입니다. 그러므로 바로 이런 사건들 범죄자들이야말로 형법과 형벌과 감옥제도의 적용 업무에 대하여 우리들이 입장을 밝혀달라고 하고 싶어 하는핵심이며 이에 대한 성찰은 루크 훌스만 폐지주의 성찰에서도 중심을 이루고 있습니다.

1장 폐지주의란 무엇인가?

1. 형법과 형벌과 감옥 제도를 보는 여론은 어떠한가?

정치적 담론, 대다수 언론 매체 및 일부 정치적 범죄 전문가 등은 형사사법제도의 문제점들을 지적할 때마다 이구동성으로 일부 '길거리에서 흔히 볼 수 있는 평범한 사람'을 끄집어내어 말하는 모습을 보여준다는 점에서 모두가 일치합니다. '길거리에서 흔히 볼 수 있는 평범한 사람'은 둔감하며 조심성이 없고 복수심이 강하다는 것입니다. 이들 길거리에서 흔히 볼 수 있는 평범한 사람은 온갖 유형의 주변인, 폭력조직, 침입자 등을 분간해내질 못하며, 이들을 한꺼번에 싸잡아 공개적 모욕(gémonies)을 주려 한다는 것입니다.* '길거리에서 흔히 볼 수 있는 평범한 사람'은 이상과 같은 위험한 암살자들로 가득 들어차있는 감옥을 생각한다는 것입니다. '길거리에서 흔히 볼 수 있는 평범한 사람'은 자신을 괴롭히는 사회현상들에 맞설 수 있는 유일한 보

---

* 집단에 의한 공개적 모욕(gémonies) - 19세기부터 사용되기 시작한 표현으로서, 고문을 가하여 사망한 시신을 티베르강에 버리기 전에 대중들에게 전시하던 의사당 토론장으로 통하는 계단을 가리키는 'scalae gemoniae'라는 말에서 공포와 죽음의 장소를 가리키는 말로 사용하기 시작하였다. 로마시대 당시 감옥에서 교살한 다음 내장 등을 공개적인 계단 등에 걸어 공개적 모욕을 주는 등 훈련용으로 사용하였다. 그런데 고문을 가하거나 죽이지 않은 채 누군가를 이곳에 끌고 가면, 이는 곧 훨씬 더 교묘한 형태의 고문이 되어 결코 지울 수 없는 상처를 안겨주는 공개적인 모욕이 된다. 구체적으로 누군가에 대해 최악의 형벌을 가하려면 일체의 속박장구를 하지 않은 채 모두가 보는 곳에 데리고 갔다. 지금은 이 말이 잘 사용되지 않고 있는데, 레이와 샹트로(Rey and Chantreau)는 그 소리가 *'gémir'*(신음소리)*와 'démon'*(악마)에 더 가까워서 앞으로도 계속 사용될 것이라는 가설을 내놓은 바 있다. 지금은 잘 안 쓰이는데다가 제대로 원 뜻이 살아남지 않음에도 불구하고 처음 쓰이기 시작한 지 1백 년도 더 지난 지금도 매스컴의 영향력에 의한 공개적 모욕과 치욕의 위력이란 실로 바로 이 단어의 끈질긴 살아남음을 잘 보여주고 있다. 2009년 초 이와 유사한 맥락에서 축구선수 이천수에 대해 공개적 모욕 형태의 징계 조치가 가해지자, 이에 대해 비판 여론이 일었던 바 있다.

호수단은 형법과 형벌과 감옥 장치라고 본다는 것입니다. ......

그런데 정작 그 '길거리에서 흔히 볼 수 있는 평범한 사람'이란 결코 존재하질 않습니다! 이 허구적인 '길거리에서 흔히 볼 수 있는 평범한 사람'이란 기존하는 형법과 형벌과 감옥 제도를 정당화하는 동시에 이 제도의 관행을 오히려 더욱 더 강화하는데 매우 손쉬우며 편리한 추상적 개념에 불과한 것입니다. 최근 사법제도에 은폐되어 있는 세력과 영향력 요소들을 잘 파헤쳐놓은 필립 로베르(Phillipe Robert)와 끌로드 포게롱(Claude Faugeron)의 연구 성과를 읽어보면, 범죄구성요건과 억압기구 등에 대하여 이 두 연구자들이 말해주거나 생각해보지 않은 것들에 대하여 사람들에게 그 총규모라든가 관련되어 있는 사람들에 대하여 말해보도록 시켜보면 이들이 도대체 어느 정도나 실수를 거듭하고 있는지(!)를 정말 잘 알 수 있습니다.[1] 이들과 같은 사회학 연구는 같은 취지의 연구 성과들을 밝혀낸 다른 분야 연구 성과들과 더불어, 현실과는 아무런 관계도 없는 자원주의 용어로 구성된 여론이라는 틈바구니를 강타하고 있습니다. 그와 같은 연구 성과들을 보면 여러 가지로 복잡한 뉘앙스들을 가지고 있는 여론들에 '대하여' 재인식하도록 요청하고 있습니다. 이 연구는 길거리의 진짜 남자 여자들을 무대에 올려놓고 이들 갑남을녀들이 저지르는 실수는 말할 것도 없고 이들의 지적인 성찰역량과 인간 됨됨이들까지도 자세히 살펴보고 있습니다.

이 구체적인 사람들은 매우 강력한 다수를 차지하면서, 우리의 형사사법에는 미쳐버리거나 도저히 견디어낼 수 없는 것들이 상당 부

1) Phillipe Robert et Claude Faugeron, *Les forces cache'es de la justice*, Le Centurion, Paris, 1980.

분 있다고 하는 뛰어난 통찰력을 표현하고 있으며, 그럼에도 불구하고 그들 자신은 미로와도 같은 형법과 형벌과 감옥 제도 속에는 단 하루도 빠져보질 않은 채, 그 '형법과 형벌과 감옥 제도'라고 하는 게 마치 정말 제대로 운영되고 있다며 그와 같은 문제점들을 애써 무시하고 있습니다. 해서 이들에게 정말 진상을 제대로 알려주도록 해야 합니다. 갑남을녀 즉 보통사람들은 지난 수백 년 동안 이어져와 물려받은 형벌 장치와 배제 장치들이라고 하는 게 우리 사회에 대하여 도대체 얼마나 수동적인 형태가 되도록 짓눌러왔는가에 대하여 정말 제대로 이해하도록 해주어야만 합니다. 사리가 그러하므로 이제 더 이상 어느 누구도 형법과 형벌과 감옥 제도를 지지하거나 보증하질 않습니다. 이제 바로 오늘날에 이르러서는 진정한 '민중의식'을 갖추고 있는 사람이라면 누구든지 형법과 형벌과 감옥 제도 폐지주의를 주장하게 될 것입니다.

2. 악한 사람들과 선한 사람들

전통적인 드라마나 영화 그리고 이러저러한 매체들을 보면 한쪽에는 선한 사람들이 나오며 이와 구분하여 다른 한쪽에는 악한 사람들이 나뉘어져 있다는 식의 그저 단순하거나 심지어 극단적으로 단순화시킨 생각과 관념을 영속화하려는 경향을 보여줍니다. 사람마다 그리고 상황마다 그보다 훨씬 더 미묘한 차이들이 있다고 보는 접근법이 있음을 입증하는 바로 그러한 문화적 흐름이 있다는 것은 정말 사실입니다. 현대의 예술, 문학, 영화 등은 살아 움직이는 존재와 생명, 사람들 사이의 관계, 온갖 체험 등에서 온갖 복잡 미묘함을 찾아내려고 노력하고 있습니다. 이들 분야는 바로 이 선한 사람과 악한 사람이라는 식의 흑백논리와 이분법이 비현실적이라는 사실을 끄집어내 이를 잘 보여주고 있습니다.

그럼에도 불구하고, 형벌과 형사사법 분야에서는 여전히 마니교에서와 같은 이원론 이미지들이 마치 완전히 타성에 젖어있는 것 마냥 여전히 그대로 작용하고 있습니다. 여러분들은 늘 형법과 형벌과 감옥 제도 및 그 운영에 대하여 매우 비판적인 사람들을 맞딱뜨리게 됩니다. 이렇게 비판적임에도 불구하고 이들은 법과 구조들을 통하여 사회적 일치와 조화를 실현시켜줄 것으로 기대해 마지않습니다. 그러다 보니 심지어 경찰, 판사, 입법자 등이 개별적으로 그리고 전체적으로 제대로 업무를 수행하고 있지 못하다는 의문이 정말 너무나도 자주 발생하고 있음에도 불구하고, 이들이 일반적으로는 마치 '질서'의 대변자, 그러므로 결국 '선함'의 대변자인 것인 양 간주되고 있는 실정입니다. 그리고 '일탈자' 즉 범죄자들은 사법, 법률, 선한 의식 등과 같은 '상징' 체계에 맞서 있으면서, 마치 전혀 별도의 인간유형인 양, 그리고 마치 사회적 정신이상자인 것인 양 취급되어오고 있으며, 뿐만 아니라 이들은 보통사람들과는 전혀 다른 존재이기 때문에 콕 집어내여 색출하여 완전하게 분리 처분하기란 지극히 용이하다고 보는 것입니다.

하지만 이상과 같은 기존 관념은 혐오하며 불신하도록 해야만 합니다. 개별적인 논증이나 추론과는 전혀 별개로 추상 속에 빠져 있으며, 억압제도를 일으켜 세워 유지시킬 따름이기 때문입니다. 누군가가 예외적인 성격으로 인하여 일탈행위 이미지를 전달하면 많은 사람들 특히 지식인이나 선의를 가진 친절한 사람 등은 형법과 형벌과 감옥 제도 측이 체포한 그와 같은 사람들에 대해서 예외적인 조치를 취하도록 하는 게 전적으로 정당하다고 생각하게 됩니다. 그리고 누군가가 '바로 이런 일탈행위를 저지르는 사람들'은 다른 보통사람들에게 상처나 피해를 입히지 못하도록 분리시키도록 하는 게 매우 중요하다고 생각할 때, 너무나도 손쉽게 그와 동시에 이들을 감옥에 가둠으로써 격리시키도록 하는 것과 같은 원칙에까지 동의해버리곤 맙니다. 하지만 명백히 존재하는 '문제의 진실'을 정면으로 바라보기 위해서는 그와 같은 생각의 허구성들을 낱낱이 파헤쳐 벗겨내는 일이야말로 실로 너무도 긴박한 상황입니다.

3. 형법과 형벌과 감옥 제도의 여러 장치들

여러분들은 다음과 같은 점을 들어가며 형법과 형벌과 감옥 제도를 훌륭하게 변론을 해가며 지켜낼 수 있다고 생각합니다. "처벌 대상이 되는 행위의 형식을 정하며 그 한계도 명확하게 규정해놓은 형법이라는 게 엄연히 있습니다. 개별 시민들에 대해 자의적인 체포와 구금을 금지토록 보장하고 있는 형사소송법도 엄연히 있습니다. 판사직은 행정부 권력으로부터 독립되어 있으며, 재판과정은 공개하도록 되어 있습니다. ...... 그리고 파기원은 모든 소송절차가 제대로 규정을 지키고 있는가를 감시합니다.*" 저는 이런 식의 정당화와 설명이라고 하는 게 대학에서 이뤄지고 있음을 잘 알고 있습니다. 뿐만 아니라, 다른

* 파기원 (Court de Cassation) 하급심 판결에 대해 파기권한을 가진 프랑스의 민사 및 형사상의 최고상소법원. 이 법원은 하급법원의 법 적용만 심사하며 사실관계나 재심을 맡진 않으며, 이는 상소법원이 담당한다. 파기원은 법원의 법해석상의 통일을 기하도록 하기 위한 것이다. 그러나 미국의 연방대법원, 일본의 대법원, 독일의 헌법재판소 등과 같이 법률의 위헌 여부를 심사하지는 않는다.

여러 기관과 제도들도 바로 이런 식의 공식적 담론을 되풀이함으로써 그리고 매스컴을 통하여 전체사회로 곧이곧대로 그와 같은 논리를 그대로 전파 확산시키고 있습니다. 그러나 차분하며 불편부당한 재판이 되도록 법원에 대해 법질서를 갖춘 이 모든 명시적 공식법규 그리고 이 모든 원칙들이 있다고 해서, 과연 그런 것들이 형사사법제도 측의 온갖 자의적인 강제로부터 모든 개인을 보호해줄 수 있는 것입니까? 뿐만 아니라, 그와 같은 공식적 법규와 원칙들이라고 하는 게 오늘날과 같은 사회에서 정말 실효성이 있는 걸까요?

실제 운영과정 차원에서 도대체 어떤 일들이 벌이지고 있는지 살펴보도록 해야 합니다. 즉 모든 시민들은 형법 앞에서, 그리고 억압기구와 억압장치 측의 최소개입에 그치도록 해야 한다고 규정하고 있는 법규 앞에서 평등하다고 하는 원칙들이, 과연 '실제 사건들 속에서는' 정말 제대로 적용되고 있지 못하는 점들에 대하여 수상하게 생각해보도록 해야 합니다.[2] 형법과 형벌과 감옥 제도 업무를 담당하여 처리하는 종사자들이 바로 이와 같은 점들에 대하여 과연 어떻게 인식하고 있는지에 대해서도 수상하게 여기며 의문을 제기해보도록 해야 하는 것입니다.

대부분 젊은 층들이며 흔히는 이민자들로 이루어져 있는 이 모든 이들에 대하여 과연, 형법과 형벌과 감옥 제도 종사자들은 사회적 귀속감이나 연결고리를 별로 가지고 있지 못한 바로 이 모든 미결수들에 대하여 정말 제대로 잘 판결을 받았다는 감정을 가지고 있을까요? 파리법원 측은 '현행범'에 대하여 단지 불과 몇 분 동안에 걸치거

---

2) 법조인 및 범죄정책을 지배하는 담론 등은 형법과 형사법원은 오로지 최후수단으로서만 개입하도록 해야 한다는 점을 인정하고 있다. 그럼에도 불구하고 바로 이 원칙이야말로 여전히 '보조원칙' 혹은 '최후수단'으로 적용되어오고 있을 따름이다.

나 이따금 더 길어지기도 하는 경찰 측의 간단한 구두조사에만 근거하여 징역형을 선고한다고 밝히고 있습니다.[3] 그중에는 이따금씩 저 멀리 과거로까지 거슬러 올라가는 사건으로 인하여 부재중 연이어 내려진 궐석재판 판결들로 인하여 투옥되고 만 이들의 가족 어머니들도 포함되어 있지 않습니까? 그중에는 유죄가 되든지 무죄가 되든지 막론하고 재판이 '개시될 때까지' 한 달 씩이나 되는 긴 시간 동안을 일시 구류 생활로 보내야만 하는 이들도 포함되어 있지 않습니까? 형사처리 중인 이들 중에는 긴급한 상황에 처해 있다 보니 어느 한 경찰관에 대해 그저 분노에 찬 짧은 대꾸를 했다며 '공권력 요원 모욕죄'를 저질렀다며 경범재판소 앞에 끌려 나가야만 했던 이들도 포함되어 있지 않습니까? 이들이 과연 사법에 대하여 그리고 법원에 대하여 어떻게 생각할까요? 이들은 과연 우리들의 법률이 우리들을 지켜주겠다고 주장하는 바로 그러한 위험으로부터 정말 우리들 모두를 정녕 보호해준다고 생각하겠습니까, 아니면 오히려 그와는 정반대로 함정에 빠뜨렸다는 인상만을 받지는 않겠습니까?*

3) 뻬이레휘뜨법(프랑스 법무부 장관 뻬이레휘뜨(Sceaux Alain Peyrefitte)가 발의하여 1980년 12월 프랑스의회를 통과한 안보자유법을 가리킴)에 따라 지난 2년 동안 '직접회부사건 담당법원'에 이송된 건을 담당한 재판부는 전통적 호칭으로는 '현행범 재판부'라고 불렀다.

* 프랑스 안보자유법 파동 : 지금으로부터 27년 전 수많은 반대시위와 항의에도 불구하고 프랑스 법무부장관 알랭 뻬이레휘뜨는 미국의 관용제로 정책을 본떠 안보자유법 제안 설명을 하였으며 1980년 12월 의회에서 통과되었다. 이 법은 중대폭력을 더 무겁게 처벌하며 형벌 범위를 축소하여 재판진행을 신속히 진행도록 하고, 검사의 권리를 강화하며, 피해자를 보호하도록 규정하고 있다. 이 법은 경찰에게 악명 높은 현행범 신원 확보 및 기소권한을 확대해주었으며 피고인의 권리를 축소시켰다. 피해자보상은 절도, 사기, 신용의 남용 등에까지 확대하도록 했다. 좌파, 노조, 예심판사, 심지어 우파의 상당수 인사들까지 이 법안에 강력 반대하였다. 1981년 11월 미테랑 대통령은 자끄 로떼 교수(범죄학연구소장)가 위원장인 한 위원회 측에 대해 이 법안의 폐지 방안을 강구해주도록 요청하였으며 의회는 1983년 5월 폐지 및 개정안을 통과시켰다. 이에 따라 1978년 상태로 되돌아가 판사 재량권이 회복되었으며 피해자 형사보상의 경우 법원 판결에 따르도록 하였다. 결국 이 법은 2년하고도 108일 동안만 시행된 법이 되고 말았다.

4. 관료주의

정치, 법조, 학계 등과 같은 공적 담론이 형법과 형벌과 감옥 제도와 관련하여 언급할 때, 암묵적으로 으레 이 제도가 인간이 합리적으로 인식하며 만들어지고 통제가 이루어지는 제도라고 간주합니다. 하지만 이보다 더 기만적인 것은 도무지 전혀 없을 지경입니다. 여러분은 다음과 같이 생각하게 될 때 바로 그와 똑같은 이미지를 다시 떠올리게 됩니다. "경찰과 판사들과 교도행정공무원들이 있습니다. ...... 법률을 만드는 의회와 이를 적용하는 법원이라고 하는 게 있습니다. 각각의 기관들은 각자 자신들이 개입해야 하는 적기에 때를 맞추어 개입하며 상호 협력 하에 업무를 수행합니다. 이것은 그야말로 책임을 다하는 제도이며, 이러한 역할을 다하는 제도 덕분에 사법정의가 회복되며 사회는 정상적인 발전을 가로막는 반사회적 분자들을 일소하게 됩니다......" 하지만 이는 실제 상황과는 전혀 동떨어진 한낱 일개 시각에 불과합니다.

사실상 각각의 형사사법 기관 혹은 제도는 뚜껑을 닫은 항아리처럼 고립적으로 업무를 수행하고 있으며, 형법과 형벌과 감옥 제도 업무를 수행하는데 관여하는 종사자들은 전후로 어떤 일들이 벌어졌거나 벌어질 것인지에 대해 아무런 관심조차 기울이질 않은 채 각자 자신의 역할을 수행할 따름입니다. 어떤 한 입법자 즉 국회의원이 어떤 주어진 시점에서 무엇을 하고자 하는가 즉 무엇을 하기 위하여 특정 법률과 형법을 통과시키고자 노력하는가 하는 것과 이를 집행해야 하는 기관과 종사자들 차원에서 전혀 다른 업무수행 관행 사이에는 엄밀히 말해 아무런 일관성도 존재하질 않습니다. 의회나 형사사법기관들은 서로 단지 형법 및 억압적 세계관과 우주론에 대한 글로벌한 기준만을 가지고 있을 따름이며, 이는 그야말로 서로 일치와 조화를 이루는 행동과 업무조정을 보장하기에는 너무나도 애매모호하기 짝이 없는 연결고리에 불과합니다. 결국 각급 형사사법기관들은 독자적인 구조 속에 칸막이되어 있는 채 분할되어 있으며, 오로지 자체적으로만 자신만을 돌아보면서 일하는 정신구조 속에 갇혀 있습니다.

예컨대 경찰은 전혀 별도로 존립하는 하나의 기관으로 이루어져 있습니다. 경찰 직업전문성의 구성, 경찰관 선발 및 승진 기준, 경찰관 직업윤리, 징계규정 등이 모두 내부규정으로 이루어져 있습니다. 그럼에도 불구하고 이 모든 게 형사사법절차에서 경찰의 조치들을 이어받아 중계해주어야 하는, 예컨대 검사와 부검사 같은 부처 장관급 소속 위원들 역할을 해주는 것과 같은 그러한 법규나 지침은 전혀 없습니다. 요컨대 경찰 운영은 경찰 자체적인 내규에만 따를 뿐 그보다 상급기관이나 다른 형사사법기관 등과 연결고리는 전무하다시피 한 실정인 것입니다. 각각의 형사사법기관들은 동일한 수장에게 복종하는 게 전혀 아닙니다. 각각의 형사사법기관은 동일한 부처에 속해 있질 않습니다. ......

각급 기관은 이처럼 각각의 행위와 조치 등의 기준, 즉 각각의 개별적인 이데올로기와 '문화'를 발전시켜나가고 있으며, 서로가 반대와 모순 관계에 빠져들어 심지어 서로 공개적으로 투쟁과 싸움을 벌이는 일이 결코 드문 일이 아닐 정도입니다. 결국 이런 것들을 모두 합쳐 놓아야만 비로소 마치 "사법정의를 실현"하며 "범죄에 맞서 싸우는" 것이 된다고 보는 것과 같습니다. 사실상 국가적인 차원에 있는 형법과 형벌과 감옥 제도란 그와 같은 목표들을 달성하기란 지극히 어렵다고 보아야 할 것입니다. 이 모든 거대한 관료주의와 마찬가지로 형사사법기관들 역시 원칙이라며 지향하는 외부 목표를 향하지 않으며 대신, 내부 어려움들을 완화하여 해소하도록 하며, 조직을 확대해나가도록 하고, 균형을 맞추도록 하며, 직원들 복지 증진에 신경을 쓰도록 하고, 한마디로 요약하면 자신들 생존을 보장받도록 하는 것과 같은 내부 목표를 지향하고 있는 것에 불과합니다. 내부논리를 통하여 형법과 형벌과 감옥 제도를 이리저리 오려가며 짜맞추어가는 관료화 및 전문화 과정은 형사사법기관과 제도들을 영혼 없는 기계로 만들어가고 있습니다.

5. 경탄스러운 영화 한 편

어느 누구도 형법과 형벌과 감옥 제도의 기계장치를 지배할 수는 없습니다.

네덜란드 법무부 장관은 한 편의 영화를 제작하여, 어느 한 사람이 체포되는 순간부터 감옥 문 안에 갇혀 있는 시기에 이르기까지 억압을 담당하는 사법제도가 과연 어떻게 기능하는가를 적나라하게 보여준 바 있습니다. 이 영화는 한 사람이 체포, 일시 구금, 신문과정, 재판과정, 입감, 출옥 등과 같은 미궁과도 같은 형사사법절차들을 겪어가는 모습을 추적하고 있습니다. ……

그럼 이 영화는 대체 무엇을 폭로하여 드러내 보여주고 있는 것일까요? 관객은 이러저러한 다양한 개입을 담당하는 각종 형사사법기관 소속 요원들이 도대체 어느 정도까지나 쪼개어져 칸막이된 채로 나뉘어져 그 안에서만 고립적으로 운영되고 있는가를 잘 엿볼 수 있습니다. 예컨대 경찰서에 도착하자 어느 한 경찰관은 체포된 자의 신원과 신분에 대하여 신문 조사합니다. 두 번째 경찰관은 그에게서 지문을 찍도록 합니다. 세 번째 경찰관은 그가 신고 있는 구두에서 구두끈을 풀어내 회수합니다. ...... 경찰 측 처리 단계에서 이미, 어느 누구도 이 사람에게 일어나는 이 모든 일들이 어느 한 개인이 책임질 일이 아님을 아주 잘 알 수 있습니다.

정말 놀라웠던 것은 이 영화가 형사사법제도 쪽에서 보았을 때 가장 유리한 내용과 업무를 소개하여 영화로 보여주고자 했던 것과는 정반대로 정작 단지 기계적으로 업무를 처리하는 모습과 냉랭한 분위기와 인상만을 불러일으키는데 성공하고 만다는 점입니다. 이처럼 어떤 의미에서 보면 경찰 측이 오명을 뒤집어씌우며 명예를 손상시키는 업무를 수행하는 모습을 그야말로 벌거벗은 채 적나라하게 드러내 보여주고 만 것이 되고 말았습니다. 형법과 형벌과 감옥 제도 업무에 종사하는 어떠한 요원들도 개개 요원들 입장에서 보면 피의자에게 그의 의사에 반하여 수치심과 치욕감을 안겨주려 하는 것 같지는 않습니다. 뿐만 아니라 요원들이 개인적으로 피의자에 대해 굴욕감을 안겨주기 위한 어떠한 행위도 하질 않습니다. 그러나 각자에게 부여된 '임무'와 '임무의 계승'과 수행은 결국 요원들 의식과 양심과는 거리가 먼 업무 관행을 만들어냈으며, 이는 사건처리 중에 놓여있는 사람 입장에서 보면 오로지 품위를 크게 손상시키는 것이 될 따름인 것입니다.

이 영화는 이상과 같은 경찰 처리 단계를 보여주는 모습과 꼭 마찬가지로 무자비하며 가혹한 감금의 모습의 절차도 잘 보여줍니다. 형사사법기관의 어느 종사자도 피의자에게 최악의 상황을 안겨주고자 하는 이는 없음을 이 영화는 잘 보여주고 있습니다. 이 영화에 등장하는 각기 다른 이러저러한 여러 경찰관들, 한 명의 판사, 또 다른 한 명의 판사, 한 명의 검사, 한 명의 교도소장, 여러 교도관들 등은 모두가 피의자의 여러 가지 인간적인 측면들을 세심하게 돌봐주고자 하였습니다. 이들 모두는 피의자가 처해 있는 상황을 잘 이해하도록 노력하고 있으며, 투옥만은 피할 수 있도록 하려고 노력하는 듯해 보입니다. 이 영화는 관객들로 하여금 형법과 형벌과 감옥 제도 업무에 종사하는 국가공무원들 자신이 반드시 억압적이지는 않으며, 이들 국가공무원은 근본적으로 형벌을 가하는 것에 대해 매우 유감으로 여기고 있고, 이들은 십중팔구 이 형법과 형벌과 감옥 제도 그 자체를 신뢰하지 않고 있다는 식으로 생각하도록 유도해나가고 있습니다. ...... 그러나 불행히도, 이와 같은 형법과 형벌과 감옥 제도가 거기에서 생생하게 살아 움직이고 있으며, 이 국가제도는 업무 단계별로 처리해나가도록 보수를 지급하고 있고, 이는 마치 피의자의 사건진행이 이루어지는 쇠사슬과 같은 연결고리와 같으며, 각자는 자기 위치에서 그때그때마다 자신들 몫의 나사와 볼트를 조이고, 이 쇠사슬 연결고리 끝에까지 가게 되면 마침내 이 형법과 형벌과 감옥 제도가 만들어내는 생산품이 나오게 됩니다. 그 생산 효율은 4명의 피고인 중 1명꼴로 생산되어 나오는 바로 '죄수'라고 하는 것입니다.

6. 감옥의 내부 들여다보기

자, 이제 여러분께서는 감옥이란 과연 무엇인가, 그리고 감옥에 갇힌다고 하는 것은 도대체 무엇인가에 대하여 생각해보도록 하며, 또한 여러분 마음속에 그려보도록 합시다. 우리는 순수하게 추상적인 관점과 시각에서 감옥에 대하여 생각해보도록 배우게 되는 것입니다. 흔히 일반 시중 사람들은 '질서' '공동의 이익' '공공의 안전' '사회적 가치를 지켜내기' 등과 같은 것들을 전면에 내세웁니다.…… 시중 사람들은 '비행 범죄를 저지르려는 자들의 시도와 기도'로부터 우리들을 보호하기 위해서는 그런 자들 수만 명 쯤은 감옥에 처넣도록 하는 게 필요하다(아니, 필요조건일 뿐만 아니라 충분조건이기까지 한 것이지요!)고 생각하며 또한 그렇게 믿게끔 하려 합니다. 그러나 이는 정말 악랄하기 짝이 없는 착각이자 환상에 불과합니다. 시중 사람들은 우리들에게 우리들 이름으로 감옥에 처넣은 사람들은 지극히 소수에 불과하다고들 말을 합니다. ……

누군가의 자유를 박탈한다고 하는 것, 마치 이것이 그야말로 아무 것도 아니라는 식입니다. 갇히게 된다고 하는 사실, 그래서 여러분들이 아무리 멋진 때와 장소라 할지라도 자유로운 분위기 속에서는 이제 더 이상 전혀 오도 가도 못한다는 사실, 누군가가 여러분을 만나고 싶어 한다 할지라도 전혀 만날 수 없다고 하는 사실, 바로 이런 것이야말로 지각할 수 있는 가장 극단적인 고통 아니겠습니까? 감옥에 갇힌다고 하는 건, 바로 그런 것입니다.

그것은 곧 신체형이기도 합니다. 신체형은 진작 폐지되어 없어졌다고들 말합니다. 그러나 이 말은 전혀 사실이 아닙니다. 신체의 품위를 손상시키며 퇴행에 빠트리는 바로 그 감옥이라고 하는 게 남아있는 것입니다. 즉 감옥이란 공기, 태양, 밝음, 공간 등을 박탈하는 것이며, 또한 사면이 막힌 벽면으로 둘러싸인 비좁은 방에 감금하는 것이고, 산책도 쇠창살 아래에서만 해야 하는 것이며, 창피스럽기 짝이 없으며 굴욕적이기까지 한 위생조건 속에서 원하지도 않은 동료죄수들과 함께 난잡함 속에 생활해나가야만 하는 것이고, 감옥의 냄새와 감옥의 색깔이 있는 것이며, 식사라곤 기껏 해봐야 전분 즉 밀가루가 대부분을 차지하는 항상 차가운 음식이 전부인 것입니다. 앞서거니 뒤서거니 수감된 사람들을 기다리는 소화불량과 충치라고 하는 게 아무런 이유가 없는 게 아닌 것입니다. 이처럼 감옥이란 몸을 무너뜨려 망가지게 만드는 물리적 시련과 고난의 장소이며, 서서히 몸을 죽여 나가는 것입니다.

최초의 고통은 다른 여러 가지 측면들에 대해서 이어지면서 수감자의 개인적 삶 전반에 대해서까지 커다란 영향을 미칩니다. 자유를 잃게 되면서 그와 동시에 봉급 받아 살아가며 일자리를 가지고 있던 사람이 갑자기 그 일자리를 잃게 되고 맙니다. 그래서 가족을 보살펴야 하는 것과 가족을 부양해야 하는 것을 모두 잃어버리게 되고 맙니다. 가족과는 분리되고 말며, 그리고 이런 유형의 가족 이별은 결국 온갖 윤리적 문제들을 낳게 됩니다. 즉 부인이나 파트너는 주변 사람들이 적대세력으로 돌변(이웃은 틀림없이 심술궂으며 악의를 지니게 되며, 일터의 고용주는 사직을 요구하게 될 것입니다. ......)하며, 이후 자식들은 '아빠는 감옥에 갇혀 있는 죄수'라는 오명을 뒤집어써야 하는 처지에 빠집니다. 세상과 갑자기 단절된 그는 자신이 알고 지내며 사랑하던 이들로부터 완전히 전면적으로 소외당하는 경험을 하게 됩니다.

게다가 감옥형을 선고받은 사람은 소외된 우주 속으로 빨려 들어가며, 그 속에서는 온갖 관계들이 모두 왜곡되어 허구적인 것이 되고 맙니다. 왜냐하면 감옥이란 자유의 박탈로 인한 온갖 여파들이 수반되어 단순한 자유의 박탈보다 훨씬 더 심한 것이 되기 때문입니다.

감옥이란 단지 활동과 애정이라는 정상 세계에서 후퇴하는 것일 뿐만 아니라, 특히 모든 게 다 인위적인 세상 속으로 빨려 들어간 것이 됩니다. 과연 무엇이 감옥을 너무도 명백한 사회적 아픔으로 만드는 걸까요? 감옥이란 한낱 '아무런 쓸모도 없는 수난과 고통'에 불과합니다.

물론 모든 수난과 고통이 곧 전부 아픔은 아닙니다. 왜냐하면 수난과 고통 중에도 유익한 게 있기 때문입니다. 유익한 수난과 고통이란 자아에 대한 인식 수준을 발전시키며 동시에 새로운 길을 열어주는 것으로서, 다른 사람들과 결속을 높여주며 더 좋게 만들어줍니다. 반면 감옥형은 도대체 전혀 창조적이지 않은 수난과 고통에 불과하며, 도대체 아무런 의미도 갖고 있질 않습니다. 감옥에서 당해야 하는 수난과 고통이란 그야말로 난센스에 불과한 어처구니없는 일일 따름입니다.

각 분야의 인문사회과학은 우리들에게 고통의 범위와 지속기간 등에 대한 개념을 정확히 제공해줍니다. 인문사회과학은 감옥형이란 일반 시중 사람들이 감옥형에 처한 당사자는 물론이고 그의 가족이나 그를 둘러싸고 있는 사회 등을 포함하여 어느 누구에게도 도대체 아무런 유익함이나 혜택이나 도움도 전혀 주질 않는 것임을 확인시켜주고 있습니다. 감옥생활 법규는 수동형 대 공격형 관계 그리고 종속형 대 지배군림형 관계 형식이 지배하도록 만들고 있으며, 따라서 현실적으로 솔선수범이나 독창성이나 대화 등의 여지는 전혀 허용하질 않습니다. 감옥생활 법규는 사람들에 대한 경멸을 부추기며 죄수들을 어린애처럼 만듭니다. 감옥에 갇혀 있는 동안 성적 욕구는 더 이상 자유롭게 표출될 수 없으며, 판타지 대체물, 마스터베이션, 호모섹스 등과 같은 형식으로 내면세계의 고립을 가중시킬 따름입니다. 감옥

구석구석 어디에나 그리고 언제나 휘감고 있는 속박 상태의 분위기로 인하여 자아에 대한 존중심을 비하하거나 업신여기게 만들며, 다른 사람들과 진실한 대화를 나눠야 하는 점을 애써 잊어버리고자 하도록 만들고, 석방되는 날 이후 사회적으로 받아들여지는 세련된 태도와 행동거지를 가다듬는 일을 못하게끔 마비시켜 버리고 맙니다. 감옥에서 죄수들은 '탈인격화 되는 동시에 탈사회화' 되고 있는 실정입니다.

7. 상대성

시중 사람들은 감옥에 갇혀 있는 사람이 그렇게 감옥에 갇혀 마땅한 이유가 있기 때문이라고 보는 경우, 망설여가며 동정심을 보이는 경우란 전무하다시피 합니다. 시중 사람들은 다음과 같이 생각합니다. "감옥에 갇혀 있는 사람은 범죄를 저질렀어." 아니면 보다 더 법적인 용어로 다음과 같이 말합니다. "그는 '감옥형 처벌대상이 되는 사건'에서 유죄 판결을 받았군. 결국 그 사람이 감옥에 갇히게 된 것은 법원 판결 때문이지." 하지만, 그렇다면 범죄란 무엇입니까? '처벌대상이 되는 사건'이란 무엇입니까? '처벌대상이 되는 사건'과 처벌대상이 되지 않는 사건의 구별은 어떻게 하는 것입니까? 이러저러한 여러 분야의 범죄에 관한 학문은 범법행위의 개념이 지극히 상대적이라고 하는 점에 대해 온갖 증거들을 제시해주고 있습니다. 요컨대 범죄란 시간과 장소에 따라 다르며, 그래서 어느 한 맥락에서 보면 '범죄'인 게 명백한 것이 다른 맥락에서는 전혀 '범죄'가 아니라는 것입니다. 여러분은 여러분이 이러저러한 행동을 한 이유가 있다고 해도 혹은 이러저러한 모습을 한다고 해도, 여러분이 다른 나라 아닌 바로 이 나라에서 태어났으며, 또한 다른 시대 아닌 바로 지금 시대에 태어났기 때문에 감옥에 갇히기도 해야 하는 것이며 혹은 동일한 이유로 감옥형 처벌대상이 아닌 것이 되기도 하는 것이라는 겁니다.

어떤 한 사건 속에는 그것이 범죄인가 아닌가 혹은 범법행위인가 아닌가를 분간하여 인식할 수 있도록 해주는 그 사건의 '자연 즉 본성' 즉 그 사건의 '내재적' 자연 즉 본성이란 도대체 아예 존재조차 하질 않는 것입니다.[4] 가족 내부의 공격행위 즉 가정폭력, 익명의 맥락에서 벌어지는 노상폭력행위, 사적인 주거공간에 침입하는 행위, 위조화폐 제작, 인신매매, 장물매매, 쿠데타기도 등등의 행위들에 있어서 도대체 공통점이라고 하는 게 무엇이 있습니까? 이상과 같은 온갖 상황들에 대한 개념규정에 있어서도, 이상과 같은 온갖 행위 속에 함축되어 있을 법한 그 온갖 동기들 측면에 있어서조차도, 이상과 같은 행위들을 예방하는 차원이든 아니면 이상과 같이 벌어지는 행위들을 중단시키는 차원이든 막론하고 도대체 그와 같은 행위자들에 대해 어떠한 조치들이 취해질 수 있는가 하는 측면에 있어서도, 여러분은 도대체 '아무런 그리고 어떠한' 공통점도 찾아낼 수 없을 것입니다. 이상과 같은 상황들 속에는 전적으로 그들 각각의 상황 상황들에 대하여 범죄사법제도 즉 형사사법제도 측의 '형식적 즉 공식적' 업무 관련성이라고 하는, 완벽하게 인위적인 장소라는 공통점만이 있을 따름입니다. 이상과 같은 상황들이 '범죄'라고 개념규정을 해보게 된다고 하는 사실은 결국 변경이 가능하게끔 인간이 내린 결정에 따른 것임을 여

4) 프랑스 형법은 '범죄'(crime)과 '일탈범법행위'(délit)를 구분하고 있다. 요컨대 '범죄'에 대하여 보다 더 무거운 형벌을 가하며 형량도 보다 더 장기형에 처하도록 하고 있다. 그러나 프랑스에서도 다른 형사관련 법조문은 이런 구별을 하고 있지 않으며, 각종 범죄에 관한 학문들도 '범죄'(criminalité)와 '일탈행위 범죄'(délinquance)를 구분하지 않고 있으며, 이는 전세계적인 현상으로 되어 있다.

실히 보여줍니다. "범죄 개념이란 사용 가능한 개념이 아닙니다." 어느 한 멋지고 아름다운 날, 정치권력 측은 마법사들을 추적 사냥하여 처벌하는 일을 중단하였으며, 그 후 더 이상 '불법마법'이란 건 존재하지 않게 되었습니다. 프랑스에서는 1975년까지만 해도 간통한 아내에 대하여 남편은 아내를 간통죄로 감옥에 가둘 수 있었습니다. 하지만 1975년 이혼절차를 규정한 관련법 개정에 따라 그와 같은 간통행위를 '비범죄화' 즉 범죄가 아닌 것으로 다루기 시작하였으며, 이때부터서야 비로소 간통한 아내라고 하더라도 잡혀가거나 추적당하지 않으며 형사법정에도 서야 할 필요도 이유도 없어지기에 이른 것입니다.*

바로 그 다음날로부터 지금껏 그 전에는 범법행위였던 것이 범법행위가 아닌 것이 되었으며, 일탈행위 범죄자로 간주되었던 자가 정직한 사람 취급을 받기에 이르게 된 것입니다. 적어도 간통죄에 관한한 이제 더 이상 형벌을 다루는 법원이나 형사사법기관에 신고하거나 책임을 물어주도록 하는 제도는 존재하질 않게 된 것입니다. 요컨대 법이라고 하는 것이야말로 먼저 무엇 무엇이 범죄라고 규정하여 말해주는 것이며, 즉 "법이라고 하는 게 먼저 나서서 '범죄'라고 하는 것을 만들어낸 것입니다."

8. 암수범죄

현실적으로 형법 규정과 개념에 맞는 수많은 상황들이 형사처리 되질 않고 있는 실정입니다. 수 십 년 전부터, 형사학자와 범죄학자

---

* 2008년 모 연예인의 경우에서 드러난 바대로 우리나라는 아직까지도 간통죄 존폐 논란을 벌이고 있는 나라에 속해 있다. 간통죄 고수가 여성인권 혹은 여성의 권리를 보장하기 위한 것이라면, 역설적으로 남성인권을 위해서는 어떠한가를 따져볼 일이다.

들은 그다지 명확하지 않은 어느 한 접근방법을 통하여, 형사사법제도에 대하여 비판적 검토를 하게 해주는 바로 이 현상에 대하여 관심을 기울이도록 이끌려 들어갔으며, 그것은 바로 이 '암수범죄'라고 불리는 것이었습니다. 학자들이 보기에 범죄사건이 발생했는데도 불구하고 실효성 있게 추적 처벌하지 않고 있다는 건 결국 지극히 비정상적인 것으로 비쳐진 것입니다. 따라서 이러한 기조에서 법적으로 수많은 연구들이 이루어졌으며, 이에 따라 처벌대상 사건임에도 불구하고 형사사법제도 측이 무시 내지는 간과하거나 처리를 소홀히 하고 있는 사건들이 어느 정도가 되는지를 밝혀냈기에 이르렀습니다. "이 암수범죄 양은 실로 엄청난 것으로 나타나고 있습니다."

이 암수범죄 영역에서 정확한 숫자를 제시하기란 실로 어렵기 짝이 없습니다. 기왕에 제시된 암수범죄 규모는 흔히는 정확하다고 신뢰할 수 없으며 나라마다 그 편차가 매우 큽니다. 저는 암수범죄의 엄청난 규모를 제시하기 위하여, 독일 프라이부르크 당국이 추진하여 수행한 한 연구용역사업의 성과만을 인용하여 제시하도록 하겠습니다. 이 연구 결과에 따르면 이 연구사업의 틀 속에서 관찰한 것으로서 범죄로 규정할 수 있는 사건 수는 총 800건인데 반하여 실제로는 그 중에서 '단 1건'만 범죄로 형사 처리되었을 따름이라는 사실을 밝혀냈습니다. 비율로 보면 0.1%에 가깝습니다.

그러나 만일 이토록 엄청난 수에 달하는 피해자들이 경찰에 처벌대상 사건들을 신고하지 않는다면, 경찰은 더더욱 이 모든 사건들을 공공기소국(Parquet, 우리나라 검찰에 해당함)에 이송해 줄 수도 없게되고 맙니다. 그래서 이 엄청난 수의 이 모든 처벌대상 범죄들을

추적하여 붙잡는 일은 더더욱 불가능한 일이 되고 마는 것입니다.[5)]

이는 형법과 형벌과 감옥 제도라고 하는 게, 수행하도록 부여받은 권한대로 모든 사건에 대해 총체적인 처리를 다하는 것과는 거리가 아주 멀며 대신 기능과 페이스를 극단적으로 축소하여 운영하는데 그치고 있음을 적나라하게 보여줍니다. 연구 결과에 따른 이상과 같은 확인내용은 다음과 같은 두 가지 측면을 부각시켜주고 있습니다. 무엇보다도 먼저 유머러스한 측면으로서 보통 사람들 입장에서 보면 이상과 같은 엄청난 규모의 '암수범죄' 연구 결과는 형법과 형벌과 감옥이라고 하는 형사사법제도 그 자체에 대해 정면으로 반기를 든 것이라고 말할 수 있습니다. 도대체가 형사사법제도의 기계장치가 고장나서 멈추지 않도록 하기 위하여 운영 실적과 성과는 극도로 나쁘게끔 나오도록 운영 스케줄을 짜서 움직이도록 하는 것보다 더 불합리하며 모순된 일이 무엇이 더 있겠습니까?

보다 더 근본적으로 말한다면, 개념적으로 '범죄'의 존재론적 근거 그 자체가 흔들리며 부서져내려 없어지고 말았다고 하는 사상으로까지 곧바로 이어질 수밖에 없습니다. 이치가 이러하기 때문에 이론적으로나 법적으로 형법상 처벌대상 사건 중 그토록 거대하며 엄청난 부분이 일체 조사나 검증조차 이루어지지 않거나, 그 피해자로 추정되는 이들이나 아니면 개별적으로 구체적인 민원인들이 그토록 몹

5) 앞서 인용한 필립 로베르와 끌로드 포게롱에 따르면 프랑스에서 공공기소국은 기소 여부 결정권을 가지고 있으며, 이 두 연구자가 접근할 수 있었던 원자료가 되는 모든 사건들 중 2/3 정도에 대하여 기각 결정을 내린다고 한다. 두 연구자는 프랑스 검사가 특정 사건에 대하여 형사사법절차의 개시 여부를 정하는 재량권을 가지고 있다고 밝히고 있다. 두 연구자는 어떤 사건은 기소하며 어떤 사건은 기소를 기각하는지에 대하여 검사가 법적 원칙에 대해서는 전혀 이해하지 않은 채 도대체 온갖 기준들을 동원하여 활용하고 있는 점들을 잘 보여주고 있다. 예컨대 이들은 해당 법원 업무의 혼잡도 정도에 따라 법원업무가 넘쳐나지 않을 때 어떤 사건은 기소했으며 또 다른 사건은 법원업무가 혼잡하여 기소하지 않은 사실들을 밝혀냈다.

시도 필요로 하는 형사사법제도 종사자와 요원들로부터도 도대체 아무런 평가도 거치지 않게 되고 만다면, 이는 그야말로 법적으로 '범죄' 혹은 '범법행위'라고 불리는 사건들이라고 하는 것들이라고 하는 게 별도의 어떤 본성을 가진 살아 움직이는 사건이 아닌 게 되고 말며, 결국 범죄나 범법행위가 아닌 다른 일반 사건들과도 하등 아무런 구별도 할 수 없는 것이 되고 맙니다. 결국 피해자화 실태조사 결과 역시 이상과 같은 사실들을 너무나도 명백하게 잘 드러내주고 있습니다.[6)] 글로벌 차원에서 형법과 형벌과 감옥 제도에 관한 성찰의 틀 속에서 보면, 이상과 같은 사실들의 발견은 매우 엄청나게 중요한 포석을 두는 것이 됩니다. 사회생활 속에서 보면 그토록 지극히 주변적인 사건에 국한해서만 그리고 통계적으로 보더라도 그토록 지극히 예외적인 사건에 대해서만 사건 개입과 처리를 할 따름인 바로 이 형사사법제도를 도대체 어떻게 '정상적'인 것이라고 볼 수 있겠습니까? 결국 바로 이 형사사법제도가 토대로 삼고 있는 개인의 평등, 안전보장, 사법정의 등과 같은 그 온갖 원칙과 가치체계들이라고 하는 것들이 모두 근본적으로는 한낱 허구적이며 기만에 불과한 것이 되고 맙니다. 왜냐하

6) 이 피해자화 설문조사는 응답자들에게 명확하게 익명으로 해줄 것을 보장하면서 다음과 같은 내용들에 답해주도록 요청하였다. 지정한 특정 기간 동안 범법행위로 인하여 피해를 당했는가, 누구 혹은 무엇으로부터 피해를 당했는가, 누구를 대신하여 피해를 당했는가, 고소 고발 혹은 진정 등을 제기하였는가 등등. ...... 이 설문조사 결과 중 한 가지는 특별히 저자를 매우 놀라게 하였다. 이 설문 문항은 다음과 같다. "당신은 신체에 폭행을 당한 적이 있습니까?"(형사사법기관이라고 불리는 곳에서 누군가로부터 "맞거나 상해를 당한 적이 있습니까?") "당사자는 모르는 낯선 사람이었습니까?" "당신이 누군가 아는 사람입니까?" 그런데 결국 이 마지막 설문 문항에 대해서는 그와 같은 상황 타입이 극도로 빈번하게 발생하는 것임에도 불구하고, 응답자 중 누구도 그렇다고 응답하지 않았다. (네덜란드의 경우, 부인들 중에서 50% 정도가 남편으로부터 '폭행' 당한다고 말할 수 있다.) 저자는 증거를 부인하는 이상과 같은 응답결과를 통해서 다음과 같은 신호를 읽어낸다. '지척의 친밀한 관계 속에서 발생하는' 사건들이 문제가 되는 경우, 보통사람들은 '범죄' 신고를 하질 않는다.

면 '접수하여 사건 등록이 이루어진 상황들'이라고 하는 '지극히 미미한' 극소수 사건들만을 처리하는데 그치고 있기 때문입니다. 말하자면 전통적인 접근 방법은 완전히 거꾸로 된 게 되고 맙니다. 엄청난 규모의 암수범죄라고 하는 것은, 형사사법제도란 게 정말 자연스럽게도 사람들 일상생활에서는 전혀 낯선 것으로서 그야말로 부조리하며 불합리한 것이라는 사실을 입증하는 손에 만져질 정도로 확실한 증거가 되고 있으며, 그러니만큼 암수범죄란 이제 더 이상 정말 비정상인 것처럼 어쩌다 나타나는 게 전혀 아닌 게 되고 말았습니다. 여러 분야의 사회과학 연구 성과들은 한결 같이 기존하는 형법과 형벌과 감옥 제도의 존재이유와 근본원리에 대하여 문제와 논쟁과 항의를 제기하고 있습니다. 그러므로 저 멀리에 있는 유토피아에 불과한 것으로 다가오기 시작했던 형법과 형벌과 감옥 폐지주의 시각과 관점이라고 하는 게, 이제는 논리적 필연성, 현실적 조치와 단계, 절박한 공명정대함의 요청 등으로 공정성의 요구, 그리고 지극히 현실적인 방법을 논리적인 필연성을 가지고 아주 가깝게 다가오고 있는 것입니다.

9. 필요한 죄인

저는 죄에 관한 철학적 문제에 대해서까지 끼어들고 싶진 않습니다. 그러나 형법과 형벌과 감옥 제도는 다른 어느 누구도 장악하여 지배하지 못할 만큼 그토록 중대하면서도 복잡다단하기 이를 데 없는 개념 틀로 이루어진 탓에 너무도 위험천만하게 움직이며 실제로 그렇게 작동 운영되고 있는 실정입니다. 따라서 바로 이런 점을 명백하게 직시하며 인식하도록 해야만 하는 것입니다.

형법과 형벌과 감옥제도 즉 형사사법제도와 형사사법기관 등은 '죄인을 조작하여 만들어냅니다.' 방법은 이 측면에 관한 한 다른 무엇보다도 배타성이 없는 메커니즘을 동원하여 활용하는 것입니다. 몇몇 '민사상'의 법규들은 증거라고 하는 게 누군가가 잘못된 신념과 믿음, 잘못된 행정과 잘못된 경영, 잘못된 행동 등등으로 만들어진 경우들에만 채택하여 적용할 수 있게 되어 있습니다. 예컨대 이혼이 소박하게 잘못이나 실패를 인정하는 것으로서가 아니라 마치 잘못에 대한 제재수단인 것처럼 간주하는 나라들의 경우, 부부관계로부터 벗어나길 바라는 배우자들은 자신들이 살아오면서 겪어온 것들과는 전적으로 상반될 수밖에 없는 중상모략으로 얼룩지는 관점으로 치달아나갈 수밖에 다른 도리가 없게끔 되어있습니다. 어쨌든 이런 제도가 운영되는 나라에서 판사는 부부 중 적어도 한사람이 심각한 잘못을 저질렀다고 하는 증거에 입각해서만 비로소 결혼관계의 파기를 선고할 수 있는 것입니다. 뿐만 아니라 설령 이 부부가 그들 사이에 일어난 일들에 대하여 서로 아주 다르게 분석 평가하여 주장한다 하더라도, 이들 부부가 이전과 같이 다시금 그와 같은 이혼소송절차에서 벗어나 자유롭게 되기 위해서는 마치 이들 커플의 어느 한사람 혹은 둘 다 마치 응징해야 하는 죄인처럼 이미 진행 중인 이혼소송절차에 출두해야만 하는 것이 되고 맙니다. 그래서 결국 이상과 같은 제도는 전혀 명예롭지 못한 거짓과 속임수들을 조장하는 것입니다. 더군다나 이 부부 중 어느 한사람이 잘못을 저질렀으며 결국 그 잘못을 알게 되어 비난과 저주를 퍼붓게 되고 마는 해법 외에는 다른 도리가 없는 한, 사법제도란 결국 분쟁과 갈등을 더욱 더 악화시키고 마는 경향을 보여줍니다. 결국 보통사람들은 사법제도라고 하는 게 필연적으로, 지켜주어야 할 당사자들 품위와 관계를 크게 손상시키고 맙니다.

비유컨대, 이해당사자들이 어떻게 상황을 인식하며 이해하고 경험하는가와는 아무런 상관없이, 바로 그 형법과 형벌과 감옥 제도라고 하는 것의 기능과 운영 그 자체는 결국 양측 중 어느 한 편이 증거라고 하는 것을 들이밀며 주장하는 유죄 주장에 근거를 둘 수밖에 없다고 하는 점에서 결국 이 제도는 유죄를 조작해내고 있는 것입니다.[7)] 어느 한 편이라도 유죄라는 증거와 주장이 없는 경우, 또는 법에서 미리 사법처리 연령대를 미리 정해 놓은 경우, 정신질환이 있는 경우, 기타 다른 모든 이유들에도 불구하고 유죄 증거와 주장이 불가능한 경우, 이런 경우엔 근본적으로 형법과 형벌과 감옥 제도라고 할지라도 한낱 아무런 도움도 줄 수 없는 무력한 존재로 전락하고 맙니다. 하지만 이 제도가 일단 운영되어 작동에 들어가기 시작하면 이 제도 자체는 으레 누군가에 대해 반드시 반대 입장에 설 수밖에 없으며, 결국 법적 메커니즘은 죄인을 만들어내기 위해 마련된 것으로서 누군가에 대해 명예를 손상시키고 마는 판결을 내릴 수밖에 없는 것입니다.

10. 현대 형사사법제도는 중세 스콜라 학파의 딸이다

형법과 형벌과 감옥 제도는 스콜라 신학이라는 환경과 풍토에서 잉태되어 나왔으며 또한 그로부터 만들어졌습니다. 이 점이야말로 '사건 원인 제공자인 죄인'이 곧 형법과 형벌과 감옥 제도를 위한 형사절차의 중심축이 되는 바로 그 이유인 것입니다. ...... 우리들이 알고 있

7) 형사절차와 민사절차는 따로 별도의 매우 중요한 차이로 인하여 서로 구별이 된다. 그러므로 여기에서 제시하는 비유는 분석대상이 되는 메커니즘에 의하여 규정을 받는 것에 불과하며 따라서 이 비유를 부당하게 확대 해석하여 민사절차에까지 적용해서는 안 된다.

는 현대의 형벌제도라고 하는 것과 세상과 세계에 대한 종교적 설명이라고 하는 것 사이에는 하나의 듣기 좋은 화음의 울림이 있습니다. 이 화음은 수백 년 동안 유전되어 내려오면서 의식세계에 단단하게 닻을 내려 고정되어 있습니다. 이는 우리들 정신세계를 짓누르는 일종의 빚짐 의식 혹은 의무감의 형태를 띠고 있습니다. 범죄를 다루는 법원 즉 형사사법제도 이데올로기의 구성요소는 중세 스콜라 신학의 우주론과 단단히 연결되어 있는 것입니다.

중세 스콜라 신학의 우주론은 불가피하게 전지전능한 하느님이라는 절대자의 존재를 포함하고 있으며, 이는 형사사법에 관한 담론에 동참하는 이들이 미처 의식하지 못한 채 스스로와 동일시하기 위해 애써마지않는 바로 그런 절대자이기도 한 것입니다. 하느님은 물러나셨으며 심판의 십자고상은 철거하였습니다. 그러나 절대자는 여전히 자리를 지키고 있으며, 이는 바로 그 법이라는 모습으로 남아있게 된 것입니다. 절대자를 대신하는 현대의 제도인 법이라고 하는 게 마치 중세시대 영원한 삶의 심판을 대신하게 된 것입니다.

스콜라 신학의 유산인 마니교의 같은 이원론적 윤리도덕은 현대의 우리들 문화 속에서도 여전히 영향을 미치고 있음을 감지할 수 있습니다. 바로 이러한 이유 때문에, 형법과 형벌과 감옥 제도가 토대를 두고 있는 '죄가 있다, 그렇지 않으면 죄가 없다'고 하는 유무죄의 이분법이 그토록 쉽사리 받아들여져 수용되는 것입니다. 뿐만 아니라 정말 알다가도 모를 정도로 궁금한 점은, 자신들의 부부관계나 자식교육 같은 통상적인 인간관계 차원에서는 중세시대 스콜라 신학과 같은 이분법 논리를 이미 추월하여 벗어나 있는 우리 시대 사람들조차도 형법과 형벌과 감옥제도라는 형사사법 문제에 맞딱뜨리기만 하면

으레 이분법적인 흑백논리 시각이라는 함정에 다시 빠져버리고 만다는 점입니다.

바로 이 형사사법제도 문제에 관한 한 우리 시대 사람들은 아무런 문제도 제기하질 못하며 문제점 그 자체를 인식조차 하질 못하게 되고 마는 것입니다. 우리 시대 사람들은 무엇이 형법과 형벌과 감옥 제도의 토대인가에 대하여 아무런 성찰도 하지 않은 채, 자신의 정신과 마음을 전혀 기울여보지도 않은 채, 무작정 형사사법제도의 토대를 받아들이고 맙니다. 여기서 바로 이와 같이 받아들인 시각과 개념구조를 사람들은, 마치 용의 역사 이야기를 서로 나누듯이, 혹은 마치 자신들이 사랑하거나 믿어 의심치 않는 것들과는 상반됨에도 불구하고 축제의 날 전혀 엉뚱한 다른 것으로 알려져 있는 합창노래를 부르면서도 도대체 '그것이 무엇을 의미하는가'에 대해서는 도무지 아무런 혼란도 느끼지 않으며 무작정 받아들여 전해내려주곤 하는 것입니다.

이처럼 성서에 나오는 최후의 심판이라는 신학 논리를 계승하면서 형법과 형벌과 감옥 제도를 다루는 사법 논리를 전달해주고 있는 것은, 그야말로 바로 이상과 같은 점들에 대하여 명료한 의식을 가진 사람이라면 도저히 상상조차 할 수 없을 뿐만 아니라, 가슴 아프기 짝이 없으며 슬프다 못해 조롱의 대상이 될 따름인 태도와 방식, 바로 그것입니다.

11. 오명 뒤집어씌우기

'범죄의 주체에 대해서는 징벌을 가하여야 한다'고 하면서, 형법과 형법과 감옥 제도를 정당화하기 위해 이따금씩 내세우곤 하는 바로 그 죄의식이라고 하는 것은, 바로 그 형법과 형벌과 감옥 제도 그 자체의 존재와 더불어 꼭 있어야만 하는 것이라고 볼 일이 전혀 아닙니다. 인간은 자신의 이러저러한 행위와 처신을 하고 난 후 매우 깊은 불안 속에 빠질 수 있다는 점을 부정하지는 않습니다. 그러나 정작 단호하게 주장해야만 할 것은, 그와 같은 내면적 죄의식을 만들어내는 것은 저 형법과 형벌과 감옥 제도의 존재 유무가 전혀 아니며, 뿐만 아니라 그와 같은 형사사법제도가 정신적으로 고통을 당하고 있는 이들에게 혹 그가 필요로 할 수도 있는 내면적 자원과 자산들(내면적 재정초?)를 제공해줄 수 있는 것은 더더욱 전혀 아니라는 점입니다. 우리들 인간의 깊은 경험이라고 하는 것은 형법과 형벌과 감옥 제도와는 전혀 아무런 상관도 없는 것입니다.

오히려 이 형법과 형벌과 감옥 제도가 만들어내는 인위적인 죄의식 강요 현상에 대하여 강력 규탄해 마지않아야만 합니다. 소송에서 유죄판결을 받고 감옥에 갇혀 있어본 사람들 중에서 이런 일을 당한 이후 아주 오래도록 너무나도 깊은 오명을 뒤집어쓰며 정말 커다란 상처를 당한 이들이 정말 너무도 많습니다. 여러 차례 빈복적으로 이루어졌으면서도 솔직하며 신뢰할 만한 과학적 연구들에 따르면, 법 규정들 및 거기서 수반되어 나온 사회적 거부 반응들이야말로 마치 자기 자신이 진짜 '일탈 범죄를 저지른' 것처럼 인식하도록 만들어버릴 수 있으며, 뿐만 아니라 상당수 사람들에 대하여 주변부로 전락하여 그와 같은 이미지에 일치해나가며 살아나가도록 몰아갈 수 있음을 여실히 입증해주고 있습니다.

보통사람들은 경찰에 신고가 이루어지 이전에 이미 형법과 형벌과 감옥 제도야말로 먼저 일탈 범죄를 만들어냈다는 사실을 마주치게 되는 것입니다. 그러나 이보다 훨씬 혼란을 가중시키며 염려스럽고 정말 심각한 차원은 영향을 받는 관련된 개인들이 당해야 하는 사회적이며 법적인 측면에서 오명을 뒤집어쓰며 낙인찍혀야 한다는 점입니다.

12. 배제 당함

관료주의 사고가 안고 있는 억압적 권력은 실로 놀라움을 금할 수 없게 만듭니다. 사람들이 서면합의서를 작성하려 하자마자 곧바로 격리와 거부라는 개념이 등장하게 됩니다.

요전 어느 날, 제가 사는 도시에서 미술 화랑 갤러리를 운영하는 사람들이 시당국으로부터 보조금을 받을 수 있게 되었음을 알게 되었습니다. 그러나 이 시보조금을 받기 위해서는, 먼저 시 차원에서 '보조금 지급규정'이 정해져야 하며 그래야만 이해 당사자들은 그 규정에 따라 제안서를 제출할 수 있는 것이었습니다. 그런데 이들은 무엇을 제안할 것인가를 깊이 성찰하면서 억압적이지 않던 이들 갤러리 운영자들이 점차 '억압적으로 바뀌어가기에 이르렀습니다.' "이들은 '직업적인 전문 미술인들만 전시할 수 있어요' 하고 말하는 것이었습니다. ...... " 관객 여러분들은 더 이상 미술작품의 질적 수준을 보는 게 아니라, 그 작품을 그린 미술가의 사회적 지위(!)를 고려해야 한다는 것이었습니다. 이런 현상은 멀리 떨어져서 작품 채택과 전문화의 기준과 개념을 법규로 만들려고 하자마자 생생히 살아 움직이며 그 본 모습을 드러낸 것이었습니다.

저는 요전 어느 날에도 이와 똑같은 사고방식의 자연스러우며 자발적인 강력한 힘을 살펴볼 기회를 가졌습니다. 저는 그 '마약 사용자' 단체 회원 한 분으로부터 초대를 받았습니다.[8] 이들은 자신들을 붙잡아 처리하는 여러 가지 다른 제도들에 대하여 자신들의 요구사항들을 명확히 밝혀주고 있었습니다. 이들은 행동단체를 설립하였습니다. 그런데 이들에게 스스로 단결하여 이렇게 조직을 만들어 행동하면서 대화 가능성을 열어둔다고 하는 것은 사실 지극히 중요한 일이었습니다. 정말 흥미롭게도 이 모임은 저에게 '마약 사용자들'의 삶에 대하여 매우 많은 것들을 가르쳐주었습니다. 그러나 저는 이들과 정부 사이 중간에 낀 입장에서, 이들이 정부 측의 마약정책에 대해 불평불만을 토로하면서도 이들 스스로 역시 '범죄화'의 대상, 즉 범죄자로 규정되고 있음을 직시해야만 했습니다. 물론 이들의 불평불만은 제가 보기에 전적으로 올바른 것이었습니다.

이들은 자신들보다는 오히려 마약 밀매자들의 행위를 처벌해야 마땅하다고 보는 것이었습니다. 이들은 자신들 아닌 바로 그 마약 밀매사범들에 대하여 형법과 형벌과 감옥 제도의 뇌성벽력과 같은 엄벌을 받도록 해야 한다며 강력 수장해 마지않았습니다. "우리들 아닌 바로 밀매사범들이야말로 추적 검거하여 기소하는 등 사법처리 대상이 되도록 해야만 한단 말입니다." 이들은 자신들에 대하여 거부하는 것으로부터 벗어나기 위하여 다른 누군가를 거부하도록 하자며 물고 늘어졌던 것입니다. 이들이 원하는 것처럼 처벌을 받지 않은 채 살아나갈 수 있도록 하기 위해서는, 자신들은 '좋은 편'에 속해 있다고 하면서, 그와 동시에 다른 사람들이 속해 있는 쪽은 '나쁜 편'이라고 보는 관

8) 여기서 말하는 '마약 사용자'란 헤로인 마약을 하는 이들을 가리키는 용어이다.

념과 생각을 수용해야만 하는 것입니다.

13. 막다른 골목

징역형을 선고받은 자를 처벌받아 마땅한 죄인처럼 보여주도록 하는 것은 이들에 대해 곧장 사회적으로 공개 처벌하여야 한다는 정신이 깃들어 있는 것입니다.

일각에서는 감옥을 마치 별 네 개짜리 호텔인 양 말하며, 또한 죄수에 대하여 마치 국비로 휴가여행을 보낸 것처럼 표현하기도 합니다. 그러므로 감옥의 죄수 수용조건 개선 문제가 제기될 때마다 이들의 항의 목소리는 가장 강력하며 크게 흘러나오곤 하는 것입니다. 죄수들은 자신의 과오에 대해 도대체 얼마나 되는 죄 값을 치러야만 하는 것일까요! 그토록 많은 용감한 사람들이 비참하게 살아가고 있음에도 불구하고 이렇게 법의 테두리 바깥에서 살아나가야 하는 이들에 대해서 사람들은 위문품을 전혀 주질 않고 있는 것입니다! 플뢰리-메로지 교도소(Fleury-Merogis, 파리 교외지역에 위치함) '축구장 마당'에서 죄수들이 헬리콥터로 탈옥할 때 일부 언론이 비명소리를 내며 보도하는 것은 어쩔 수 없었습니다. 도대체 어찌 된 일이냐고 말입니다. 요컨대 서로에 대해 창피를 당하거나 창피를 주어야 할 일이 전혀 없는 보통사람들이 이마에 땀을 흘려가며 빵을 벌기 위하여 일하는 동안, 거기 교도소에 갇힌 죄수들은 운동장에서 운동을 하고 있었단 말이냐 하고 말입니다. 감옥에서 실업 문제가 제기될 때에도 그와 똑같은 분노가 폭발하곤 합니다. 교도행정당국은 월급으로 돈을 벌고자 하는 모든 죄수들에게 노동의 일자리를 보장하지 못하게 되는 것입니다. 그들로부터 환심을 살 도리조차 없어지고 마는 것입니다! 일자리 신청자가 무수히 많을 때에도 그래서 정직한 사람들을 위한 일자리조차 없음에도 불구하고 여러분은 '일탈 범죄자들에게까지도' 일자리를 나누어 줄 겁니까?

그 동안 형법과 형벌과 감옥 제도라고 하는 게 수용해온 계층은 생계사범들이었습니다. 바로 이것이야말로 우리들의 사법제도이며, 이는 그야말로 배제구조의 결정판 그 자체인 것 아니겠습니까?

14. 반작용

사람들은 피해와 손해를 입히며 잘못을 저지른 자가 그렇게 피해를 입히며 잘못을 당한 측에 대하여 양심의 가책을 느끼며 후회하고 동정심을 가져줄 것을 원합니다. 그러나 도저히 받아들일 수도 도저히 이해할 수도 도저히 추측조차도 할 수 없을 정도로 엄청나게 과도한 형벌로 인하여 바스러지고 으스러지고만 인간의 마음속에서 도대체 어떻게 그런 감정이 생겨나기를 바랄 수 있단 말입니까? 이토록 자신이 진가도 인정받지 못하며 업신여김을 당하고 으스러지며 바스러진 이런 사람이 자신의 가한 행동으로 인하여 상대방 측의 삶에 대해 어떠한 결과들을 초래하였는가를 도대체 어떻게 성찰할 수 있단 말입니까? 감옥에 갇혀 노역 일자리조차도 없거나 그야말로 조족지혈에 불과한 급료만을 받으면서 시간이 흐를수록 더욱 더 채무를 이행할 수 없는 파산상태의 나락으로 빠져드는 상황에 내몰리고 있는데, 자신이 저지른 잘못에 대하여 도대체 무슨 수로 배상이나 회복을 해주며 무슨 수로 죄 값을 덜 수 있단 말입니까?

갇힌 자의 입장에서 보면 감옥생활로 인한 고통은 냉혹한 법원이 재판의 저울을 비인간적으로 판결한 자신의 행위에 대하여 치러내야 하는 대가입니다. 그리고 감옥에서 출옥해 나오면서도 그는 자신이 그토록 엄청나게 비싼 대가를 치렀기 때문에 자신은 자포자기 상태에 빠질 수밖에 없다고 판단하게 될 뿐만 아니라, 여전히 흔히는 새로운 증오심과 공격성의 반작용 상태에 빠져들 수밖에 없게 되고 맙니다.

형법과 형벌과 감옥 제도는 "유죄선고를 받은 자에 대해 개선개량이 이루어지도록 촉진시키는데" 그 목적이 있다고 주장하는 공식적 담론들이 성과를 거두고자 하는 바와는 전혀 상반되는 결과들을 낳고 있을 따름입니다. 형법과 형벌과 감옥 제도란 오히려 출소자로 하여금 사람들이 회복시키기를 원하는 "사회질서"를 더욱 더 완고한 것으로 만들어가고 있으며, 출소자를 '또 다른 피해자'로 만들어버리고 말 따름입니다.

15. 우발적이다?

적어도 법이 관심을 가지고 있으면서도 결코 물질적 손해를 넘어서지는 않는, 즉 충분한 이유가 있는 그러한 피해를 회복하기 위해서는 죄인이 있어야만 한다는 건 전혀 필수불가결한 게 아닙니다. 잘 알다시피 보험제도는 '리스크 즉 위험' 개념에 기초하는 것이지, 결코 '유죄개념에 기초해 있는 건 아닙니다.'

눈사태, 지진, 벼락, 홍수 혹은 극심한 가뭄 등은 공동체 모두가 공동으로 그 책임을 지기로 받아들이는 사건들에 속해 있습니다. 그럼 '재앙이나 재해'에 가깝거나 현실적으로 피해가 엄청나게 심각한 몇몇 사건들의 경우, 확정된 몇몇 사람들에게 책임이 있다는 이유를 들어가며, 이들 사건에 대해서는 도대체 왜 물질적 손실을 당했다는 관점에서 동일한 '하나의 자연적 재앙이나 재해'로 받아들이질 않는 것일까요?

물론 그렇다고 해서 대인책임 그 자체가 사라지는 것은 결코 아닙니다. 이러저러한 몇몇 상황에서 만일 책임져야 할 사람들이 명확하게 지목될 수 있는데도 불구하고 도대체 왜 '민법상' 손해배상 법규들을 통한 해결 방식을 따르려 하질 않는 것일까요? 바로 그 민법상 손해배상 해결절차야말로 이미 수많은 분야에서 성공적으로 잘 적용되어오고 있으며, 바로 그 민사절차야말로, '유죄여부'라고 하는 도대체가 애매모호하기 짝이 없으며 명확한 평가가 불가능하고 도저히 포착할 수 없으며 형이상학 차원에 속해있고 스콜라 신학에나 있는 그와 같은 논리와 개념에 호소해야 할 필요조차 전혀 없는 정말 훌륭한 방식이지 않습니까?

이미 '심각한' 사건들이 있어왔습니다. 예컨대 인간의 죽음과 같은 사건들이 있을 수 있습니다. 사람이 죽는 사망사건은 법적으로 형범과 형벌과 감옥 제도를 통하여 처리하지 않습니다. 이런 점에서 사람들은 '사고'라고 말합니다. 따라서 이런 '업무상 사망 사고'란 형사사법제도와는 아무런 상관도 없으며 그 바깥에 존재한다는 것입니다. 이런 사건들 영역에 있어서는 피해자와 희생자에게 초래된 피해에 대하여 손해배상을 받아내도록 강구하며, '다른 무엇보다 우선해서 죄인을 찾아내 처벌 즉 형벌을 가하도록 하는 방안은 생각조차 하질 않습니다.'[9] ......몇몇 사건들의 경우 여전히 "살인사건"으로 규정될

9) 이와 같은 영역들을 '범죄화 즉 범죄로 규정'하지 않고 그 대신, 힘 있는 자들의 이기주의에 대

수 있음에도 불구하고 '사고 원인 제공자'의 위치나 신분을 이유로 하여 형사처리 사이클에서 제도적으로 배제되고 있는 건들이 있다는 점을 세심하게 유의하여 볼 필요가 있습니다. 예컨대 한 경찰관은 '우발적인 사고로' 사람을 죽이는 경우 외에는 결코 사람을 죽이지 않는다고 보는 것입니다. 그리고 어떤 한 사람이 누군가의 죽음을 초래할 가능성이 있는 공격자에 대항하기 위하여 자기방어 차원에서였다는 전략을 들고 나올 때에는, 재판부 측은 제도적으로 사람을 죽인 행위자에 대하여 살인범으로 간주하기를 거부하고 있습니다.[10] 다시 말하면, 바로 여기에서 그리고 바로 이 시점에서 문제의 근본을 전혀 살펴보려 하지도 않은 채, 이 문제를 형법과 형벌과 감옥 제도 바깥에 있는 것으로 확정하기 위하여 어떤 하나의 컨센서스만을 주목하며 추구하려 하곤 합니다.

어떤 행위가 불가피한 상황이나 법에 복종해야 하는 등과 같은 이러저러한 상황 내지는 정신질환, 치매, 미성년자 등과 같은 '사고 원인 제공자'의 개인적 상황 등등과 같은 불가피한 이유가 있는 것으로 나타날 때, 법 그 자체는 그 행위를 법망에서 빠져나가도록 해주는 것입니다. 이것은 '사실관계를 두고 다투는' 법원의 틀에서조차도 기소사건을 처리하는 맥락에서 아무리 사소한 사항이라도 모두 세심하게 찾아내어 고려하도록 한다는 점을 아주 잘 보여주고 있습니다.

이상과 같은 사실들은 십중팔구 틀림없이 보통사람들이 선험적으로 동정심을 가지고 어느 한 사건에 접근하여 바라보게 될 때를 가리켜야 하는 것이라고 보아야 합니다. 즉 보통사람이 사태들을 매우

항하여 개별적인 피해자들이 불이익을 당하지 않도록 피해자들을 보호하기 위한 방안과 접근방법을 찾아내도록 해야 한다. 이 주제에 대해서는 이 책의 48항을 참조하면 된다.

10) 이 책의 44항과 같이 자기방어 차원의 문제를 집중적으로 다룬 성찰 대목을 참고할 수 있다.

가까이에서 바라보며 어느 한 행위에 대하여 그것이 자신의 가깝거나 먼 주변 환경 속에서 그리고 행위 주체(즉 범인)에 대해서도 아주 잘 아는 상황 속에서 벌어질 때, 어떤 한 상황이 발생하게 된 이유는 전반적으로 보아 행위 주체를 넘어서서 존재하는 것임에도 불구하고 유독 바로 그 행위 주체에 대해서만 '하나의' 유죄인이라고 지목하기란 지극히 어려운 노릇일 뿐만 아니라, 부당한 일이 되기까지 하는 것입니다. 이따금씩 온갖 이유들로 인하여 누군가에 대해 공격 혹은 범행을 가하게 하는 것임에도 불구하고, 도대체 왜 우리들은 진짜 실제로 벌어지며 발생한 일들에 대해서도 똑같이 열린 자세와 열린 눈으로 바라보지 못하는 것일까요?

16. 극소수 사건만 처리한다

실제로 그리고 현실적으로 대인분쟁들 중 절대다수는 형법과 형벌과 감옥 제도 바깥쪽에서 '매듭을 풀며 해결을 이룩해나가고 있습니다.' 이는 이해당사자들끼리 사적으로 합의, 중재, 조정, 결정 등이 이루어지기 때문에 가능한 것입니다.

어느 한 해 동안 네덜란드 법원은 경찰에 신고 접수된 2천 건에 달하는 '직권남용' 사건들 중에서 6백 건에 대해서만 재판을 진행한 바 있습니다. 보통사람들이 보기에 어떠한 기준을 갖다 들이밀어도 그 비율은 그다지 많지 않은 것임을 잘 알 수 있을 것입니다. 이 수치는 지극히 낮은 것입니다. 분명한 것은 수천 건에 달하는 다른 상황과 사건들 역시 동일한 시기에 동일한 방식으로 형사사법 처리될 뻔했다라고 하는 점입니다. ...... 이것이 뜻하는 바는 그토록 엄청나게 많은 사건들은 전혀 다른 해결방안이 충분히 있고도 남음이 있다는 점입니다. 형법과 형벌과 감옥 제도를 통하여 처리하지 않고 그 대신, 가족, 기업, 교육기관, 협회나 신디케이트 같은 직종단체, 기타 사적 이해관계로 뭉쳐있는 클럽과 각종 결사체 등의 한 가운데에서 매일같이 일상적으로 그토록 많은 온갖 분쟁들이 잘 해결되어오고 있습니다. 그런데도 불구하고 도대체 왜 이런 다양한 해결방식들에 대해 애써 회피, 무시 혹은 멸시만 해오고 있는 걸까요?

이상과 같은 사실을 감안하여 보면, 아무리 감옥에 갇혀 있는 사람들이 놀랄 만큼 많다고 해도, 그리고 어느 때를 막론하고 '형사처벌대상이 되는 사건'이 실제로 그렇게 처리되는 비율 등을 감안하여 보았을 때, 어느 한 분쟁이나 사건이 도대체 형법과 형벌과 감옥 제도에 의해 형사사법처리 되는 경우란 지극히 드물 따름이며 지극히 예외적인 현상에 불과함을 잘 알 수 있습니다. 수천 건에 달하는 유사한 사건들 중에서도 일부에서만 '도대체 누군가만' 형사사법 처리될 따름인 것입니다. 하지만 '도대체 왜 이들 극소수 사건만 그렇게 형사사법 처리되는 것일까요?'

17. 사전에 미리 골라내기

궁극적으로 도대체 어떤 사람이 감옥에 갇히게 되는 걸까요? 만일 신문이나 방송이 특종을 내기 위하여 센세이셔널한 선정적 소재만을 찾지 않으며 끔찍한 중죄 사건 재판만을 부각시키는데 몰두하지 않고 정도를 걷고자 한다면, 수백 개나 되는 작은 법정들에서 하루 종일 어떤 일들이 벌어지고 있는지에 대하여 보다 더 정확한 보도를 할 수 있게 될 것이고, 그래서 신문 방송을 접하는 독자나 시청자와 같은 보통사람들도 상황을 더욱 더 정확하며 제대로 알 수 있게 될 것입니다. 이러한 작은 '법정들'마다 수십 만 명에 달하는 사람들에 대해 징역형을 선고하여 온갖 감옥들마다 죄수들로 넘쳐나게 만들 권한을 틀어쥐고들 있는 것입니다.

어느 한 시기에 프랑스 '리베라시옹' 신문 기자는 파리법원 교정사범(경범)재판부 제23부에 매일 가서 '현행범에 대해' 재판하는 모습을 취재해볼 생각을 실천에 옮긴 적이 있었습니다. 이는 매우 좋은 생각이었습니다.[11] 신문 기자들은 온갖 경범죄 사범을 재판하는 바로 그 법정에 참석해보아야만 하는 것입니다. 다른 무엇보다도 이는 능히 예견하고도 남을 일인 것입니다. 법정마다 별도 기자박스를 운영하고 있습니다. 그러나 기자박스는 텅텅 비어있는 경우가 다반사로 되어 있습니다. 평기자는 물론이고 언론을 담당하고 있는 모든 이들은 다반사로 일어나는 진부하며 일상적인 재판 건들을 등한시할 따름이며, 카메라맨들은 아무런 생각이나 신념도 없이 카메라를 들이댈 뿐이고, 모두가 싫증내며 화만 내고 맙니다. 만일 언론이 제 역할을 다 한다면 보통사람들이 다음과 같은 사실을 알게 되는 건 식은 죽 먹기나 다름없습니다. 즉 매일같이 전국적으로 수백 명의 사람들이 순식간에 재판과 판결을 받으며 징역형을 받는 사람들은 매번 그 사람이 그 사람들로 이루어져 있다고 하는 것입니다. 요컨대 가장 힘없으며 가장 가진 것이 없는 바로 이 계층 사람들이 걸려들고 있는 것입니다.

크리스티앙 헤니옹 기자가 사건기록들을 모아서 쓴 책은 교정대상범죄재판부를 상습적으로 들락거리는 고객들에 대하여 개괄적이

11) 이 책의 3항 중에 있는 두 번째 원주를 참조하십시오.

면서도 충격적인 내용들을 모아서 형사사법제도의 복잡한 시나리오를 매듭을 풀어가며 아주 명쾌하게 잘 풀어헤쳐 보여주고 있는 책입니다.[12] 소매치기 잡범, 도박판 룰렛 날치기범, 상점 절도범이나 날치기범, 이민법규를 위반한 외국인 이민사범, 택시요금이나 식당 식사비를 내지 못해 고소당한 이들, 카페에서 유리잔 몇 개 깬 사람, 경찰 같은 권력의 대리인에게 버릇없이 굴었다는 이유로 붙잡힌 사람 등등입니다. ...... 요약하여 말하면 법으로 인하여 곤경에 빠졌으면서도 누구 하나 법에서 원만하게 빠져나오도록 우호적으로 문제를 해결해줄 사람이 주변에 전혀 없는 부류의 힘없고 가진 것 없는 이들의 모습을 잘 보여주고 있습니다. ...... 모두가 실패자나 낙오자, 자포자기한 전과자들입니다. 형법과 형벌과 감옥제도라고 하는 게 사회적 불평등을 만들어낼 뿐만 아니라 이를 보다 더 강화시키고 있음이 눈에 훤히 들여다보입니다.

18. 될 대로 되라, 복지부동 하련다 ......

여러분들은 형법과 형벌과 감옥 제도에 대하여 받아들여 알고 있는 개념과 생각들에 대해 그저 만족해하고 말 따름입니다. 여러분들은 교도소 내에서 벌어지는 일들, 즉 독방에 청소년을 투옥한 사건, 젊은 죄수들의 자살 사건, 죄수들의 폭동과 반란 사건, 죄수들끼리 벌이는 사망자 발생 등 치명적이기까지 한 폭력사건 등등과 같이 신문지상에서 몇 개의 짤막짤막한 기사와 뉴스로 걸러졌으나마 온갖 문제점들이 이처럼 단신기사로나마 처리된 것을 보고 전율과 경악을 금치

12) Christian Hennion, *Chronique des flagrants délits,* Paris, Stock, 1976.

못하면서도 무서워서 어깨를 움츠리며 애써 무관심한 척 하고 맙니다. 형법과 형벌과 감옥 제도 즉 형사사법기관 종사자들은 이 제도가 초래하는 전율을 금할 수 없는 온갖 공포의 사태들을 잘 알고 있음에도 불구하고, 이렇게 이 제도가 초래하는 잘못을 앞에 두고서도 도대체 아무런 역할도 못하며 힘도 쓸 수 없는 무력함만을 느끼며 전의를 상실한 채 팔을 축 늘어뜨리면서 자기 자리를 지키는데 급급해 하고 있습니다. 여러분이나 그들 형사사법기관 종사자들이나 할 것 없이 모두 결과적으로 감옥 및 감옥을 움직이며 운영하며 이끌어가는 형법과 형벌제도에 대해 사실상 동의하고 맙니다. 여러분들께서는 형사사법기관들이 바로 이런 상황 속으로 몰아가고 있는 구체적인 움직임 속에 뛰어들어 행동하기를 진정코 수락하시렵니까?

19. 별나라만큼 머나먼 곳에

감옥이라고 하는 것은 마치 여러분과 하등 다름이 없는 똑같은 이웃들 몇몇에게 응징하여 배제해버려도 되는 지극히 정상적인 수단과 방법으로 보입니까? 하지만 다른 사람들에게 고통과 형벌 가하는 일을 피하도록 하십시오. 이는 그야말로 여러분의 가치관의 사다리 중에서도 서열이 매우 높은 위치를 점하는 것이 되도록 해주십시오! 하지만 이 말 속에는 하나의 모순이 들어 있는데, 저는 이 모순에 대해 단지 해명만을 할 수 있을 따름입니다. 즉 여러분과, 형법과 형벌과 감옥 제도가 가두어놓은 죄수들 사이에 가로놓여 있는 바로 그 심리적 거리감이라고 하는 것이 그것입니다.

징역형을 선고하는데 역할을 하는 자리를 두고 경합을 벌이는 사람들로 이루어진 익명의 결정권자 위치에 있는 관료주의 구조는 바로 그 징역형을 감수하여 감당해내야만 하는 이들과는 사회학적 접촉을 거의 하지 않습니다. 이들 결정권자들 가운데에서도 경찰관의 경우에는 교육수준, 취향, 사회 환경에 대한 관심 등이 체포된 이들과 서로 유사하거나 공유하는 부분이 많기 때문에 체포된 이들에게 도움을 주기에 가장 가까운 곳에 있다고 보아야 할 것입니다. 그러나 경찰도 형사사법기관에 속해 있는 탓에 그 경찰관에 대해 갖게 되는 존중의 정서는 결국 체포된 자와 체포한 경찰 사이에 마치 피정복자와 정복자 즉 패자와 승자 사이와 같은 거리감을 만들어냅니다. 더군다나 경찰은 단지 형사처리절차의 출발점에 대해서만 관여할 수 있을 따름이며, 형사사법기관 전반의 노동 분업 과정에서 극히 미미한 역할 만을 담당하기 때문에 경찰관은 자신의 개입이 갖는 중요성에 대해 미처 제대로 파악조차 하질 못하고 있는 실정입니다.

다음으로 법을 만드는 정치인들의 경우 추상적인 수준에 그치고 마는 건 너무도 명확합니다. 만일 정치인들 중에 한두 번 감옥을 드나들었다고 한다면 그것은 관람객으로였을 것입니다. 정치인이 감옥을 방문하는 날짜와 장소는 정치인들에게 너무 나쁜 인상을 심어주지 않도록 하기 위하여 확실히 좋은 쪽으로 선정했을 것입니다. 관계자들은 정치인 방문객을 위하여 해당 감옥 내에서 노래와 연회를 곁들인 아담한 축제까지 개최하였을 겁니다. 당시 정치인들은 새로운 죄목을 만드는 법안을 발의하거나 그에 관하여 찬반 투표를 하면서도 그것이 사람들 삶과 생활에 미칠 엄청난 영향과 결과에 대해서까지 제대로 생각하지는 못한다고 보아야 할 것입니다.

이른바 경력이 있는 직업적 판사의 경우에도 정치인들과 꼭 마찬가지로 자신들이 형을 선고하는 사람들과는 심리적으로 매우 멀리 떨어져 있습니다. 왜냐하면 판사들은 억압조치를 담당하는 재판부가 처리대상으로 삼는 고객들의 계층과는 전혀 다른 사회계층에 속해 있기 때문입니다. 판사들 쪽에서 악의를 가지고 있는 건 아닙니다. 하지만 이 두 계층 사이에는 정말 서로 매우 다른 문화, 삶의 양식, 언어, 사고방식 등이 가로놓여 있어서, 양자간 의사소통의 장애물은 아주 자연스럽게 생겨나며 이를 극복한다는 것은 전혀 불가능한 것이 되고 맙니다. 전체적으로 보면 형법과 형벌과 감옥 제도가 판사에게 수행하도록 허용하는 역할이라고 하는 건 인간적으로는 서로 아무리 가깝다고 해도 결국 양자간 방수상태를 결코 꿰뚫고 나아갈 수는 없는 것입니다. 징역형 선고란 판사에겐 한낱 관료주의적 행위에 불과하며, 판결문이란 것도 다른 사람이 판결문대로 수행하도록 하기 위한 지시문건으로서 불과 몇 초 만에 사인한 것일 따름입니다. 판사가 서기에게 '소송기록'을 넘겨주기 위해 머리를 일으켜 세울 때, 유죄선고를 받은 사람은 눈앞에서 불과 몇 분간 이를 겪어보다가 이내 그렇게 바라보는 시선을 중지당하며 저 멀리 끌려 나가야 하며, 다음 단계 처리 요원들에게 이끌려 나가야만 하는 것입니다.

자, 그런데 감옥이라고 하는 곳을 지금까지 자유롭게 돌아다녀 본 여러분께서는 그러나 죄수라고 하는 사람에 대해서는 가까이 하기엔 아직도 한참이나 더 먼 상태에 머물러 있을 따름입니다.

20. 메타돈 대체요법, 엇박자 나는 말놀이

형법과 형벌과 감옥 제도 종사자들은 자신들 뜻에 반하면서도 괴물과도 같은 이 제도와 조직을 위하여 계속해서 먹잇감을 가져다줍니다. 물론 이들은 때때로 바로 이런 점을 의식하면서 피해를 줄여보고자 노력은 해보기도 합니다. 그래서 네덜란드의 경우 '형사사법제도 자문위원회'라고 불리는 기구가 있어서 자문위원들은 여러 가지 형사사법기관들에 대하여 이러저러한 의견을 제시하며 또한 형사사법제도의 통합을 보장하도록 하는 역할을 담당하도록 하고 있습니다. 이 자문위원회는 첫째 통상적인 감옥 즉 교도소 및 구치소와 유치장 소위원회, 둘째 교도소 정신보건업무 소위원회, 셋째 보호관찰 소위원회 등 3개 분과로 나뉘어져 있습니다. 그런데 제 경우 보호관찰 소위원회에 속해 있으며, 이 자문위원회는 지원 대상으로 정해져 있는 보호관찰 공식 업무에 대한 구체적인 수행 지침을 다시 만들어내고 있으며, 하지만 이 모든 공조와 조정 노력들이 현실적으로는 실패로 귀착되고 마는 운명에 빠져 있음을 주목하고자 합니다. 매년 한 번 밖에 열리지 않는 자문위원회 전체회의는 이런 류의 기구와 만남이라고 하는 게 도대체 아무런 실효성도 없으며 작동도 하질 않는 성격과 그러한 모습의 생생한 이미지만을 가지고 있음을 여실히 드러내주었습니다. 전체회의가 열리면 위원들은 모두 각각 자신의 입장이나 소속해 있는 소위원회만의 관점에 대해서만 이야기하고 발언할 뿐, 다른 위원이나 다른 소위원회가 이야기하거나 제시한 것에 바탕을 두고 이를 진전시켜 내는 경우란 전무하다시피 하였습니다.

특별히 저는 우리들이 헤로인 마약 문제에 관하여 토론한 형사사법제도 자문위원회 전체회의의 한 세션에서 벌어진 모습을 회상해 보고자 합니다. 당시 세션에서 저는 '헤로인 마약 사용자들'이 저에게 자신들의 경험담을 말해준 것을 설명해드렸습니다. 헤로인 마약 사용자들이 도대체 어떻게 해서 사회적 붕괴 및 타락에 빠지는가, 즉 이들은 현실적으로 아무런 최저 수준의 기본권조차 가지고 있질 못한 탓에 가차 없이 진행되는 부랑자로 전락하고 마는 과정에 대해서 설명한 것입니다. 헤로인 중독자는 헤로인 마약이 있어야만 하며, 그러나 이 헤로인 마약은 값이 매우 비싸고, 헤로인 중독자는 그 비용을 댈 도리가 없으며, 헤로인 마약 비용을 대기 위해 헤로인 중독자가 뭔가를 훔치게 될 때 그 순간을 경찰은 놓치지 않으려고 동정을 살피며 경계를 늦추질 않고 있는 것입니다. 사회적 의료보호 시설이라고 하는 게 있기는 하지만, 일부에서는 그게 감옥보다도 훨씬 더 두려운 시설이라고 여기고 있는 것 또한 현실입니다. 바로 이런 이들에게 헤로인 마약 대체제를 제공해주도록 하자는 것입니다. 물론 피검사, 소변검사 등 온갖 종류의 검사에 응하는 조건으로 말입니다. ...... 그런데 이런 검사들이 그들에겐 마치 굴욕을 강요하는 압박감으로 받아들이는 일이 벌어지고 맙니다. 저는 자문위원회에서 다음과 같이 말하였습니다. "헤로인 중독자들은 자신들을 이 지경으로 몰아넣은 것은 바로 그 정부의 잘못된 마약정책 때문이라고 생각하고 있습니다. 헤로인 중독자들을 대화의 파트너가 되도록 만드는 건 매우 흥미로운 일이 될 것입니다. 왜냐하면 이들은 형법과 형벌과 감옥 제도가 초래하고 있는 주변부화를 '온몸으로 체험해야 하는 삶'을 살아가고 있기 때문입니다. 그러나 자문위원회 전체회의 참석자들은 저와 같은 이웃 사람들의 관찰 내용은 고려하지 않은 채, 자기 식대로 받아들이고 이해하는데 그치고 맙니다.

어느 한 의사는 그들에게 글을 통해 자신의 입장을 밝혔습니다. 의사의 관점에서 보면 헤로인 중독자들은 중독증을 치료하도록 노력해야만 하는 환자들입니다. 그런데 만약 치료를 통해서도 중독증을 낫게 하거나 아예 치료에 응하질 못한다고 한다면 헤로인 마약 중독증 당사자들에 대해서 불안 상태에 빠지지 않도록 하기 위하여, 불법 마약을 대체하여 합법적인 마약에 의존하도록 하는 조치를 취하도록 관련되어 있는 당사자들을 설득해야만 한다는 것입니다. 이 의사는 오늘날 헤로인 마약사용자를 추적 체포 기소하는 일을 담당하고 있는 이들을 향하여, 그들에게 무료로 헤로인 마약 대체마약 즉 메타돈을 무료로 제공토록 하여 그들이 법적 올가미에서 벗어나도록 지원하는 정책을 추진하자고 제안하였습니다. 물론 당시 이 의사가 제시한 방안은 암묵적으로나마 헤로인 사용자의 범죄화를 인정하고 있는데다가 새로운 문제마저 초래하는 측면이 있기 때문에 상황 그 자체를 해결하진 못한다는 점을 주목해야만 합니다. 요컨대 이때 메타돈이 '합법적인 것'이 되기 위해서는 의사로부터 처방전을 받은 경우에 국한되도록 하였기 때문입니다. 헤로인 마약을 메타돈 같이 다른 제품으로 대체하도록 한다는 건 결국 메타돈 같은 대체마약을 둘러싸고 새로운 사기와 밀매 행위들을 부추길 수밖에 없는 것입니다.

수사판사 즉 검사가 자신의 발언 차례가 되자 자신의 입장에서 다음과 같이 주장하였습니다. "마약 중독자들이 정말 치료를 받기로 동의하며 수락하기만 한다면 이들에 대해 예방적 성격의 징역형을 능히 피할 수 있습니다. 그렇지만 마약 중독자들은 결코 조건을 존중하여 지키질 못하였으며 그래서 결국 감옥에 붙잡아 가두는 것 이외에 다른 도리가 없었습니다."

저는 헤로인 사용자에 관한 제 견해와 입장을 한번 더 제대로 밝혀보고자 노력하였습니다. 저는 다음과 같이 말했습니다. "여러분들이 말하는 문제는 헤로인을 범죄로 규정 즉 범죄화 하도록 해야 한다는 점에서 비롯된 것입니다. 만약 바로 이 헤로인 마약을 범죄로 규정하지 않았더라면, 지금 논란을 벌이고 있는 이 문제는 존재할 필요조차 없을 것입니다. 향정마약이 엄연히 제조되고 있는 사회에서도 필연적으로 일부 사람들은 마약사용 문제를 초래할 수밖에 없습니다. 알코올이나 담배 같은 마약을 하다가 온갖 문제들을 겪게 되는 것과 똑같은 이치입니다. 그러나 문제는 유독 향정마약에 대해서만 형사처벌 대상으로 삼기로 결정한 것이야말로 상황을 더욱 더 크게 악화시키기에 이른 것입니다."

제 친구인 한 정신과 의사도 저와 똑같은 입장과 분석을 내놓았습니다. 그는 개별적으로 마약사용자 치료를 하지도 않으며 그렇다고 헤로인 마약사용자를 주변부로 밀어내 소외시키지도 않도록 해야 한다는 입장을 고수하였습니다. 그는 일반 의사인 동시에 정신과 의사로서 마약사용자가 안고 있는 문제라고 하는 게 소독이 제대로 안 된 주사기를 쓰는데다가 사람에게 적정량이 어느 정도인가에 대한 무지 등에서 발생한다는 점을 잘 알게 되었다고 합니다. 이 친구 의사도 최선의 정책이란 곧 헤로인을 비범죄화 하도록 하는 정책이라고 보고 있었습니다. 그는 헤로인 마약 그 자체는 불법으로 되어 있지 않은 다른 마약들에 비해 훨씬 더 위험한 마약은 아니라고 보았습니다. 그는 헤로인 마약을 비범죄화 하는 경우 헤로인 마약에 대한 제대로 된 지식과 정보를 널리 확산시켜나가도록 해야 함은 물론이고, 살균 소독한 주사기 사용을 보장 보증하도록 해야 한다는 점을 명확하게 지적하였습니다.

그러나 자문위원회 참석자들은 여전히 각자 자기 영역의 이른

바 전문적 입장에 발목이 붙잡혀 있을 따름이었습니다. 그리고 마치 습관처럼, 당시와 같은 만남과 회의에서 내린 공동의 결정들에 대해서도 그냥 그때 거론한 것으로 그치고 말 뿐 이후 진전을 이룩하질 못하고 말았습니다. 그러다 보니 이해관계가 얽혀 있는 형사사법기관의 각급 업무들은 각자 칸막이된 채 동일한 업무를 계속해나가게 된 것입니다. 뿐만 아니라 형법과 형벌과 감옥 제도는 언제나처럼 최정상 위치에서 권력을 계속해서 장악해 나가고 있는 것입니다.

21. 재해석

다른 사람들이 어떻게 무슨 생각을 하고 있는지 우리들은 정확히는 결코 파악할 수 없는 법입니다. 우리들이 다른 사람에게서 들은 것이 무엇을 뜻하는가에 대하여 완전하면서도 충분한 의미를 우리는 도저히 붙잡을 수 없는 것입니다. 미꾸라지처럼 빠져나가기 일쑤이기 때문입니다. 그럼 바로 이런 때부터는 적어도 이미 들은 말의 실체적 의미까지 정확히 그리고 완전하게 존중하기까지 하지는 않는다 해도 다만 그 전달하려는 메시지만이라도 어떻게 하면 충실하게 전달할 수 있는 것일까요?

1981년 5울 14일 교황 요한 바오로 2세는 복부에 권총 3발을 맞고 쓰러졌습니다. 바로 그 다음 일요일인 5월 17일은 교황의 61회 생신일이었으나 병원에서 수술을 받고 회복 중이었습니다. 당시 이 와중에도 교황은 로마 성 베드로 광장에 나와서 기도하던 신자들에게 강론을 통하여 다음과 같은 짧은 메시지를 전달하였습니다. “저는 저에게 총격을 가한 ‘형제님’을 위하여 기도드리며, 저는 진심으로 ‘그 형제님’

을 이미 용서하였습니다." 당시 어느 신문도 어느 라디오방송도 이 구절을 그대로 따다가 재현하여 인용하거나 방송하질 않았습니다. 여러분도 성경에서 보고 들어서 아시는 것처럼 아버지 하느님은 원수까지 용서하셨습니다. 요한 바오로 2세도 그와 마찬가지로 자신을 살해하려는 살인범을 용서한 것입니다. ...... 이때 '형제님'이라는 말을 사용한 것은 정말 한없이 경이롭기까지 합니다. 심지어 어울리지 않으며 정말 꼴사나운 용어 사용이라는 느낌까지 불러일으켰습니다. 여러분들이라면 그와 유사한 상황에서 도저히 그와 같은 용어를 쓰질 않습니다. 이 사건을 접수 분류하기 위해서는 통상적으로 사용하는 명칭을 붙이도록 해야 하는 것입니다. 즉 이런 경우 '살인기도 범죄(암살기도)' 사건이 벌어졌던 것이며, 여러분을 향해 총격을 가한 범죄자에 대해 '형제님'이라고 호칭하진 않습니다.

그럼에도 불구하고 정작 총격을 당한 교황 요한 바오로 2세는 범죄자 아닌 '형제님'이라는 용어를 선택하여 사용하셨으며, 이렇게 호칭하자 당연히 '암살범'과 얼굴을 마주하는 '피해자'라는 사건 규정 상황을 피할 수 있게 되었던 것입니다. 이런 모습은 형사사법제도와는 '전혀 다른 세계의 세상'에 머물 수 있도록 해주었습니다.

22. 여과기 역할

형법과 형벌과 감옥 제도에서, 이 사법처리과정에 연루된 사람들 말에 대해서는 제대로 귀를 기울여주는 사람이 없기 마련입니다. 연루된 자의 말을 그대로 기록해주질 않는 것입니다. 경찰 측이 작성한 구두조서 기록을 읽어보면 이 점을 적나라하게 잘 보여줍니다.

경찰 측이 수집해 놓은 문서들을 보면 노동자, 학생, 젊은 층과 중장년층, 외국인, 군인, 남성과 여성 등 매우 다양한 사람들의 진술서와 증언들이 나옵니다. 하지만 여러분은 어느 기록을 보더라도 항상 이미 마치 정해진 서식처럼 굳어져있을 정도로 동일한 용어와 문구들이 나오는 것을 찾아볼 수 있습니다. 예컨대 다음과 같은 식입니다. "모모 씨는 프랑스인이며, 기혼자이고, 자식은 둘이며, 학력은 초등학교를 졸업하였고, 병역은 필하였으며, 훈포장은 받은 바 없고, 연금 대상자가 아니며, 퇴직 상태도 아니라고 하는 등등 ...... 이라고 진술합니다." "모모 씨는 ...... 등등과 같은 사실관계를 인정합니다." "모모 씨는 ...... 등에 관한 법규에서 적용하도록 하고 있는 안전 조치의 대상이 되는 행위를 저질렀습니다."

실상 이런 것들은 경찰이 활용하는 서식에 따른 것들입니다. 이와 같은 서식들은 변함없는 말투를 고수하며, 딱 잘라 말하는 단호함을 유지하고, 인간의 감정을 배제하고 있으면서, 형법과 형벌과 감옥제도의 하위문화들 중 하나에 속해있는 바로 '경찰대응조직'의 사회학적 규범, 이데올로기, 가치관 등을 그대로 반영하는 것들입니다.

사회심리검사와 정신의학 전문가의 진단은 같은 것이라고 볼 수 있습니다. 아주 자연스럽게 전혀 다른 문체와 어법을 사용하는 이상과 같은 기록들은 그 자체가 매우 경직되고 단호한 것들이기도 합니다. 이 기록들 역시 똑같이 현실 환원주의라고 하는 '전문 직업주의' 독해방식의 쇠창살을 반영하고 있습니다.

수사기록들 중에서 어느 한 사건 사례를 끄집어내어보면 거기에서 바로 그 '전문가들의 어투'는 다음과 같이 되어 있는 것을 볼 수 있습니다. 거기에는 서식에 따라 작성된 결론들이 반복적으로 끊임없이 나옵니다. "모모 씨는 사건발생 시점에서 정신질환을 앓고 있던 것으로 보이진 않습니다. 모모 씨는 위험한 상태에 놓여 있지 않으며, 모모 씨 입장이나 사회적 입장 어디를 막론하고 굳이 그를 정신병원에 입원시켜야 할 필요는 없습니다. 모모 씨는 형사책임을 상당히 경감해주어도 될 것으로 간주됩니다. 모모 씨는 통상적으로 보아 형사처벌 대상이 됩니다. ......" 판결을 내릴 사람 즉 판사 손에 넘겨지는 바로 그 '형법과 형벌과 감옥 제도의 기록뭉치' 속에는 그 밖의 다른 기록들도 들어 있습니다. 이 기록들은 그런 상황에 빠져 있는 사람과 그의 환경과 그가 비난 받는 행위 등을 틀에 박힌 스테레오 타입으로 만드는 바로 그 여러 가지 형태의 여과기와도 같은 역할을 다하고 있는 것입니다. 그리고 기록에 그와 같이 표현하고 있는 시각과 관점이란 곧 형법과 형벌과 감옥 제도가 가지고 있는 지극히 근시안적이며 경직된 시각과 관점에 서 있으며, 그에게는 동시에 자신이 진정 누구인가, 어떤 삶을 살았는가, 어떤 문제가 있었는가 하는 등등에 대하여 항상 꼬리표처럼 따라 붙어 다니는 낙인이 되고 맙니다.

23. 초짐 맞추기

형사사법제도가 어느 한 사건에 관여하여 관심을 기울이게 되면, 그 사건에 대해서는 상을 왜곡시켜 비추어주는 변형거울에 비추어보며, 그래서 딱 하나의 시점에서 벌어진 딱 하나의 행위로 축소 환원해버리고 맙니다. 형사사법처리절차의 한쪽 끝에서 이 제도는 형사사법기관이 나꿔채 포착한 사건에 대하여 지극히 협소하며 경직되고 완전히 인위적인 시각에서, 오로지 상황의 한 당사자 주인공이 제공한 딱 한 시점에서 이루어진 딱 하나의 바로 그 행동과 행위만을 살펴보게 되는 것입니다.

초점을 맞추는 방식은 관련 당사자들이 서로에 대해 잘 알며 전부터 미리 잘 아는 관계일수록 유별나게 더욱 더 쇼킹한 것이 됩니다. 예를 들면 어느 한 부부는 이제 더 이상 한 마음이 아니며 서로 손을 마주잡기는커녕 목소리조차 듣지 못하는 경우를 봅시다. 두들겨 맞은 아내가 남편을 고소합니다. 형법과 형벌과 감옥 제도 측은 '폭행과 부상'이 발생했다고 사건을 접수 기록하며, 이는 형사사법기관 측의 사건규정방식입니다. 그리고는 이 사건을 이 사건의 지엽말단에 불과한 신체적 싸움이라고 하는 그야말로 매우 협소한 시각과 관점에서 사건처리를 해나가기 시작합니다.그러나 이런 일을 당한 부부 입장에서, 무엇이 진정으로 중요한 일일까요? 형법과 형벌과 감옥 제도 측이 규정하는 바로 그와 같은 신체적인 싸움일까요? 아니면 그들 부부생활에 담겨져 있는 그 총체적인 삶일까요?

24. 접시를 옆에 두다

형법과 형벌과 감옥 제도 측은 사건의 직접 당사자들로부터 분쟁과 갈등을 훔쳐내 빼앗아옴으로써 제도 측의 소유물로 만들어버리고 맙니다. 어느 한 문제가 형사사법 장치 속에 빠져들자마자 그 문제는 더 이상 주체와 주인공들 쪽에 속하지 않게 되고 말며, 단 한 번 만에 마지막으로 그리고 완벽하게 '일탈 범죄자'와 '피해자'와 같은 낙인이 찍히게 되고 맙니다.

주인공은 처벌대상이 될 뿐만 아니라 소송절차가 진행되면서 자신이 저지른 행위의 의미는 전혀 반영되지 않으며, 그의 행위로 인해 피해를 당한 이들도 자신이 어떠한 삶을 살아 왔는가를 막론하고 도대체 자신이 당한 사건에 대해 전혀 통제하거나 영향을 미칠 수조차 없게 되고 맙니다.

사건의 주인공이 행동에 의해 관련된 사람은 그 개인이 체험했던 사건의 지배를 감시하지 못한 것처럼, 처벌대상이 되는 사실로부터 장본인은 그가 제기했던 행동의 의미를, 소송의 전개 속에서 마찬가지로 전혀 되찾을 수 없게 되고 마는 것입니다.

일단 그 사건이 '형사사법처리절차에 들어가면' '피해자'는 도대체 이 공적 조치를 전혀 멈추게 할 수 없게 되고 맙니다. 뿐만 아니라 중재조정절차를 제시하거나 받아들여 납득할 만한 보상을 받기로 보장하도록 하는 행위조차도 금지 당하게 됩니다. 그게 아니더라도 이는 때로 훨씬 더 중요한 것인데, 정말 사건을 통하여 무슨 일이 일어났으며 그 책임은 누가 어떻게 져야 하는가를 제대로 이해할 수 있도록 하는 기회를 부여하는 것조차도 금지합니다. 피해자는 '주인공'(범인)에 대하여 어떠한 조치를 취하게 될 것인가 알아보는 일조차도 금지 당하게 되고 맙니다. 피해자는 그 주인공이 유치 혹은 구치되어 있는 동안 그에게 어떤 일이 생겼는가에 대해서 알고자 해도 제도 측은 이를 그냥 무시하고 맙니다. 피해자는 자신의 가족이 살아남을 수 있는 생존조건이 어떻게 되어가는 것인지조차도 전혀 알 수 없습니다. 피해자는 주인공이 그토록 부정적일 수밖에 없는 감옥 생활 경험을 통하여 감옥 안에서조차 도대체 어떤 일을 저지를지 제대로 된 진짜 영향과 결과에 대해 전혀 알 수 없습니다. 피해자는 그가 출소 후 그가 보일 보복행위 등 피해자에게 어떻게 되치고 들어와 대응하고 나설 것인가에 대해서도 전혀 알 수 없습니다.

그럼에도 불구하고 바로 이 '문제'야말로 형사사법처리절차를 작동시키는 시발점이 되었으며, 물론 형사사법기관도 이 문제 처리가 온통 나쁘게만 이루어지길 바라는 것은 아닐 것입니다. 시간이 흐를수록 아마도 이 사람은 자신이 문제를 당초 경험한 것과는 전혀 다른 각도에서 문제를 바라보며 생각하게 되기도 하는 쪽으로 바뀌었을 것입니다. 우리들에게 숨겨져 있던 이런 사건들이 우리들 역사를 전혀 새로운 맥락으로 되살려놓으며 그 중요성과 의미를 온통 뒤바꾸어버리고 마는 것입니다. 그런데 이런 식의 삶을 도대체 다른 그 누가 겪어나 보았겠습니까?

형법과 형벌과 감옥 제도가 이런 '문제'를 포착하면, 이 문제가 마치 맨 처음 해석되었던 바 그 상태대로 영원히 머물러 굳어지도록 만들어 꼼짝 못하도록 합니다. 이는 마치 피가 엉겨 붙어 응고되도록 만드는 것과도 같습니다. 형법과 형벌과 감옥 제도란 내면세계가 항상 변화하는 특성을 지니고 있다는 점을 전혀 고려하질 않는 것입니다. 뿐만 아니라 재판부 앞에서 심리가 진행될 때 심리가 이루어지는 내용들은 결국 재판이 열리는 바로 그 날 주인공(이른바 범인)과 피해자 등 양측이 살아온 이러저러한 경험들 및 생각하는 것들과 더 이상 전혀 아무런 관계도 없는 것이 되고 맙니다. 바로 이상과 같은 의미에서 형법과 형벌과 감옥 제도란 '전혀 존재하지조차 하질 않는 문제들을 마치 사건인 양 처리해나가고 있는' 것에 불과하다고 말할 수 있습니다.

25. 스테레오 타입*

피해자가 가해자 등과 얼굴을 마주보는 대면을 통하여 해방과 자유에 이르고자 소망해마지 않는 경우가 너무도 흔합니다. 때때로 폭력의 피해자들조차도 자신을 폭행한 공격자를 직접 만나 이야기해 볼 기회를 갖고 싶어 합니다. 피해자는 가해자의 공격 동기를 이해하며 도대체 왜 폭행을 가했는지 그 이유를 알고 싶어 하는 것입니다. 하지만 가해자는 감옥에 갇혀 있으며 직접 만나 얼굴을 마주 대하는 것은 도저히 불가능하게 되어버렸습니다. '도대체 왜 나에게 이런 일이 발생하였을까?' 하는 물음을 제기한 덕분에 엉뚱하게 이 피해자조차 죄를 짓고 말았다고 하는 느낌을 갖게 만들며, 그런 물음에 대해 도대체 그 누구도 아무런 답변도 해명도 해주질 않고, 점점 더 고립상황에 내몰리면서 자신 혼자만의 내면세계 속으로 퇴행에 퇴행을 거듭하도록 강요만 당할 뿐입니다.

형법과 형벌과 감옥 제도가 '피해자' 문제에 대해 개입하는 전형적인 스테레오 타입 방식은 피해자에 대해서도 '일탈 범죄자' 차원에서 조치를 취해나가는 형태입니다. 피해자를 다루는 바로 이 지점에서조차도 형법과 형벌과 감옥 제도는 모든 사람들을 범죄자 다루는 것과 똑같은 방식으로 처리해나갑니다. 형사사법제도 측에서는 피해자들도 모두 범죄자처럼 동일한 반응을 하며 동일한 필요를 가지고 있다고 보는 것입니다. 형법과 형벌과 감옥 제도 측은 피해자들이 보통과는 다를 수 있으며 두드러진 특성을 가지고 있는 사람일 수 있다

* 여기서 훌스만은 형사사법기관에 대해 거꾸로 범죄자에게 낙인을 찍는 바로 그 '스테레오 타입' 개념을 들이밀며 뒤집어씌우며 그 본질을 해명하고 있다.

는 점을 전혀 고려하질 않습니다. 형사사법제도 측은 추상성 속에서만 자신의 모습을 드러내면서, 피해자를 보호하도록 되어 있음에도 불구하고 이들에 대해 오히려 잘못을 저지르며 해를 끼치고 있는 것입니다.

26. 픽션 같은 형사사법현실

형법과 형벌과 감옥 제도 측은 자신들의 공식적인 업무처리 방식으로 다루는 사건들에 대하여 오로지 '형벌을 가하겠다는 대응' 방식 타입만을 부과하고 있을 따름입니다. 하지만 이는 피해를 당한 사건에서 정말 누군가에 대해 '형벌을 가하기'를 원하는 피해자들은 생각보다 지극히 드뭅니다.

피해를 당한 사건이 발생했을 때 각자가 도대체 얼마나 다양한 반응들을 보이는가를 파악하는 최초의 접근법을 제시하기 위해서는 지극히 간단한 몇몇 사례들을 들어보기만 해도 됩니다. 우선 누군가가 수술대 위에서 사망하였을 때 사람들이 어떤 반응을 보이는지 살펴봅시다. 어떤 사람들은 '이건 사고야' 혹은 '하느님이 그를 불러가셨군' 하고 말합니다. 반면 다른 어떤 사람들은 '의사직업윤리상의 책임'을 들어 비난하며 고발하기도 합니다. 그리고 누군가가 약을 너무 많이 복용하여 사망한 경우에도 바로 앞서 제시한 예와 일치하는 반응과 해석들이 나옵니다. 어떤 사람들은 '갈 때가 되어 갔어요' 하며 그건 그의 운명이라고 받아들인다고 말합니다. 하지만 다른 어떤 사람들은 이 환자가 우연히 실수로 많은 약을 삼켰다고 한탄하며 치명적인 약이었을 것이라고 생각합니다. 또 다른 어떤 사람들은 사망한 사람이 죽겠다고 작정하면서 약을 먹은 건 아니었을 텐데 하고 의심을 합니다. 이때 이렇게 의심하는 사람들 중에는 그 환자의 자살시도를 수긍하는 측도 있지만 비난해 마지않는 사람도 있을 것입니다. 그러나 어떤 사람들은 가족이나 친구 중에 누군가가 환자에게 생을 마치도록 도와준 것이라고 봅니다. 일부에서나마 이렇게 생각한다면 그래서 누군가는 '자살 유도 내지는 방조' '위험상태에 빠진 사람에 대한 조력 거부' 등의 혐의가 있다고 고소하고 나설 것입니다. 하지만 이때에도 다른 사람들은 자살한 사람에 대하여 용기 있는 행동을 했다고 찬양하면서 우정의 표시로 최고의 예우를 갖추기도 할 것입니다.

만일 지금 이토록 광범위한 스펙트럼 상에 펼쳐질 수 있는 온갖 해석들을 형법과 형벌과 감옥 제도에 대한 성찰 속에 담아내 통합시켜내고자 시도하려 한다면, 그 모든 가능한 해석과 대응책 꾸러미들이 쏟아져 나오면서 차라리 정치적 대결과 종교적 충돌 상황으로 치닫는 생생한 실례를 초래하게 만드는 게 훨씬 더 좋을 것입니다. 그리고 북아일랜드 벨파스트에 폭탄이 하나 터졌다고 생각해 봅시다. 한 명이 부상을 당했다고 합시다. 첫째 가정에 따르면 이 부상자는 살아남길 천만다행이라는 식으로 차라리 불행한 일일 따름이라는 식으로 반아들 수 있습니다. 말하자면 '한낱 사고를 당했다'고 규정하는 방식입니다. 그는 '지극히 자연스러운 준거틀'을 만들어내면서 '사건'을 재구성해내는 것입니다. 그는 폭발사고가 그렇게 사고 탓이라고 보면서 이 폭발사건이 도대체 왜 일으켜졌는가에 대해서는 전혀 이상하게 생각하질 않습니다. 그는 폭탄이 터트려진 바로 이 사실 및 사건을 마치 벼락이나 번개를 맞은 사고와 다른 것으로 구분하질 않습니다. 이제 그가 생각하는 두 번째 가정을 봅시다. 여기서도 그는 여전히 이 폭탄사건을 어떤 '초자연적' 원인 때문이라고 봅니다. 예컨대 그는 자신이 미사에 참석하질 않아서 하느님이 자신에게 벌을 내린 것이라고 보는 방식입니다. 마지막 세 번째 가정을 봅시다. 이 폭탄사건에 대해 당사자는 '왜' 폭탄이 터졌는가 하는 원인을 찾아 나서면서, 자연이나 초자연 아닌 '사회적 준거틀과 구조' 속에서 대답을 찾아내려 합니다. 이 세 번째 경우에도 그에게는 여러 가지 해석 방법들이 제시될 수 있습니다. 먼저 사고가 터진 것은 개인이나 집단을 막론하고 '사회적 구조'나 '어느 한 개인'에 의한 것이라고 볼 수 있습니다. 마찬가지로 이 사건은 북아일랜드의 특수상황에서 기인한 것이며 그중에서도 정파간 투쟁과 대결이야말로 이번 폭탄사고가 발생한 씨앗이 되었다고 추정할 수 있습니다. 해서 그는 이 정파투쟁에 참여하기로 결의를 다진 사회적 정파단체가 저지른 사건이라고 판단할 수 있게 됩니다. 마침내 그는 이 사건은 정작 정확히 누구라는 특정인이 폭탄을 설치했거나 그게 아니더라도 당시 공격을 지시했다는 주장을 할 수 있는 것입니다.

이젠 형법과 형벌과 감옥 제도로 되돌아가 이 사건을 재검토해보도록 합시다. 만일 이 제도 측에서 폭탄을 설치한 자를 붙잡았다면 여러 해 이상의 장기간 징역형이라는 중형을 선고할 것입니다. 그럼 이렇게 하는 것이 곧 부상당한 사람이 자신이 당한 사고에서 살아남은 바로 이 사건에 대하여 바라보는 입장 및 시각에 상응하는 것이 될까요? 그런데 이렇게 중형으로 처벌하고자 하는 의도는 부상당한 사람이 자신의 부상에 대하여 폭탄을 설치하여 터트린 어느 한 개인에게 책임이 있다고 해석하는 경우에서만 '생겨날 수 있는 것임'을 여실히 잘 보여줍니다. 요컨대 폭탄을 설치한 자에게 자신의 부상에 대한 책임을 개인적으로 지도록 책임을 묻는 경우에 국한되는 것입니다. 앞의 두 가지 해석과 가정을 하는 경우 즉 원인이 자연적 준거틀과 초자연적 준거틀에 두는 경우엔 도저히 형벌에 처해달라는 대응 방식이란 생각조차 할 수 없는 것입니다.

그러나 바로 이 사회적 준거틀이라고 하는 세 번째 해석과 가정의 경우에도 구분해 보아야 하는 것들이 있습니다. 우리들이 정치적 종교적 맥락과 상황 속에서 살아나가고 있음에도 불구하고 피해자가 된 바로 그 사람이 자기 개인의 억울한 정황에 대하여 특정 개인에 대해서만 책임을 묻는다는 건 도대체 상상조차 하기 힘든 노릇입니다. 이런 식의 정치적 종교적 대결 상황의 맥락이라고 하는 것에 대하여 사람들은 마치 전쟁 상황과 마찬가지인 것이라고 경험하고 있으며, 이런 상황에서 사람들 각자는 전적으로 투신하든 아니면 그냥 아주 느슨하게 편들든 간에 어쨌든 전쟁터의 아군과 적군 어느 한 편에 발을 담그고 있다고 생각하고 있는 것입니다. 따라서 폭탄을 설치하여 자신에게 부상을 당하게 만든 사람에 대해 부상당한 사람이 바라는 바 역시, 마치 전쟁터에서 사람들이 기관총 사수에게 뭘 바라질 않는 것과 크게 다를 바 없을 것입니다. 그리고 여기서 부상당한 사람이 심지어 특정 정파의 행동대원으로 활동하고 있는 상황이었다고 가정해봅시다. 이 경우 부상낭한 사람이 도대체 폭탄을 설치한 사람에 대하여 처벌해주길 바랄 수나 있는 것일까요? 심지어 피해자를 만들어낸 사건에 대해서는 누군가가 책임이 있다고 보는 해석의 쇠창살 이론 속에서 본다고 해도, 부상당한 사람은 처벌해달라는 욕구와는 전혀 다른 충동 같은 것을 경험할 수 있습니다. 이때 부상당한 사람은 공격을 가한 사람을 오히려 십분 이해하도록 애쓰고 싶어 할 수 있는 것입니다. 용서할 수도 있습니다. 앞서서 정리하여 묘사한 바 있는 정확히 바로 그 사회적 해석틀 속에서 보면 사실은 실상, 부상당한 사람의 대응 방식이란 결국 보수와 대가를 받아내고자 하는 정서에 그 뿌리를 둔 것일 수 있는 것입니다. 그러나 이 때, 부상당한 사람 입장에서 잘못을 저지른 자들에 대해 가했으면 하고 바라는 '진짜' 형벌이란, 형벌과 감옥 제도 측이 가하는 스테레오 타입의 형벌 즉 '관료주의 방식'의 형벌이 아니라, 개인적으로 피해를 당한 정서와 감정과 실제 부상 등에 관한 처벌 유형(치료비 배상 등)인 것입니다.

이상과 같은 점에서만 보더라도, 형법과 형벌과 감옥이라는 국가 형사사법제도는 현실과 동떨어진 기능을 하고 있을 뿐이며, 엄청난 고통을 당하며 구체적으로 살아 움직이는 사람들에 대해 가혹한 형벌을 가하면서도, 정말 엉뚱하게도 살아있는 사람과는 정반대되며 마치 픽션에서나 있을 법한 명분과 이유를 내세우고 있을 따름임을 잘 알 수 있습니다.

27. 합법적 형벌

저는 자주 '형벌이라고 하는 그 자체'를 폐지하자고 말씀드려오고 있습니다. 제가 폐지하자고 말씀드리는 형벌이라고 하는 것은 '형법과 형벌과 감옥 제도'라고 하는 디자인과 개념 및 이 제도가 응용하여 집행하는 행위 등을 모두 가리키는 것입니다. 말하자면 이해당사자들이 조정이나 합의를 이루어나갈 수 있는 영역 바깥에서 그들에게 잘못과 불행을 만들어내 안겨주는 권력을 부여받은 국가기관을 가리킵니다. 그러나 국가에게 부여되어 있다고 간주되는 형벌권을 비난 및 규탄한다고 해서 반드시 여하한 강제적 조치 권한들조차도 전부 거부하자고 하는 것은 아니며, 개인의 책임이라고 하는 개념 그 자체까지도 모두 폐지하자는 것은 더더욱 아닙니다. 우리는 투옥, 주거제한과 가택연금, 피해배상의무와 반환의무 등과 같은 이러저러한 강제 조치들이 과연 어떠한 조건에서 그리고 불행 중 다행으로나마 도대체 어떠한 찬스가 주어졌을 때 평화로운 사회조직을 활성화시키는 역할을 수행하도록 할 수 있는가에 대해서 연구 조사해보아야만 합니다. 이때 그와 같은 강제조치들이라고 하는 게 지금 지적한 평화로운 사회조직을 활성화시키는 역할과는 도대체 아무런 상관도 없는 것이라고 한다면, 그러한 강제조치란 살아나가는 사람들 삶 속에서 도저히 관용할 수조차도 없는 한낱 폭력에 불과한 것이 될 따름입니다.

우리 문명 즉 서구 사회에서 이해하며 뜻하는 바의 '형벌'이란 곧 다음과 같이 두 가지 구성요소를 함축하여 가지고 있는 것으로 볼 수 있습니다. 첫째, '형벌'이란 형벌을 가하는 측과 형벌을 받는 측, 이 둘 사이를 연결해주는 권력관계를 가리킵니다. 형벌을 가하는 측은 형벌을 받는 측에 대하여 '당신의 행위는 잘못된 것입니다. 당신에게 책임이 있습니다. 등등'이라고 말하며, 형벌을 받는 측은 자신이 앞에서 지적한 권력관계를 '인정하기 때문에' 자신의 행위에 대하여 형을 선고받게 될 것임을 받아들이는 것입니다. 둘째, '형벌'이란 이러저러한 사건들의 경우 형의 선고란 참회와 고해성사, 고통 등을 부과함으로써 보강되며, 첫 번째와 똑같은 권력관계 덕분에 받아들여지는 것을 가리킵니다. 우리들은 형벌이란 무엇인가에 대하여 이상과 같은 분석 방식과 언어들을 접해오고 있을 뿐만 아니라, 이는 우리 서구 문화에서 바로 그 국가 형벌권에 대하여 정당성의 토대가 되어주는 것이기도 합니다. 서구 문화의 맥락 속에서 보았을 때, '진짜 형벌이란 양 당사자

측의 합의와 조정을 전제로 하는 것입니다.'

따라서 형벌을 가하는 측과 형벌을 받는 측 사이에 도대체 아무런 관계도 설정되어 있지 않거나 혹은 권력관계에 있다는 점을 인정하지 않는다고 한다면, 형벌의 정당성이 있다고 말하기란 실로 어렵거나 아예 불가능한 상황에 빠질 수밖에 없습니다. 만일 권력관계가 충분히 받아들여지는 상황이라고 한다면 우리는 형벌의 정당성이 있다고 말할 수 있을 것입니다. 그러나 반대로 권력과 권위에 대하여 전면적으로 문제가 제기되면서 항의사태가 벌어지고 있다고 한다면, 더 이상 제대로 된 형벌 그 자체는 있을 수 없으며 한낱 폭력만이 난무하는 것이 되고 말 것입니다. 그 다음으로 우리는 이 양극단 사이에 이러저러한 온갖 형태의 상황 상황들이 있을 수 있다고 상정해볼 수 있는 것입니다.

형법과 형벌과 감옥 제도에 있어서 관료주의 작용으로 인하여 필연적으로 이해당사자들 사이의 만족할 만한 합의나 조정은 처음부터 애당초 허용되질 않습니다. 뿐만 아니라 이와 같은 맥락에서 실로 과도한 형벌이 과해질 위험성도 터무니없이 높습니다. 말하자면 형법과 형벌과 감옥 제도라고 하는 게 국가기관과 '개인'을 마주 보도록 만들기 때문에 '인간적'인 형벌이란 애시 당초부터 내려질 수가 없습니다. 정부가 발표하는 공식 입장이 보여주는 말투와 스타일을 들어보기만 해도 이상에서 지적한 것들에 대해 가장 잘 증명해 주고 있음을 잘 알 수 있습니다. 정부측 공식통계와 성명을 들어보면, 죄수가 4만여 명이라고 하는 발표를 마치 어느 한 전쟁에서 수백 만 명의 사망자가 발생한 것과 꼭 마찬가지로 아무런 혼란스러움도 혼동할 것도 없는 것인 양 태연자약하게 발표하고들 있질 않습니까?

그러므로 국가 차원이라는 '거시적 틀' 속에서 보았을 때 형벌 및 개인의 책임 개념이란 것은, 실로 픽션과 같은 모습에 불과하며 메마른 불모지와도 같고 오로지 트라우마를 초래하는 것일 따름입니다. 바로 이러한 차원에 근거하여 형벌의 '권리'니 '필요성'이니 하는 게 있다고 주장하며 논리를 세우는 성찰이란 그저 불합리하며 모순적이기 짝이 없습니다. 제대로 된 형벌의 정당성에 관한 성찰을 회복하는 길이란 오로지 개인의 책임과 '형벌'이라는 개념에 대해 정말 구체적이며 현실적인 의미를 부여해줄 수 있는 가까움의 맥락에서만 가능한 것입니다. 요컨대 '메조 소프라노처럼' 개인과 집단 혹은 개인과 기관이 서로 이웃처럼 아주 가까운 관계의 차원이거나 아니면, '미시적' 대인관계 말하자면 사람들의 진짜 생활세계에서 직접 접할 수 있는 그러한 차원에서만 가능한 것입니다.

28. 효과와 충격

형법과 형벌과 감옥 제도란 특별히 피해를 주도록 하기 위하여 고안된 제도입니다. 군대제도와 마찬가지로 이 제도는 지극히 위험천만하다고 하는 점이야말로 그 본질을 이룹니다. 하지만 각 제도의 운영시간 측면에서 보았을 때 형법과 형벌과 감옥 제도란 군대제도보다 오히려 훨씬 더 많은 시간 동안 편안한 자세로 '쉬어!' 자세를 하고 있습니다. 물론 활동을 개시하면 군대제도야말로 당연히 그 피해가 엄청나게 크게 발생하는 반면, 형법과 형벌과 감옥 제도의 경우 군대조직 같이 극적인 측면은 가지고 있질 않긴 합니다. 하지만 군대제도와 꼭 마찬가지로 형법과 형벌과 감옥 제도 역시 폭력을 만들어냅니다.

이때 형법과 형벌과 감옥 제도가 만들어내는 폭력이란, 이 제도에서 폭력 조치를 취하도록 한 형사사법제도 종사자 개개인의 의지와는 상관없이 추가로 더 '낙인찍기와 오명 뒤집어씌우기'라고 하는 게 광범위하게 벌어지고 있다고 하는 점에서 필시 군대보다도 훨씬 더 엄청난 폭력을 만들어낸다고 보아야 합니다. 요컨대 형법과 형벌과 감옥 제도란 '인간의 존엄성 상실'을 초래하고 있는 것입니다. 상황이 바로 이러하기 때문에 낙인찍기와 오명 뒤집어씌우기란 이루 다 말할 수 없이 엄청난 폭력 아니겠습니까? ...... 결국 형법과 형벌과 감옥 제도란 일시적이 아닌 언제나 지속적으로(!) 그 형벌 기능을 수행하고 있는 것입니다.

양질의 통계와 기록 시스템이 운영되고 있는 네덜란드에서 수행된 어느 한 연구조사 결과에 따르면 형법과 형벌과 감옥 제도라고 하는 게 정말 엄청난 사회적 충격을 가하고 있음을 밝혀낸 바 있습니다. 다른 나라들보다도 감옥형과 징역형을 훨씬 적게 가하고 있는 것으로 유명한 네덜란드에서조차도 바로 이러할진대 다른 나라는 오죽하겠습니까? 즉 네덜란드 통계청 측은 얼마나 많은 네덜란드 국민들이 감옥을 체험하였는가를 알아보기 위하여 1년 동안 사망한 모든 분들의 형사법원기록을 넘겨받아 정리 조사하여 보았습니다. 제가 그 분석대상 기록의 범위를 보다 더 정확히 말씀드린다면, 나치독일의 점령기간 동안 독일 측이 선고한 감옥형 부분은 일체 배제하였을 뿐만 아니라, 제2차 세계대전 종전 후 진행된 대독부역자들 행위에 대한 처벌도 일체 배제한 채 실태조사를 벌인 것입니다. 그렇게 다 털어내고 계산하여 보았음에도 불구하고 조사결과는 상당수 사람들에게 도저히 믿을 수 없는 것이었습니다. 즉 1년 동안 네덜란드 국민들 전체 사망자 중

열 명 중 한 명 즉 10% 정도나 되는 엄청난 비율이 유효한 감옥형을 선고받은 것입니다.

만일 여러분이 이런 엄청난 비율에 대해 사실이 아닐 것이라고 생각하면서 놀라움을 금치 못한다면, 그건 필시 여러분이 정말 다행히도 형벌을 모면한 다른 사회계층에 속해있기 때문이라고 보아야 할 것입니다. 저는 어느 사회계층인가에 따라 감옥형 선고를 받은 사람들 분포가 어떻게 다르게 나타나는가에 대하여 살펴보았으며, 결국 사회계급과 감옥형 비율 사이에는 일정한 상관관계가 있음을 또 다시 확인하기에 이르렀습니다. 전체 국민의 35%를 차지하는 약자층의 경우 '5명 중 1명꼴로 즉 20% 정도'가 감옥형을 받은 것으로 나타난 반면, 전체 국민의 15%를 차지하고 있는 혜택 받은 강자층의 경우 '70명 중 1명꼴로 즉 약 1.4%'만 감옥형을 받은 것으로 나타난 것입니다. 우리가 이들 집단과 이야기를 나누어보면 결국 이들이야말로 얼핏 보기에 정말 놀라운 그 비율에 대해서조차도 실제로는 그저 막연하게만 알고 있을 따름임을 곧바로 알아볼 수 있습니다.

현재(이 책은 1982년 씌어졌음) 프랑스는 대통령 사면조치를 통하여 1만 명 이상이 석방되어 자유를 찾았습니다. 그럼에도 불구하고 대통령 사면조치 이후만 해도 3만 명 정도가 감옥형을 살고 있거나 아니면 감옥형 구형을 받은 후 최종 선고심을 기다리고 있는 중입니다. 그렇지만 억압적 사법장치 속에서 이루어지는 '순환 흐름'을 감안하여 본다면, 즉 매일매일 감옥에서 일어나는 이동 즉 입감과 출감을 고려하여 보았을 때, 1년 동안 감옥을 드나드는 사람 총 수효는 약 12만 명 정도임을 알 수 있습니다.[13)] 뿐만 아니라 형법과 형벌과 감옥 제도란 이

13) 물론 몇몇 사람들은 한 해에도 여러 번씩이나 감옥으로 되돌아오곤 하였다. 따라서 여기에서

들 죄수들 '가족들'에 대해서까지도 엄청난 충격을 가하고 있습니다. 그렇다면 도대체 일 년에 얼마나 많은 사람들이 이 형법과 형벌과 감옥 제도로 인하여 충격을 받았을까요? 그리고 십년 정도라면 대체 어느 정도로 많은 사람들이 이로부터 충격과 영향을 받게 되는 것일까요? 자, 여러분은 이렇게 많은 사람들을 끊임없이 망가뜨리는 이 조직과 제도를 남겨두길 원합니까? 그런데도 여러분은 형법과 형벌과 감옥 제도가 계속해서 이토록 수많은 사람들을 으깨어 망가뜨리도록 내버려두었으면 하고 바라고 계시는 겁니까?

29. 다른 곳에서 다른 방법으로

형법과 형벌과 감옥 제도란 손쉽게 폐지하여 없앨 수 있습니다. 이 제도의 각 구성요소를 이루는 조직 하나하나라고 하는 것들이 모두 도대체 그 어느 것에도 그 어디에도 의존하질 않고 있기 때문에 이 제도는 그냥 없애도 그야말로 일체의 개별적이거나 특이한 문제들을 일체 일으키지 않는 정말 보기 드문 '사회조직과 제도'의 한 형식인 것입니다. 요컨대 이 제도의 각 기관들 거의 대부분이 형법과 형벌과 감옥 제도 외부에서 중요 업무를 수행하고 있으며 그렇다고 외부에 생존

말하는 수치들은 단지 근사치일 따름이며 실제 상황을 말하려면 수정이 필요할 것이다. 그러나 여기서 제시한 근사치는 실태의 규모를 매우 잘 보여주고 있다. 투옥된 사람들은 전체적으로 보아 대략 18~50세인 분들이다. 프랑스에서 이 연령대에 속하는 시민들은 몇 명 정도 될까? 여기서는 그 엄청난 비율과 규모를 보여주기 위한 것이다. 전체인구의 1/4이 약간 안 되는 1천 2백만이라고 치자. 이는 18~50세 연령대에 속하는 사람들 중 100명에 1명꼴로 1년에 한 번은 감옥에 간다는 걸 뜻한다. 10대의 경우라면 대략 100명 중 10명꼴로 감옥에 가는 것이 된다. 어느 특정 시점에서 프랑스 전체인구가 몇 명 정도인지 파악할 수 있다면 네덜란드 연구결과에서 밝혀진 것보다 훨씬 더 많은 수치를 알아낼 수 있다. 예컨대 프랑스에서 그 비율은 5명 중 1명꼴이라는 비율과 규모가 될 것이다. ......

기반을 두고 있지도 않고 심지어 그러한 외부의 것들이 없어도 살아남을 수 있게끔 되어 있습니다. 하지만 경찰의 역할은 이상에서 지적한 것과는 정반대로, 고소 고발을 접수하거나 불법행위 등을 확인 조사하는데 그치질 않습니다. 주민들을 돕는 경찰의 활동과 업무는 실로 매우 다양합니다. 뿐만 아니라 경찰을 폐지하자는 주장과는 정반대로, 경찰이 현재와 같은 형법과 형벌과 감옥 제도 속에서 수행하고 있는 기능들을 없앤다면 오히려 공공의 평화를 지키는 수호자로서 경찰의 역할과 업무를 더욱 더 확대해나가게 될 것입니다. 경찰은 앞으로도 끊임없이 존경받는 이미지를 되찾고자 할 것입니다.

판사가 되었든 공공기소국(공안부, Ministère public) 소속 검사가 되었든 막론하고 이들 법조인의 경우, 대체로 똑같은 학교 출신들로 이루어져 있으며, 검찰(공공기소국)에서 법원으로 혹은 거꾸로 법원에서 검찰로 왔다 갔다 하며, 사법기관의 이 부서 저 부서들을 옮겨 다니며 근무합니다. 통상 이들은 처음 법원의 빠껫(Parquet, 검찰부) 소속의 일개 검사(공공기소자)로부터 경력을 시작하며 상당히 장기간 동안 형사부(tribunal correctionnuel)에서 근무한 다음 마지막으로 민사부에서 그 직을 마치게 됩니다. 이런 경력 쌓기란 전혀 드문 일이 아닙니다. 형사사법절차에서 공공기소자 기능을 담당해본 공공기소국 검사는 민사재판절차에 가서는 반대로 미성년자와 정신장애인 등과 같은 약자층의 이익을 지키는 입장에 서서 역할을 수행합니다. 따라서 이 양쪽을 왔다 갔다 하며 근무하는 재배치가 가능하게 되어 있습니다. 다른 무엇보다도 형사부 판사가 된다고 하는 것은 임시직 아닌 전문화 차원에서가 아니라, 지극히 단순하며 간단명료한 임명 배정에 따른 것이며, 이 직위는 결원, 희망 여부, 실적, 호봉 등에 따른 취향과 기호에 따라 다시 이뤄질 수도 있습니다. 그러므로 형법과 형벌과 감옥 제도를 폐지하여 없앤다고 해서 반드시 '민사적'이라고 간주되는 재판업무에만 전적으로 임하는 법조인들까지 망라하는 근본적인 사법제도 혁파까지 가자는 건 아닙니다. 이렇게 형사부 판사와 공공기소부 검사만 폐지한다고 하는 쪽으로 범위를 좁혀주면 필경 많은 법조인들에게 매우 크게 안도하도록 만들어줄 것이며, 그것은 동료 법조인(형사부 판사와 공공기소자 등)에 대하여 낙인을 찍거나 오명을 뒤집어씌운다고 하는 게 사실 모두에게 도움이 되질 않기 때문입니다.

의회, 행정부, 각 부처 등은 여러분도 잘 알다시피 오로지 억압적 법규를 만드는 일에만 매달리는 게 아니며, 따라서 형법과 형벌과 감옥 제도 즉 형사사법제도를 폐지하여 없다고 하더라도, 법규 입안과 집행을 다른 방식으로 해나갈 수 있도록 사고방식과 마음가짐을 전혀 새롭게 고치기만 하면 되는 것입니다.

교도소 관리와 행정이야말로 형법과 형벌과 감옥 제도의 소멸로 인하여 당연히 엄청난 타격과 충격을 받게 될 것입니다. 형벌과 형법과 감옥 제도를 폐지하여 없앤다 해도, 축소되었지만 여전히 필연적인 제도의 위기 및 지원업무 등등을 위하여 전면적인 교도소 전환 방안을 마련하도록 해야 합니다. 형법과 형벌과 감옥 제도를 폐지하여 소멸된다고 해도 일자리를 잃을 사람은 극소수에 불과한 것이라는 점은 명약관화합니다. 이와는 대조적으로, 죄수 못지않게 죄수와 거의 똑같이 감금 생활을 해야만 하는 간수 등을 포함하여 지금 감옥제도를 떠받치고 있는 사람들은 형법과 형벌과 감옥 제도가 폐지되는 날이 오면 이제 더 이상 다른 사람들을 노예로 만드는 제도에 편승하는 삶을 살 필요가 없어지게 되면서, 그야말로 그들 자신도 죄수들이 석방되어 느끼는 것과 똑같은 '자유와 해방'을 맛보게 될 것입니다.

이상과 같이 형법과 형벌과 감옥 제도를 폐지하게 된다고 해도, 지금 이 제도의 운용에 실제로 관여해온 사람들 대부분은 그래도 여전히 새로 업무를 보장받으며, 한걸음 더 나아가 윤리도덕상의 지위란 오히려 더욱 더 고양될 것입니다. 여러분, 지금 형법과 형벌과 감옥 제도가 마치 고삐 풀린 망아지처럼 통제되지 않은 채 미쳐 날뛰는 상황인데 이 말의 고삐를 잡아 어서 멈추도록 만드십시다.

30. 해방

'우리들은 형법과 형벌과 감옥 제도를 폐지하여 없애도록 해야 합니다.' 이것은 말하자면 대체 아무런 고삐도 매이지 않은 채 그리고 아무런 책임도 지지 않은 채, 직접적인 당사자들은 완전히 무시하면서 다른 시대에서나 통용된 엉뚱한 이데올로기를 부여잡은 채 그리고 허위의식에 매달린 채, 목적 그 자체가 무엇인지는 모르면서 단지 유용함도 쓸모도 전혀 없는 고통만을 초래하며 만들어내는 기계장치처럼 단시 사기관을 묶어놓고 있는 특정의 연결고리들을 깨트려버리자는 바로 그것입니다. 이러한 제도는 한낱 사회적 악습에 불과합니다. 뿐만 아니라 온갖 문제들이란 것들을 해결해야 하면서도, 그리고 실제로 이 제도 측이 해내도록 요청받고 있으면서도 이를 해결해내질 못하고 있습니다. 그런데 이제 전혀 다른 방식으로 해결하도록 해야 할 때에 다다른 것입니다.

실제로 전혀 다른 접근 방법이 있습니다. 저는 이 접근방안을 제시하며 그래서 그 장점들을 널리 알리도록 하는데 성공을 거두고 싶습니다. 그리고 제가 제시하는 방안이 여러 가지 장점들이 많은 것임을 보여주고자 합니다. 제가 의도하는 건 정말 경악을 금할 수 없는 어떤 사실과 상황을 제시하는 것과는 거리가 아주 멀며, 제가 생각하는 형법과 형벌과 감옥 제도 폐지방안은 생생하게 살아 움직이는 사회조직과 사회제도가 부흥하며 부활하도록 만드는 신호탄이 될 것입니다. 그와 동시에 그것은 첫째 어떠한 제도나 기관으로부터도 벗어나, 오늘날 형법과 형벌과 감옥 제도가 질식 상태로 몰아넣은 온갖 관계 방식들을 되살려 내도록 하는 방안에 관한 것이며, 둘째 기존하는 제도와 기관들에 대하여 자연스러운 사회과정을 뒷받침할 기회를 제공하며, 대신 그 자연스러우며 살아 움직이는 사회과정에 맞서 싸워 질식시키지 못하도록 하는 방안에 관한 것이기도 한 것입니다. 제 입장에서 보면, 형법과 형벌과 감옥 제도를 폐지하여 없앤다고 하는 것은 결국 '이러저러한 여러 가지 공동체, 여러 가지 제도, 수많은 인간 등을 다시 살려내도록 하는 일'을 뜻합니다.

2장 어떠한 자유를 지향하는가?

31. 연대

감옥의 '인간화' 운동이란 죄수들의 인간적 존엄성을 회복시켜 주기 위한 운동을 가리키며 이 운동은 일반적으로 죄수들 유형과 같은 분들에 대한 연대감에 그 뿌리를 두고 있기 마련입니다. 그런데도 이 운동이 현실적으로 제대로 진전되질 않고 있음을 확인하게 되면서 실로 큰 충격을 금할 수 없습니다. 정착하지 못한 채 물에 휩쓸리는 모래더미와도 같은 감옥제도로 인하여 많은 에너지들이 소모되어가고 있는 실정입니다. 저는 진정한 개혁추진을 위해 노력하는 사람들을 보았는데, 이들은 TV에서 불과 15분 정도에 불과한 죄수생활 실태에 대한 방영시간을 확보하기 위해여 실로 1년 동안이나 꼬박 엄청난 정열을 불태우면서 제작에 임했지만 결국에 가서는 그야말로 완전히 조롱거리 대상이 되고 만 사례를 잘 알고 있습니다.

감옥의 상황과 실태들을 바꾸며 개선하는데 있어서 진정한 변화를 이끌어내기 위해서는 그야말로 감옥의 실태를 보여주며 가보고 조사하는 것들만으로는 전혀 충분치 못한 것이라는 사실이 명확해졌습니다. 감옥이라고 하는 형사사법절차의 마지막 단계를 개선시키도록 하는데 온갖 역량을 집중하는 개혁의 접근방법은 현실적으로는 무기력한 것이 될 따름입니다. 오로지 감옥만을 바꾸고자 노력하는 것은 내부는 전혀 바뀌질 않도록 그대로 놔둔 채 뭔가 바꿔보려 하는 것으로서 마치 우물 안 개구리처럼 꽉 막힌 시각에 불과합니다. 바꾸며 개혁해야 하는 지점은 형사사법처리절차의 상류 즉 시작 지점에 초점을 맞추도록 해야 하며, 바로 그 시작지점에서야말로 죄수들을 만들어내는 선정 작업이 벌어지는 곳이기 때문입니다.

다른 한편으로 보면, 바로 이 지점에서야말로 서로 조화를 이루며 양립하기 힘들 것처럼 보이는 다른 여러 가지 연대 활동들을 벌여나가도록 해야만 합니다. 제가 보기엔 다음 네 가지 연대활동의 틀을 살려내도록 하는 일이 관건이라고 봅니다. 첫째, 유죄선고를 받은 분들과 함께 하는 연대입니다. 둘째, 피해자 분들과 함께 하는 연대입니다. 셋째, 하나의 해당 사회 속에서 살아나가고 있는 모든 분들과 함께 하는 연대입니다. 사회 구성원들이 자신들 사이에서 벌어지는 문제들에 대하여 제대로 생각하거나 분별해보지도 않은 채, 엉뚱하며 무모하게도 형법과 형벌과 감옥 제도가 상시적으로 존재해야 한다고 보는 억지는 물론이고, 허구적이며 기만적인 공포심 등으로부터도 벗어나올 수 있도록 하는 일이야말로 지극히 중요합니다. 마지막으로 넷째, 형법과 형벌과 감옥 제도 운영을 담당하는 종사자들과 함께 하는 연대입니다. 이들은 그러한 제도적 장치가 더 이상 살아남지 못하도록 작동하는 일을 멈출 수 있게 할 수만 있다면, 자신들이 그야말로 천만다행으로 구출되었다며 안도해 마지않을 것입니다.

이상과 같은 네 가지 연대 형식과 틀을 제대로 인식하여 이 일에 투신하고자 하는 사람들이라고 한다면, 천진난만하게도 단지 감옥만 개혁한다고 하는 방향성에는 전혀 만족하지 않게 될 것이며, 오로지 감옥폐지에만 매달리는 우를 범하지도 않을 것이고, 더더욱 심지어는 징역형 제도의 폐지만을 고집하는 잘못도 더 이상은 저지르지 않게 될 것입니다. 저 역시 바로 그와 같은 입장에 서있으며, 바로 그 형법과 형벌과 감옥 제도를 전면적으로 전복시키도록 하는 것이야말로 관건인 것입니다.

32. 악순환

이러저러한 사조 내지 사상 흐름 속에서는 단지 형법과 형벌과 감옥 제도의 비인간적인 참상과 악습에 한하여 이를 없애려고 노력해 오기도 하였습니다. 자유박탈형을 엄격히 제한하도록 하자는 입장을 지지하면서 이를 권고해오던 일각의 인사들은 자유박탈형 활용이 불가피한 것으로 나타나는 것처럼 보이자 그 집행에 대해서만이라도 개선을 요구하는 등 영향력을 행사하고자 여러 가지 방안들을 모색하였습니다. 이들 인사들은 형벌 특히 자유박탈형의 목적을 징벌을 통한 응징 수단이 아니라 그 대신 재교육 내지 재활교육의 수단으로 전환하도록 함으로써 형법과 형벌과 감옥 제도의 형질 변화를 꾀할 수 있다고 보았습니다. 이들은 그렇게 되면 감옥이란 일종의 재활학교가 되어 죄수들이 사회적으로 재통합하도록 대비토록 하는데 훨씬 더 나아질 것이라고 본 것입니다.

지금 활동하고 계신 휴머니즘 운동가들은 법 규정 속에 그와 같은 조항을 집어넣는 데에는 크게 성공해왔습니다. 왜냐하면 그들 덕분에 형법의 목적이 '유죄 선고를 받은 죄수의 사회적 재통합'에 있다는 점을 규정하지 않은 형법은 전무하다시피 하게 바뀔 수 있었기 때문입니다. 불행한 일은 그것은 한낱 신성하다고 해야 하는 목표일 뿐, 현실적으로는 '형법과 형벌과 감옥 제도'란 어느 곳을 막론하고 일상적으로 여전히 그 억압적인 모습을 그대로 유지하고 있을 따름입니다. 감옥이란 징벌을 통한 응징 이외의 다른 어떤 것을 의미하는 게 결코 아닙니다. 공식적인 원칙 선언과는 정반대로 감옥에서 나오는 출소자들에 대해 가해지는 오명 뒤집어씌우기와 낙인찍기란 정도의 차이가 있기는 하지만 사회적 배제 및 사회적 주변부화 등의 모습으로 여전히 명백히 자행되고 있는 것입니다.

그 다음으로, 또 다른 사조와 사상 흐름에 서있는 인사들은 형벌을 폐지하거나 배제하도록 하며, 대신 이를 의사나 교육이 개입하도록 하거나 아니면 개입 그 자체를 일체 없애도록 하든지 하자는 방안을 제시한 바 있습니다. 그러나 일체 개입을 없애도록 하자는 이 마지막 방안을 포함하여 이들의 모든 접근방법이란 것도 결국은 반드시 누군가는 '사건의 원인 제공자'로 규정하도록 해야 한다는 입장만은 계속해서 견지하고 있다는 점을 주목해야만 합니다. 이것은 마치 문제가 되는 사람에 대하여 정도의 차이는 있다고 해도 매우 포괄적이며 인간적인 방안처럼 보였습니다. 이처럼 그럴싸한 좋은 방안처럼 보이지만 그럼에도 불구하고 보통사람들은 그 사람에 대하여 계속해서 좋지 못한 유감스러운 행위에 대한 책임이 있는 사건 원인 제공자임을 알도록 하고 그렇게 바라보도록 해야 하는 상황에 빠져 있게 되고 마는 것입니다.

상황을 이제 다시 잘 살펴봅시다. 경험을 통하여 살펴보건대, 온갖 분쟁과 갈등 상황들에 대하여 사법적 해결보다는 오히려 사회적 해결 방안을 찾아내고자 하는 노력을 충분히 기울이지 않고 있음을 잘 보여주고 있습니다.[14] 뿐만 아니라 '범죄 개념'과 이 범죄 개념과 함께 '사건 원인 제공자 개념'[15] 그 자체에 대해서조차도 문제로 삼아야

---

14) 이 책의 7~9, 22, 23, 24, 25항 참조.

15) 독자들은 바로 이 지점에서 1954년부터 마르크 앙셀이 제시해오고 있는 접근방법이 거둔 논리적 성과물을 접해볼 수 있다. 재편집 출간하여 축하를 받은 바 있는 보고서에서 마르크 앙셀은 '법적 픽션'(fictions légales)이라는 개념을 제시하면서, 이로 인하여 사회적 현실을 제대로 관찰하지 못하도록 방해를 받는다고 비난하였으며, '사람'에게 직접 도달해 들어가기 위해서는 몇 가지 개념들에 대하여 '법원에서 벗어나도록'(de-juridiciser) 해야 할 필요가 있다고 주장하였다. (Marc Ancel, *La defense sociale nouvelle*, troisième édition, Paris Cujas, 1981.) 여기에서 제시된 관점은 동일한 사유과정을 훨씬 더 깊게 파 들어가고 있다. 요컨대 실제로 살아 움직이는 사

만 하는 것이라는 점을 너무도 잘 제시하여 보여주고 있습니다. 정녕 우리가 위에서 지적한 현행 형법과 형벌과 감옥 제도의 주춧돌을 치워버리거나 옮기도록 하는 걸 거부한다면, 그리고 여러분들이 당차게 나서서 금기로 되어 있는 이 부분을 깨치고 나아가질 못한다면, 여러분들이 제 아무리 좋은 의도를 가지고 있다고 한들 형법과 형벌과 감옥 제도라고 하는 게 앞으로도 무기한 계속해서 그 악순환을 거듭하게 되고 마는 저주를 결코 피할 수 없을 것입니다.

33. 말의 씀씀이

'범죄'라는 개념 그 자체를 제거하여 없애버리면, 그야말로 범죄현상이라고 부르는 것들 그리고 범죄현상이 불러일으키는 사회적 대응방식 등에 대한 글로벌 차원의 총체적인 담론을 완전히 새롭게 뒤바꾸도록 하는 수밖에 없게 됩니다.

무엇보다도 먼저 언어를 모두 바꾸어야만 합니다. 형법과 형벌과 감옥 제도의 논리의 토대를 이루고 있는 어휘체계를 거부하지 않는다면 이 제도의 논리를 뛰어넘는 길을 도저히 알아낼 수 없을 것입니다.[16] '범죄' '범죄자' '범죄행위' '범죄' 정책 등등의 단어들이란 한낱

건과 상황을 제대로 찾아내려면 형사처벌 대상이 되는 행위라는 개념을 '법원에서 벗어나도록' 즉 법적으로 다루지 않도록 하는 게 관건이라고 보고 있다.

16) 매우 명백한 사실은 용어체계를 바꾸는 것만으로는 근본적인 변화와 뒤집기를 보증하질 못할 것이라는 점이다. 심지어 말과 용어만 바꾸어 가지고서는 형식과 격식의 외피만 훨씬 더 상냥하며 친절한 쪽으로 바꿀 뿐 실상은 그와는 정반대로 여전히 낡은 현실과 낡은 관행이 지속되도록 만들어버리고 마는 현상에 맞딱뜨리고 있다. 예컨대 '감옥형'이라고 하던 것을 '재사회화의 처우를 내린다'는 것으로 바꾸고자 하였을 때 그와 같은 현상이 벌어졌다. 조금 단순화시켜 말한다면 말과 용어를 바꾸는 건 그토록 바라마지않는 변혁의 '필요' 조건이라는 점이다. 전혀 충분조건이기까지 하진 않으며 단지 필요조건일 따름인 것이다.

형법과 형벌과 감옥 제도 영역이 사용하는 방언 내지 특수 언어에 지나지 않습니다. 이 용어들은 국가형벌제도라고 하는 게 마치 선험적으로 존재한다는 식으로 그 정당성의 토대를 제공해줍니다. '범죄' 요건을 갖추고 있는 사건이란 아예 처음부터 맥락에서 단절시켜버림으로써, 개인 상호간 그리고 공동체와 사이에서 벌어지는 온갖 상호작용 네트워크에서 뽑아내 분리시켜 버리고 맙니다. 그리고는 '범죄자'로 추정되는 사람인 사건 원인 제공자에게 죄가 있다고 미리 전제를 해버립니다. 즉 이 '범죄자'란 마치 '악'의 세계에 속해 있다고 보면서 아예 미리부터 법의 보호에서 배제해버립니다.

어떤 말을 선택하여 사용하는가 하는 문제가 얼마나 중요한가에 대해서는 더 이상 입증하지 않아도 될 정도입니다. 즉 누구나 예컨대 '좋은 아주머니'가 한낱 '가정부로 고용된 여인'으로 전락하거나 아니면 '미혼여성'이 '미혼모'로 전락하면 그 사람의 사회적 신분이 내부적으로 정말 어떻게 뒤바뀌고 마는지 너무도 잘 압니다. 이와 꼭 마찬가지로 과학적이기를 요구하는 맥락에서 있는 '범죄학', '범죄' 사회학, '범죄' 과학 등과 같은 용어들조차도 형법과 형벌과 감옥 제도 측으로부터 무의식적으로나마 부당한 차별 대우를 받는 개념들로 치부되고 있는 것은 그야말로 유감스럽기 짝이 없는 실정입니다.

낙인찍기나 오명 뒤집어씌우기를 하지 않는 시각과 관점에서 생생하게 살아 움직이는 사람과 상황들에 대하여 표현할 수 있도록 하려면 전혀 새로운 말과 용어를 가져다 사용하는데 익숙해져야만 합니다. 그러므로 '범죄'라는 말 대신, '불쾌한 행동' '바람직하지 않은 행위' '연루된 자' '문제 상황' 등과 같은 말들을 사용함으로써 이미 전혀 새로운 정신구조 속으로 파고들어갈 수 있게 되는 것입니다.

이렇게 되면 사건을 전혀 분리된 상황으로 빠뜨릴 뿐만 아니라 응답의 여지를 막아버리는 장벽은 무너져 내리게 됩니다. 정서적인 측면이나 트라우마를 경험한 시각에서 보면 예컨대 '불법주거침입행위'란 한낱 일터에서 벌어진 어떤 상황 혹은 부부싸움의 상황에 불과한 것은 아닌가 하고 견줘볼 수 있게 되는 것입니다. 제도적으로 칸막이하여 꼭꼭 틀어막아 놓아온 언어상의 장벽에서 벗어나 열린 언어를 사용하게 됨으로써, 지금까지는 제대로 알지 못하거나 제대로 알기를 포기해오던 그날의 상황에 대하여 얼굴을 직접 마주 대하며 제대로 알아볼 수 있게 해줄 가능성들이 솟구쳐 올라오는 것입니다.

34. 다른 논리

새로운 언어와 용어로 바꾸었음에도 불구하고 이전의 낡은 범주와 내용을 가리키는 것이라면 그렇게 말을 바꾸는 것만으로는 충분치 않습니다. 예컨대 '바람직하지 않은 사건'이라는 용어를 쓰더라도 '범죄'라는 법적 개념과 똑같은 내용을 포함하여 가리키도록 한다면 우리들이 익히 잘 알고 있는 사회통제논리의 토대 위에 여전히 머물러 있게 됨을 미처 의식조차 하질 못하게 되는 것입니다. 여기서 말하는 '범죄'의 법적 개념이란 단 하나의 의도를 가진 행위 및 그 행위에 대해서는 단 한 명의 행위자를 지목하여 그에게 책임을 지우도록 한다고 하는 것을 가리킵니다. 바로 이때 우리들은 '형법과 형벌과 감옥 제도를 과연 무엇으로 바꾸어나갈 것인가' 하는 물음을 마주하게 되면서 '주고받기 식의 해법'을 시도하려 합니다. 하지만 이는 좋은 접근법이 될 수 없습니다. 왜냐하면 정확히 구식 틀 속에 미끄러져 들어가고 말 구조물을 다시 짓는 게 중요한 게 아니며, 오히려 중요한 것은 현실과 진실을 다른 눈으로 바라보도록 해야 하는 것이기 때문입니다.

수많은 사건들의 경우 어떤 한 행위가 범죄가 되지 않으려면 사멸해버린 형법과 형벌과 감옥 제도를 대신하여 다른 어떠한 구조도 들어서지 않도록 해야만 할 것입니다. 지난 날 역사를 돌이켜 보았을 때 줄곧 '범죄'라고 규정하여 처벌해 오다가 어느 날 형법상 처벌대상 행위에서 빼도록 한다는 입법부의 의지에 따라 더 이상 형사처벌 대상이 아니게 된 온갖 것들에 대해 생각해보도록 합시다. 플라톤이 찬양하여 노래한 바 있으며 고대 그리스에서 자유롭게 구가하던 호모섹스의 경우 근대국가 시대에 들어서서 아주 오랜 동안 형사처벌 대상으로 삼아 왔었습니다. 지금도 몇몇 나라에서는 여전히 형사처벌 대상으로 되어 있기도 합니다. 매춘은 어떻습니까? 형사처벌 한다며 아예 금지하던 시대와 혹은 지금도 그렇게 하는 나라가 있는 것으로부터 시작하여 전면적으로 자유롭게 허용하는 시대와 나라까지 실로 다양하며 부침을 거듭해 오고 있습니다. 그리고 이렇게 매춘을 허용하는 경우에도 이러저러한 온갖 행정 관리상의 통제와 규제 조건들을 부과하고 있습니다. 와인과 알코올 즉 술에 대해서도 똑같은 지적을 할 수 있습니다. 즉 지금 서구 국가들은 술에 취한 상태에서 다른 일탈 범죄를 저지르는 경우가 숱하게 많음에도 불구하고 술에 대해 이렇게 다른 범죄를 유발하는데 간접적으로조차도 형사처벌하는 문제에 대하여 도대체 아무런 관심조차 기울이지 않고 있습니다. 마약의 경우, 나라마다 대응방식이 다르다는 것은 주지의 사실입니다. 예컨대 어떤 나라는 마약 사용과 밀매 '둘 다' 형사처벌 대상으로 삼고 있는 반면, 다른 어떤 나라는 마약 '밀매'만 형사처벌하며 개개인의 마약 '사용'은 형사처벌 하지 않도록 규정하고 있습니다. 어떤 나라는 '중독성이 심한 마약이나 하드드럭 즉 강성마약'만 형사처벌하며 사람들이 '달콤하며 기분 좋은 마약'이라고 부르는 것들은 형사처벌하지 않도록 하고 있습니다.

그런데 일부 어떤 사람들은 도저히 감당할 수 없는 사회적 충격과 트라우마를 초래하는 게 필연적일 수밖에 없는 현상들에 대하여 형사처벌을 배제하도록 하는 것과 '비범죄화'라는 말만 듣고도 무서워하며 기겁을 합니다. 자, 그럼 이러저러한 어떤 행위들에 대하여 비범죄화 조치를 취하였을 때 도대체 어떠한 일들이 벌어질까요? 비범죄화 조치를 취해도 일부는 계속해서 문제를 일으킵니다. 그래서 이럴 때마다 사람들은 체포 등 억압업무를 담당하는 경찰, 형사부 판사, 감옥에 가둠 등과 같은 방식에 호소하지 않은 채 이 문제를 해결하려고 노력합니다. 예컨대 노르웨이에서 방랑 행위에 대해 비범죄화 하도록 하는 조치를 취하였을 때, 시민들은 공원에서 술 취한 사람들과 맞딱뜨려야 했으며 그러자 시민들은 나서서 노력을 경주하여 이런 부딪침을 피하기 위한 해결방안들을 찾아냈습니다. 프랑스에서는 임신중절 즉 낙태에 대해 비범죄화 하는 조치를 취하면서 국민들 특히 청소년들에게 체계적인 피임 안내와 정보를 제공해야 하며, 가족계획이라는 관념 및 아버지가 되는데 따른 책임감 등을 육성 발전시켜야 할 필요성을 절감하였으며 이를 실행에 옮기게 되었습니다. 불과 얼마 지나지 않은 과거임에도 불구하고 당시에만 해도 피임 방식과 정보 제공이라고 하는 그 자체가 피임과 똑같이 형사처벌 대상이었습니다! 피임이나 낙태라고 하는 게 과연 악의 세계에 속하는 것일까요? 다른 이러저러한 비범죄화 조치들 역시 특별히 문제를 전혀 일으키질 않고 있습니다. 어떤 다른 사람들의 비형벌화는 전혀 특별한 문제를 제기하질 않습니다. 더 이상 형사처벌 대상이 아닌 것이 되도록 벗어난 행위들을 살펴보면, 군주든 입법부든 형벌권을 쥐고 있는 주권자 측에서 시혜적으로 그렇게 형사처벌 대상에서 빼준 것이 전혀 아니며, 오히려 관련된 이해당사자들이 자유롭게 사회생활을 통하여 벌인 직접 행동들이라는 운동형식을 통하여 비로소 확보될 수 있었습니다. 이제 공공질서라는 이름으로 형법상 '마법사'라고 규정되어 있는 사람들을 불에 태워죽이지 않게 되었습니다. 이제 사람들은 심령현상을 과학적으로 연구하는 초심리학이라고 불리는 것을 믿든지 믿지 않든지 더 이상 관여하지 않기에 이르렀으며, 지금 우리가 살고 있는 시대에도 엄연히 있는 점쟁이와 '마녀' 등은 사회적으로 직업분류표에 올라 있을 정도가 되었고, 따라서 이들은 세금도 내며 신문 등에 광고와 홍보까지 하는 정도가 되었습니다. ...... 이런 부류의 사람들이 존재한다는 것과 이들이 주장하는 것에 대하여 귀를 기울이거나 기울이지 않거나 혹은 믿거나 믿지 않거나 하는 건 이젠 시민들 각자의 판단에 내맡겨지게 된 것입니다.

끝으로 이러저러한 몇몇 경우를 보면 비범죄화 조치라고 하는 게 개인과 단체와 공동체의 해방뿐만 아니라 전면적인 사회개혁과 재편 즉 사회생활의 일대 쇄신과 건강함의 회복을 이루는 게 명약관화함을 볼 수 있습니다. 예컨대 스페인의 경우 지난 40여 년 동안, 집회, 결사, 관변 이데올로기와 반대되는 의견의 표명 등등의 행위에 대해 범죄로 규정하여 형사처벌 대상으로 삼아왔습니다. 그러다가 프랑코 총통이 사망한 이후에야 비로소, 이런 행위들을 형사처벌 대상에서 빼기로 하는 법안이 통과되었으며, 이는 민주주의의 일대 승리로 크게 환영을 받았습니다.

지금 우리가 사는 이 시대에도 여러 나라에서 국가가 형법을 개정하여 개인의 자유 영역으로 되돌려줄 수 있는 게 어떤 게 있는지 조사하기 위하여 정부위원회를 구성 운영하고 있습니다. 하지만 통상적으로 각국은 그렇게 하는 걸 매우 주저주저하면서 실행에 옮기질 않고 있습니다. 그리고 이 위원회도 예컨대 정부위원들이 속해 있는 바로 그 사회계층에게 직결되는 행위에 대해서 비범죄화하도록 심의할 때에나 중요한 개정 조치를 쉽사리 이끌어낼 따름입니다. 바로 이런 방식으로 이러저러한 몇몇 성생활 행위 영역에 대한 비범죄화 조치가 이루어지기에 이르렀던 것입니다. 그와 같은 비범죄화 조치가 취해지지 않은 다른 영역의 경우를 보면, 그 현상에 대하여 다른 제도적 통제방식으로 대체할 수 있는가에 대하여 확신이 서지 않으면 비범죄화 조치를 취하는데 지극히 주저하면서 전혀 움직이질 않습니다.

이러한 태도는 제가 여기에서 뒷받침하며 줄곧 견지해온 이해방식과 인식태도 그리고 실제 경험과 실천 등과는 명백히 정면으로 배치됩니다. 말 그대로 형법과 형벌과 감옥 제도 속에서 형법조문들이 위력을 발휘하도록 함으로써 하나의 국가형법 안으로 끌어들여 범죄로 규정하는 것 즉 범죄화하도록 하자는 건 결국 '중앙집권화 및 제도화'를 기하고 싶다는 것과 같습니다. 중앙집권에서 벗어나 지방분권으로 가야한다는 탈중앙집권화(décentralisation)정책 및 제도화에서 벗어나자는 탈제도화(désinstitutionnalisation) 정책을 추진하며 그러한 방안을 주장하는 분들 입장에서 보면, 그건 형식과 격식에 전혀 얽매이지 않으면서 전혀 중앙집권적이지도 않은 사회규제절차 혹은 형식과 격식에 훨씬 덜 얽매이면서 훨씬 덜 중앙집권적인 사회규제절차

쪽에 대하여 정말 커다란 신뢰를 줄 수 있을 때에 가서만 비로소 동력을 얻어 살아날 수 있습니다. 그래서 비범죄화를 망설이거나 비범죄화에 대하여 하지 않으려고 저항하는 것은 도저히 이해하기 힘든 일입니다. 더더군다나 만일 '민사' 사법제도가 그러한 영역에 대한 심리를 맡더라도 아주 좋은 성과를 내며 잘 적응을 할 수 있다면서, 민사사법이 형사사법 기능과 역할을 맡기 위한 판촉활동 기회를 포착하기 위하여 호시탐탐 때를 노리고 있는 실정입니다.[17)]

35. 5명의 학생들

어떤 한 가지 사안에 대하여 '범죄' 혹은 '일탈범죄'라고 부르는 것은, 실제로 어떤 일이 벌어졌는가를 제대로 이해하며, 여기에 제대로 대응하도록 추스르도록 하는 것을 아주 크게 가로막고 나서는 일이 되고 맙니다. 만일 사회결사체나 국가가 형법과 형벌과 감옥 제도를 통하여 온갖 사건들에 대하여 바로 그 환원론적인 추상적 차원의 쇠창살(준거틀)을 적용하지 않고 그 대신 개개인들로부터 출발하는 형태인 자연 그대로의 쇠창살을 적용한다면, 서로 다른 유형들로 나뉘는 온갖 반응과 대응 모습들이 정교하게 만들어져 나올 것입니다.

우화를 들어 설명하면 이 점을 훨씬 더 잘 이해할 수 있습니다.

학생들이 다섯 명이서 함께 모여 살고 있습니다. 어떤 특정한 순

17) 이토록 방대한 주제와 문제에 대하여 그 진행 상황을 이 책에서는 제대로 다루질 못하였다. 이에 대해서는 다음과 같은 유럽이사회 보고서에서 자세히 다루고 있으니 참고하기 바란다. 유럽이사회(EC) 산하 유럽범죄문제대책위원회, 『비범죄화 보고서』(Comité européen pour les problèmes criminels, *Rapport sur la décriminalisation*, Strasbourg, 1980.) 지금 이 책에서 말씀드리는 여러 가지 비범죄화 개념들이 이 보고서에서 깊이 있게 다루고 있으며, 진보적 비범죄화를 실행하기 위한 현실주의적인 전략들도 이 보고서에 나름대로 잘 제시하고 있다.

간, 그들 중 한 학생인 1번 학생이 TV 수상기에 달려들어 산산조각 나도록 부수어 버립니다. 뿐만 아니라 접시도 몇 개 깨뜨렸습니다. 자, 이제 함께 사는 동료 학생과 친구들은 어떻게 대응하게 될까요? 그 누구도 만족하지 않으며 오히려 불만으로 가득 차 있게 될 건 당연지사이지요. 각자 자기 식대로 사건을 뜯어보고 분석해보면서 여러 가지 다양한 입장과 태도를 보일 겁니다. 극도로 격앙한 2번 학생의 경우 더 이상 1번 학생과 같이 살고 싶지 않다고 선언하면서 1번 학생을 내쫓아버리자고 요구합니다. 3번 학생은 "부순 1번 학생에게 자신의 돈으로 TV 수상기와 접시를 새로 사들이도록 하기만 하면 돼." 하고 공언합니다. 4번 학생은 방금 전 일어난 일에 대해 아주 큰 충격을 받고 울부짖으며 다음과 같이 말합니다. "1번 학생은 아픈 게 틀림없어. 병원에 가보아야 해. 가서 정신과 의사에게 치료를 받아보아야만 해. 등등 ......" 마지막으로 5번 학생은 다음과 같이 낮은 목소리로 속삭이듯 말합니다. "우린 서로 아주 잘 지내왔다고들 생각하지. 하지만 우리 5명이 함께 살아오는데 다른 뭔가가 작용하여 1번 학생에게 그런 행동을 하게 만든 건지도 모르잖아. ...... 우리들 모두가 심리검사를 받아보도록 하자꾸나."

이 사례를 보면 어떤 일이 발생했을 때 어느 한 사람 탓이라고 보면서 생기는 대응과 반응 형태들에 대한 경우의 수가 모두 망라되어 나타남을 잘 알 수 있습니다. 즉 형사처벌 모델, 배상 모델, 치료 모델 중재 모델, ... 등이 나옵니다.[18] 만일 직접 연루되어 있는 사람들에게

18) 독자 여러분은 이미 이 책의 26항에서 어떤 '사건'에 대하여 정확한 사람을 가려내기란 지극히 드문 사례에서만 가능하다는 점을 접한 바 있다. 우리는 이 점에 대하여 자연적 준거틀이나 초자연적 준거틀, 그게 아니면 개인 아닌 사회구조 탓으로 돌리는 사회적 준거틀 등과 관련지어 해석한 바 있다.

그들 분쟁과 갈등에 대한 통제를 하도록 내맡긴다면, 이들은 형사처벌 모델과 같은 대응조치 외에도 흔히는 의료조치모델, 교육조치모델, 심리치료모델, 보상이나 원상복구모델 등과 같은 다른 사회통제모델도 함께 적용할 수 있는지에 대해서도 함께 모색하여 어느 방식인가를 결정하려들 것입니다.

어떤 사안에 대해 '범죄'라고 부르는 것은 아예 처음부터 있을 수 있는 그와 같은 다른 모든 쇠창살들의 적용 가능성을 배제한다고 선언하는 것이나 다름없습니다. 요컨대 스스로 '사회결사체와 국가 차원의 쇠창살'(la grille socio-étatique)인 형사처벌 모델에만 국한하겠다는 것입니다. 이 형사처벌 모델이란 말하자면 법원의 사유구조 즉 법적 마인드가 지배하는 세계를 가리키며, 이는 현실과 진실로부터는 아예 뿌리가 뽑힌 채 운영되는 아주 경직된 관료주의 구조로 틀 지워져 있습니다. 어느 한 사안에 대해 '범죄'라고 부르는 것은 아예 처음부터 스스로 모든 창을 닫아버린 채 관료주의 형사사법모델이라고 하는 아무런 소득도 거둘 수 없는 바로 이 불모지에서 뭔가 해보겠다는 실로 무모하기 짝이 없음을 드러내는 것에 불과합니다.

저는 범죄란 것도 존재하지 않으며 일탈 범죄란 것도 존재하지 않고, 단지 '문제 상황'이 있을 따름이라고 봅니다. 그런데 이 문제 상황 속에 직접적으로 연루되어 있는 사람들 바깥으로 나가 버리고 마는 자세 가지고서는 이 문제 상황을 인간적으로 매듭을 풀어내 해결하기란 도저히 불가능한 노릇입니다.

36. 중대함의 문제

어느 한 사안의 '중대함'의 정도가 어떠한가 하는 것이 곧 사회적 대응 양식을 정하는데 있어서 그리 좋은 양질의 기준이 되지는 않습니다. 여러분이 살아온 삶의 경험들에 대하여 성찰해보도록 하십시오. 형사처벌 요구라는 대응조치가 어려운 상황을 힘으로 훨씬 더 잘 시정할 수 있게 해주는 것은 아니라는 점을 여러분은 너무도 잘 아실 겁니다. 여러분은 처벌 이외의 대응과 반응을 통해서야말로 어려운 상황을 오히려 가장 잘 해결하는 게 불가피하지 않음을 아주 잘 알고 있습니다. 다음과 같은 예를 보면 이 점을 아주 잘 보여줄 것입니다.

어느 한 가정에서 확고한 규율 정신이 지배합니다. 특별히 식구들은 누구든지 식사시간만은 제 시간을 지키도록 하고 있습니다. 자, 그런데 나이 어린 한 식구가 늘 식사시간에 늦습니다. 이에 대하여 다른 식구들은 어떻게 반응할까요? 처음엔 처벌방식을 들이댑니다. 즉 그 아이에게 용돈을 안 줍니다. 그리고 식사시간에 늦게 오면 밥도 굶깁니다. ...... 하지만 이런 벌에 진력이 나고 맥이 빠져버린 이 아이가 가출하고 마는 일이 벌어집니다. 다른 곳에 가서 살고 싶어 합니다. 그럼 이 아이에게는 어떤 일이 생기게 될까요? 이제 여러 식구들은 대응 '모델'을 바꿔봅니다. 식구들은 '실효성이 없어진' 처벌모델을 더 이상 쓰질 않게 되었으며 대신 치료모델이나 중재모델을 쓰기에 이릅니다. ...... 사람들은 일상생활 속에서 어떤 중대한 일이 벌어졌을 때 처벌모델이 실효성이 없다는 점을 너무도 자주 목격하며 깨닫게 됩니다. 상황이 아무리 '중대'하다고 해도 그 중대한 상황에 대하여 달리 성격규정을 해야 하며 그래서 다른 형태의 대응 조치를 강구해야만 하도록 몰아가는 것입니다.

자유로운 상황에서라면 가능한 것들이라고 할지라도 형사사법 절차 내부로 빠져들게 되면 더 이상 가능하지 않게 되고 맙니다. 만약 누군가 형법과 형벌과 감옥 제도 속에 빠진다면 더 이상 대응모델을 다른 것으로 바꿔볼 도리가 없어지고 맙니다. 그럼에도 불구하고 형사사법의 담론은 중대함의 정도라는 개념을 '접목시키고 있습니다.' '마치 아주 중대한 사건의 경우 형사처리 하지 않으면 안 된다고 믿습니다.' 하지만 제 생각은 그와는 전혀 다릅니다.

자, 무엇보다 먼저 '중대함'이란 무엇을 가리킵니까? 이 용어 속에는 이질적인 요소들이 마구 뒤섞여 있으며 그래서 사회적 현실의 관점에서 실제로 사용할 만한 기준이 되는 것을 저지당할 수밖에 없게끔 되어 있습니다. 그중 일부 어떤 요소들은 사고 원인 제공자와는 전혀 무관한 외부 요인에 불과합니다. 예컨대 피해나 부상 정도가 심하게 발생했을 때에 그 행위가 중대하다고 말하기 마련입니다. 그와는 정반대로 '중대함'에 함축되어 있는 또 다른 요소들을 살펴보면 행위자의 내면적 삶의 문제 즉 피해를 입히려는 의도나 죄를 지으려는 의도가 있었는가 등을 문제 삼고 있음을 알 수 있습니다. 이처럼 서로 공통점이 전혀 없는 요소들을 함께 뒤섞어놓고서도 사건의 원인 제공자를 상대로 하여 도대체 취할 수 있는 어떤 조치를 찾아내겠다고 하는 것일까요? 한걸음 더 나아가 중대함을 이룬다는 이 요소나 저 요소나를 막론하고 그리고 피해를 입히려는 의도나 실제로 초래된 피해가 어느 정도인가를 막론하고 그 자체로서는 그 어느 것도, 결정권자가 이해당사자들에게 유익한 쪽으로 상황을 인식한다는 최소한의 신호조차도 보여주진 못하는 것이라는 점에 주목해야만 합니다.

형법과 형벌과 감옥 제도라는 회전무대를 이루고 있는 행위의 중대함이라고 하는 게, 그 행위에 대한 대응 조치를 결정하도록 하는 일들을 당장 중단하도록 해야 합니다. 중대한 정도라는 이 개념의 덫에 빠지지 않도록 할 수 있을 때에 가서야만 비로소, 훨씬 더 만족스러운 성과를 가져다주는 다른 사회적 대응 모델들이 제대로 적용될 수 있는 것입니다.

37. 독해의 쇠창살*

모든 사건들에 있어서 사건에 연루된 사람 본인들에게 그 분쟁과 갈등에 대한 통제권을 되돌려주도록 함으로써 그들 자신이 사건을 장악하도록 해주어야 합니다. 연루된 사람들이 바람직하지 않은 그 행위 및 자신들의 실제 이해관계에 대해 내놓는 분석이야말로 필경 해당 사안의 해결책을 찾아내기 위한 출발점이 될 수밖에 없을 것입니다. 이들은 언제나 반드시 서로 얼굴을 마주 대하며 일 처리를 할 수 있어야만 합니다. 왜냐하면 서로 설명과 해명을 하도록 하며 직접 겪으며 살아 있는 경험들을 주고받도록 하고 한걸음 더 나아가 필요한 경우 정서상 그리고 심리적으로 연루된 사람과 아주 가까운 사람을 동석시키기도 해야 하는 것 등등이야말로 향후 현실적으로 그리고 제대로 얼굴을 마주보며 해결책을 이끌어내도록 하는데 있어서 결정적인 것이 됩니다.

어떤 한 분쟁과 갈등 상황을 해결해내도록 하는데 있어서 훨씬 더 적합한 쇠창살이 과연 어떠한 것인가에 대해서는 누구도 미리 말

* grilles de lecture : '준거틀,' '프리즘', '제 눈에 안경' 등으로 이해하면 된다.

을 할 수가 없습니다. 뿐만 아니라 법이라고 하는 것은 항상 획일적 평가와 대응 조치의 쇠창살을 강요함으로써 법의 쇠창살이라고 하는 게 마치 해당 상황에 대하여 자동적으로 적용되어야만 하는 것처럼 몰아가고자 합니다. 따라서 쇠창살을 결정하는 일은 항상 케이스바이케이스로서 개별 사안에 따를 수밖에 없습니다.

어떤 쇠창살을 적용해야 하는가는 필연적으로 문제 상황의 특성에 따라 그리고 관련 당사자에 따라 달라지기 마련이며, 따라서 모든 문제 상황들은 각각 저마다의 독특한 쇠창살을 적용해야만 하는 것이라는 점에 유의해야 합니다. 뿐만 아니라 쇠창살은 문제의 짐이 얼마나 무거운가에 따라서도 바뀌기 마련입니다. 이웃집 가게에서 프런트를 맡고 있는 점원으로 일하는 아들이 횡령이나 유용 행위를 저질렀다면 그의 아버지는 이웃에게 피해를 입힌 아들의 행위에 대해 크게 꾸짖으며 벌을 주도록 해야 할 것입니다. 그러나 만일 그와 같이 피해를 주는 행위들이 어느 한 동네나 어느 한 거리에서 상습적으로 일어난다고 하면 그리고 이것이 전체 청소년 집단에서 상습적으로 벌이는 사안이라고 한다면, 동네 이장 혹은 해당 도시나 공동체 시장은 문제가 전반적으로 널리 퍼져 있다는 점을 지적하면서 논리적으로 무엇보다도 먼저 이와 같은 사건을 조장하는 요인은 무엇인가를 찾아내 그런 행위를 저지르도록 영향을 미치는 자나 요인들에 대해여 대응조치를 취하도록 하기 위하여 모든 노력을 경주하게 될 것입니다. 청소년들을 개별적으로 붙잡아 어떻게 조치하려 하진 않게 됩니다. 예컨대 청소년 집단의 중심인물이 있는지 있으면 누구인지 그리고 어떠한 수단을 동원하였는지에 대하여 캐묻게 됩니다. 그리고 이장이나 시장은 청소년 집단이 그 거리나 동네에서 저지르는 문제들에 대한 해결책을 내놓고자 할 것입니다.

따라서 사안이 아무리 동일한 것이라고 해도 연루된 사람들이나 집단에 따라 서로 다른 모습과 방식으로 인식 내지는 파악하게 되는 것입니다. 어떠한 쇠창살을 선택하는가 하는 것은 어느 한 문제 상황에 대하여 판단을 내리고자 하는 개개인의 입장이 무엇인가에 따라 달라집니다. 누군가가 제 집에 문을 부수고 침입했다고 칩시다. 저는 어떻게 대응하게 될까요? 저는 다음과 같은 방향을 선택합니다. 만일 제가 이 일을 경찰을 통해 해결하기로 결심하고 경찰에 이 일을 가지고가면 경찰은 다시 어떻게 처리해야 할 것인가 하는 방향을 두고 선택을 해야만 합니다. 동네나 공동체나 도시 입장, 아니면 시의원 같은 입법자 입장 등등에 따라 동일한 행위에 대해서도 각기 다른 선택을 하게 되는 것입니다. 따라서 확실한 것은 '범죄'라고 규정하여 처리하려는 선택방안이란 어떤 소득이나 성과나 결실을 거둘 수 있는 게 결코 아니라는 점, 바로 그것입니다.

38. 아주 건강하다?

어떤 사건 어떠한 사안이 발생한다 하더라도 맨 처음부터 그 중 어떤 문제인가는 결코 해결되지 못할 수도 있음을 인정하며 또 그렇게 인식하는 것으로부터 출발하도록 해야 합니다.

많은 사람들이 '보통'의 삶과 생활이란 게 아무런 문제도 없는 삶과 생활을 가리킨다고 생각하기 십상입니다. 의사 말이나 의학만 따르면 도대체 누구도 결코 병에 걸리지 않아야 한다고 생각하기 쉽습니다. 치아가 아프거나 맹장염에 걸리면 얼마나 운이 나쁜가 그리고 시간을 빼앗겨 얼마나 참을 수 없겠는가! 하지만 살아나간다고 하는 건 정확히 말해 항상 온갖 어려움에 맞서야 하게끔 되어 있으며 그런 어려움들을 받아들이는 법을 배워나가야 하는 게 당연하지 않겠습니까? 저는 소아마비를 앓았던 적이 있는 어느 한 젊은 여성을 잘 알고 있습니다. 이 젊은 여성은 소아마비로 인하여 움직이지도 못하여 재활교육을 받던 그 시절을 또렷이 기억하고 있습니다. 그 시절은 그녀 자신에겐 놀라움을 금할 수 없는 변화의 샘이며, 당시 시련을 겪으면서 지금과 같은 '그녀 자신'으로 성장하게 되었다고 기억하고 있다고 합니다. 사회나 사회적 틀을 따라 살아나가려고 하면, 마찬가지로 사회 속에서 사회를 이루어나가며 살아나가야 하는 인간의 통상적인 조건인 바로 분쟁 및 갈등과 잘 타협하며 조화를 이루어나가는 법을 익혀나가도록 해야 하는 것입니다.

모든 사회생활은 곧 온갖 서로 다르며 그리고 매우 다양한 온갖 정신자세와 이해관계와 시각과 관점 등이 늘 부딪치는 것으로 점철될 수밖에 없습니다. 어느 누구 하나도 서로 똑같질 않으며 온갖 상황들이 모두 각각 하나도 동일하질 않습니다. 어느 한 가지 합의의 일치란 반드시 어느 한쪽이 상대방과 차이가 난다고 하는 점을 인정하고 이를 받아들였기 때문에 가능해진 결과일 따름입니다. 합의와 일치란 긴장 속에서 살아나가도록 하는 것을 가리킵니다. 긴장이란 불가피한 것입니다. 그래야만 어떤 소득이나 성과나 결과가 있게 되는 것입니다. ...... 긴장상태는 억지로라도 늘 만나거나 마주 부딪치도록 해야 하며 서로 얼굴을 마주 해야 하고 또한 서로 대화를 나누도록 하게 만듭니다. 긴장상태란 각자에게 모두 자신 나름대로의 정체성을 찾아낼 수 있도록 자극해줍니다. 완벽한 조화나 만장일치란 오로지 겉모습으로만 가능한 것일 따름이며, 통상적으로 그것은 전체주의가 위력을 발휘하여 낳은 산물에 불과합니다.

긴장상황을 없애지 마십시오. 그리고 차이점이 있는 것도 없애려 하지 마십시오. 오히려 우리들은 긴장상황과 차이점이 있음을 인정하며 또한 어느 정도 이를 끌어안고 살아나가는 법을 배우도록 해야 합니다. 정치권력 측에서는 다음과 같이 말하고 싶어 합니다. 즉 '비범죄화 하며, 잠재적인 분쟁과 갈등을 견뎌내며 참아내기 위하여 스스로 단련하도록 합시다.' 라고 말입니다. 하지만 온갖 고통스러운 사건과 온갖 불쾌한 일이나 얼굴을 마주치는 것을 피하도록 하는데 성공할 수 있다고 생각해서는 안 됩니다. 국가의 형법과 형벌과 감옥 제도는 도대체 온갖 상황에 대해 전혀 장악하여 통제를 하질 못하며 따라서 이 국가 제도와 맞서서, 오히려 위에서 지적한 접근 방법을 따르도록 하는 것이야말로 훨씬 더 커다란 가능성을 제공해준다는 건 명약관화한 사실입니다.

39. 훨씬 더 나은 선택

여러 가지 사안들에서 형법과 형벌과 감옥 제도가 실종되고 마는 상태가 되는 것이야말로 오히려 사회적 조직의 소통을 훨씬 더 잘 살려내 문제와 사건 해결에 결정적인 도움을 주기도 합니다. 즉 형법과 형벌과 감옥 제도라는 준거틀이 실종되었을 때 진짜 문제의 본모습을 마주 대하기가 훨씬 더 용이해지는 경우가 다반사로 나타납니다.

네덜란드 로테르담의 어느 한 지역에는 전통적으로 줄곧 매춘업소들이 밀집하여 유명해진 거리가 있습니다. 그런데 섹스클럽이라고 하는 훨씬 더 현대화된 매춘업소가 등장하여 이 지역의 외부 모습을 크게 뒤바꾸어놓고 맙니다. 즉 야간에 외부에서 엄청난 손님들이 몰려들었으며 숙박업소 객실을 구하는 게 마치 하늘에 별 따기 만큼이나 어려운 일이 되고 마는 등등의 문제들이 생겨났습니다. 그러자 전통적인 매춘업소 모습에 적응하여 익숙해있던 지역주민들은 섹스클럽 업소들을 도저히 받아들일 수 없다고 평가하였습니다. 마침내 이들은 논란을 폭발시켜 싸움이 붙기에 이르렀습니다. 그러자 새로운 매춘업소 운영자들은 금세 판촉을 위해 '고릴라 같이 생긴 깡패들'을 끌어들여 업소를 운영하도록 하였습니다. 그러자 지역주민들은 자신들의 주거권 등과 같은 토착적 권리가 직접적으로 위협 및 침해당하고 있다고 보았으며, 즉각 이에 대응에 나서기로 작정합니다.

자, 당시 진행상황을 봅시다. 당시 제대로 사태를 풀어가도록 하는데 주도적인 역할을 것은 형법과 형벌과 감옥 제도 측은 전혀 아니었습니다. 그 역할을 한 것은 곧 바로 그 이해당사자들 중 한 쪽 편에서 취한 조치였던 것입니다. 당시 사태에 관련되어 있는 지역주민들 대표가 나서서 해당 타운의 지방의회에 대해 문제를 정식으로 제기한 것입니다. 그러자 타운 집행부 측은 바로 이런 지역주민들 압력에 따라 다음과 같은 두 가지 조치를 취하기에 이릅니다. 첫째 타운 집행부 측은 행정법규 규정을 존중하도록 하면서 대중업소를 운영하려면 허가를 받도록 요구하였으며, 그러나 섹스클럽 라이선스는 허가하지 않기로 합니다. 둘째 타운 집행부는 경찰을 현장에 투입하도록 하여 '고릴라 같이 생긴 깡패들'의 위협적인 활동을 하지 못하도록 하였으며, 또한 수시로 경찰을 투입하여 불법적인 섹스클럽 측이 돈벌이를 하지 못하도록 함으로써 행정법규 준수를 보장하도록 하였습니다. 이처럼 두 가지 전술을 펼칠 뿐만 아니라 이와 병행하여 해당 주거지역의 리노베이션 사업을 벌이기로 하는 정치적 방침을 실행에 옮기게 된 덕분에 몇 년 안에 이 매춘업소 문제가 현실적으로 잘 해결되기에 이르렀습니다. 이상에 보는 것처럼 형법과 형벌과 감옥 제도는 전혀 개입하지 않았으며, 만일 개입하더라도 도대체 아무런 도움도 되지 못했을 것이라는 점은 자명합니다.

40. 대안구조

비범죄화란 곧 사회적 현실을 감안하여 형법과 형벌과 감옥 제도 측으로부터 개입을 하지 않도록 하는 것을 가리킵니다. 이는 정치권력 측의 명확한 의지에 따라 이루어질 수 있습니다. 예컨대 네덜란드에서 1976년 법에 따라 삼 즉 대마초 사용에 대하여 형사처벌을 하지 않도록 함으로써 삼을 '사실상' 비범죄화 하는 조치로 귀착되었습니다.[19]

그러나 이상과 같은 비범죄화라고 하는 게 경험적 측면에서도 실행될 수 있었던 것은 형법과 형벌과 감옥 제도에 호소하여 해결하도록 하는 게 아무런 쓸모도 도움도 되지 않도록 만든 구조가 '구비'된 덕분에 가능하였습니다. 이는 네덜란드에서 새롭게 아동학대 분야에서도 가능해진 제도입니다. 네덜란드에서는 법적으로 '구타상해죄' 규정이 존재하기는 해도 오늘날 이 사건은 전혀 네덜란드 형법과 형벌과 감옥 제도의 형사처리절차에서는 더 이상 사건으로 다뤄지질 않게 되

19) 삼 사용에 대해서는 형사처벌하지 않도록 하였으며, 설령 벌금을 물리더라도 형사상 벌금형 아닌 단순 과태료 형태로 물리는데 그치도록 하였다.

었습니다. 네덜란드의 모든 지방자치단체에는 '비밀을 지키는 신임하는 의사'를 한 명 씩 지정해두고 있으며, 예컨대 가정의사가 구타상해죄 성격을 갖는 문제로 의심되는 사안이 있을 때마다 바로 이 '비밀을 지키는 신임하는 의사'에게 가서 진찰을 받아보게 하게끔 규정하고 있습니다. 모든 사람들이 이젠 무엇보다도 우선적으로 바로 이 '비밀을 지키는 신임하는 의사'로부터 검사와 감사를 받아보도록 하는 제도를 숙지하고 있으며, 네덜란드 경찰조차도 통상적으로 이 제도를 잘 활용하고 있게 된 것입니다.[20)]

이 '비밀을 지키는 신임하는 의사'는 독자적으로 사회복지사 팀을 운영하도록 되어 있으며, 이 팀은 해당 상황에 대하여 각종 정보를 기록 정리하게 되어 있습니다. 물론 이때 일처리방식은 해당 가족에 대해 낙인찍기와 오명 뒤집어씌우기를 초래하는 전통적인 경찰 신문과 수사 방식과 같은 것이 아닌, 매우 사려 깊으며 언행에 있어서도 신중한 방식으로 진행하도록 되어 있습니다. 사회복지사 팀은 진찰 대상자에 관하여 이해당사자들과 대화를 나누며, 가능하면 기존하는 지방자치단체 복지업무 담당부서와도 대화를 나눕니다. 하지만 이들과 상설적인 협력관계를 구축하진 않도록 하고 있습니다. 왜냐하면 이들 비밀을 지키는 신임하는 의사와 이해당사자와 지방자치체 복지업무 담당부서 등의 대화는 단지 그때그때 위기 상황에 대응하는 수준에 머무는 관계일 따름이기 때문입니다. 사회복지사는 각종 정보, 심리 측면의 각종 지원, 물질적 지원 등을 통하여 상황을 개선해나가도록 온

20) 네덜란드가 '비밀을 지키는 신임하는 의사' 제도를 시행하게 되자, 형법과 형벌과 감옥 제도 측은 복잡하기 이를 데 없는 글로벌한 상황에 잘 적응하면서 개입할 역량을 제대로 갖추고 있질 못하기 때문에 형사처벌 대상 사건으로 끌어들이는 일이 점점 더 지극히 드문 일이 되고 말았다.

갖 유의를 다 기울입니다. 뿐만 아니라 사회복지사는 소년법원판사 측에 대하여 해당 아동을 가족의 품에서 떼어내 아동보호시설에 맡겨주도록 하는 대담한 요청을 할 수도 있습니다. 하지만 이 마지막 형태는 최종적인 수단으로서만 의뢰할 수 있을 따름이며 실제로 활용되는 경우란 지극히 드뭅니다.

이상과 같은 상황에서 보듯이, 형법과 형벌과 감옥 제도 측의 개입과 작용이란 실로 전혀 실효성도 없으면서 결코 회복할 수 없는 비극만을 초래할 따름입니다. 이런 상황에서 다른 다양한 접근방안들을 도입하여 운영하도록 함으로써 어떤 하나의 올바른 '해결책'과 나아가 '인간적'인 해결책을 이끌어내는 단초를 제공할 수 있는 것입니다.

41. 폭력은 어떻게 하나?

저는 다음과 같은 말씀들에 대하여 언급하고 싶습니다. 즉 '형법과 형벌과 감옥 제도를 없애도록 해라. 그러면 범죄자들이 극성을 부리며 활개 치고 다닐 테니!' 하는 말씀들입니다. 온갖 이런 생각이나 논리나 성찰들에 대하여 다음과 같이 두 가지로 말씀드리도록 하겠습니다.

첫째 실례를 들어 말씀드립니다. 위와 같은 논리는 우리들이 실제로 겪는 온갖 문제 상황들에 대하여, 이를 완전 축소하여 범죄라고 하는 지극히 미미한 부분만을 그 영역이라고 국한시키고 마는 우를 범하고 있습니다. 예컨대 단지 살인, 노상폭력, 주거침입 강절도 등을 떠올릴 따름입니다. 하지만 이들 사안은 비교적 극소수에 불과합니다. 매우 근접한 수치이나마 1980년 파리 지역에서 일어난 1,380건에 달하는 '현행범' 실태에 대해 분석 평가해보도록 합시다. 폭력절도 즉 강절도 0.82%, 단순 강절도 0.55%, 주거침입 강절도 0.55%, 주거침입 0.27%, 대인공격폭행 2.75%, 경찰 등에 대한 구타상해 0.06% 등으로 나타나고 있습니다. 이상을 모두 합쳐보더라도 5% 정도에 불과합니다. 한걸음 더 나아가 중요연구를 보더라도 1900년 이후 프랑스 전체 살인 사건 수의 절대치가 매년 5백여 건 내외인 정도로 큰 변화 없이 고정적으로 나타나고 있습니다. 1900년 이후 전체 인구가 크게 증가하였음을 감안하여 보면 살인 사건 수는 오히려 그만큼 줄어든 것이라고 보아야 합니다. 경찰이 처리한 전체 사건 수와 관련지어 보면[21] 살인 건수 비율은 1977년 0.09%에 지나지 않습니다.[22] 따라서 지금처럼 형법과 형벌과 감옥 제도라고 하는 것이 단지 위에서 인용한 범죄 건들만 처리하고 있는 것을 가지고서, 전체 모든 문제들의 총화를 처리해나가고 있는 양 하는 것은 천부당만부당하다고 보아야 합니다.

둘째 형법과 형벌과 감옥 제도를 폐지하면 마치 엄청난 폭력 사태가 난무하는 상황으로 치닫게 될 것이라고 말하는 것은, 한편으로는 형법과 형벌과 감옥 제도라고 하는 게 그와 같은 위험을 실효성 있게 막아주며, 다른 한편으로는 그와 동시에 형법과 형벌과 감옥 제도야말로 그와 같은 위험을 막아줄 역량을 갖춘 유일한 메커니즘이라고 하는 두 가지 측면이 마치 입증된 사실인 것처럼 미리부터 가정하여 전제하는 오류를 범한 것에 지나지 않습니다. 하지만 잘 아시는 것처

21) 동일한 하나의 살인 사건이 여러 차례 셈해졌을 가능성을 유심히 관찰해 보아야 한다. 경찰통계의 문제점에 대해서는 이 책의 42항 참조.

22) 프랑스에서는 미수사건도 기수사건과 마찬가지로 셈해진다는 점을 유념해야 한다. 따라서 살인미수 사건 역시 이 수치에 포함되어 있는 것이다.

럼 지금까지 그 누구도 그와 같은 두 가지 가정이 맞다는 점을 과학적으로 전혀 입증해내질 못했습니다. 오히려 그야말로 세상 사람들 모두가 형법과 형벌과 감옥 제도가 실제로 존재하며 그리고 아무리 실효성 있게 운영된다 해도, 살인도 노상강도도 절도도 결코 막아내질 못한다는 점은 명백히 확인 검증할 수 있는 실정입니다.

형법과 형벌과 감옥 제도 측에서 직접 바로 그 '범죄'와 '범죄' 개념을 없애기를 기다리거나 기대한다는 것은 실로 부질없는 노릇입니다.[23] 통계전문가들의 열정적인 분석에 따르면 한편으로 어떤 주어진 맥락 속에서 발생하는 '폭력' 사건의 빈도와 강력한 정도라고 하는 것과 다른 한편으로 형법과 형벌과 감옥 제도가 보유하는 억압성의 수준이나 시공간상의 범위 측면이라고 하는 것, 이 둘은 전혀 아무런 상관관계도 없는 것으로 밝혀졌습니다. 그러므로 형법과 형벌과 감옥 제도라고 하는 게 존재하며 그래서 그것이 아무리 중요하다고 한들, 앞에서 지적한 바로 그 주어진 해당 맥락 속에서 폭력사건 수를 줄이는데 있어서도 똑같이 그러하다고는 전혀 말할 수 없다고 합니다. 오히려 정반대인 것으로 나타난다는 것입니다.[24]

23) 어떤 면에서 보면 형법과 형벌과 감옥 제도가 그와는 정반대로 온갖 '범죄'와 '범죄' 개념들을 더욱 더 많이 만들어내고 있는 것이야말로 훨씬 더 부질없는 노릇이다. 이 책의 7항과 9항 참조.

24) 전통적 범죄학은 각기 다른 나라 사회에서 '범죄' 발생 수준이 매우 크게 나타난다는 점을 설명하는데 매우 민감한 요인들을 찾아내기 위하여 온갖 노력을 경주하였다. 이들은 '범죄'라는 용어 아래 특정 행위를 이해하도록 해야 한다는 관념에서 출발하고 있는데, 물론 이 책에서는 그와 같은 태도를 전적으로 거부하기 위하여 노력하고 있다. 이렇게 전통적 범죄학을 독해하는 것이 맞다면, 네덜란드는 범죄발생 수준이 엄청나게 높은 나라에 속해 있는 게 틀림없다. 왜냐하면 급속한 사회변혁, 청소년과 이민자와 외국인 등의 급증 등등과 같이 전통적 범죄학의 관점에서 범죄발생을 급증시키도록 조장한다고 상정하는 요인들이 매우 많은 나라이기 때문이다. 다른 한편 더더군다나 네덜란드라는 나라의 형법과 형벌과 감옥 제도는 이웃하는 다른 어떤 나라의 제도에 비해서도 억압성 수준이 실질적으로 매우 낮은 수준에 있다. 그래서 누가 네덜란드에 살거나 방문하게 될 때, 그는 폭력사건들이 다른 나라들에 비하여 훨씬 더 자주 그리고 훨씬 더 많이 일어날 것이라는 인상만을 받아야만 한다. 그런데 오히려 이것은 정반대인 것으로 입증

국가차원과는 전혀 달리, 보통 사람들이 서로 익히 잘 알고 있을 뿐만 아니라, 서로 만나 얼굴을 마주 보고 부대끼며, 여럿이서 한데 모여 모두가 함께 생각에 생각을 더해가고, 낮은 공동체 수준에서 자신들이 익히 겪어서 잘 알고 있는 구체적인 문제들에 대하여 방어 전략들을 모색하는 등과 같은 차원에서야말로 훨씬 더 훌륭한 해결책들이 모색되어 실행되고 있는 것입니다. 연구 결과에 따르면 바로 이런 차원의 해결 방안들이야말로, 온갖 위험들의 발생을 줄이도록 하는 관점에서 훨씬 더 유망한 길을 훨씬 더 명확하게 제시해주고 있습니다. 따라서 절대적인 실효성을 갖는 보호 메커니즘이란 게 있지 않겠는가 하는 생각은 결코 해서는 안 되는 것입니다.

42. 통계

마치 공기 중 어떤 특정 가스가 퍼져 있는 것과 꼭 마찬가지로 주민들 사이에도 안전하지 못하다는 느낌이 널리 퍼져 있습니다. 도대

되고 있다.

반면, 미국은 접수 기록된 폭력사건 발생 수준에 엄청나게 높다. 미국의 몇몇 도시들의 경우만을 보더라도 접수 기록된 살인사건 발생 비율은 매우 높아서 절대 살인사건 발생건수 면에서 프랑스 전체에서 발생한 살인사건수보다 훨씬 더 많다. 그럼에도 불구하고 미국은 그 어느 나라보다도 훨씬 더 억압적인 형사처벌제도를 운영하는 나라에 속한다. 예컨대 미국은 인구 10만 명당 감옥인구 비율이 250~300 명 수준으로 되어 있다(이 책은 1982년에 씌여졌음에 유의하면 된다. 그 뒤 이 감옥인구 비율은 훨씬 더 높아졌기 때문이다. - 옮긴이 주). 따라서 '폭력사건수준' 대 '형벌과 형법과 감옥 제도의 억압성 수준'에 대해 상정해온 관계에 대해 그동안 우리들이 아주 빈번하게 지지하는 것으로 이해하여온 이상과 같은 테제를 정반대로 바꾸는 것이야말로 오히려 훨씬 더 그럴 듯한 게 아닐까? 이 테제는 다음과 같이 정식화할 수 있다. "매우 억압적인 제도는 그 제도가 적용 집행하는 대상으로 삼고 있는 해당 사회 구성원들 사이에서 폭력을 만들어낸다." 형법과 형벌과 감옥 제도 측의 대응조치라고 하는 게 폭력적인 것일 수밖에 없다는 점을 부인하는 사람은 아무도 없다. 이와 같은 폭력적이며 공개적인 대응조치들이 나아가서는 다른 생활과 삶의 영역들에서까지도 폭력을 일으키도록 부추기게 되는 것은 불합리하거나 잘못된 관찰이 명백히 전혀 아니다.

체 그 불안감의 정체가 뭔지도 모른 채 말입니다. 공기 중에 구체적으로 어떤 가스가 퍼져 있는지 모르는 것과 같습니다. 그것은 실제로 도저히 통제조차 할 수 없는 심리적 위력을 발휘하고 있으며, 더욱 더 기묘한 사실은 그와 같은 정체불명의 불안감에 대하여 아무리 중요한 정보와 사실관계를 알려줘도 제대로 먹혀들질 않는다는 점입니다. 범죄학자 및 사회학자 등은 '사회결사체와 정치'라고 하는 게 일탈 현상에 대하여 도대체 어떠한 성격의 사회적 대응책을 강구할 수 있는가를 둘러싸고 온갖 이론과 방안들을 제시하며 또한 발전시켜 왔습니다. 하지만 그렇게 온갖 이론과 방안들이 제시되어 왔음에도 불구하고 사람들이 안전하지 못하다고 생각하며 느끼는 불안감을 일소하는데 전혀 성공하지 못하고 있는 실정입니다. 미디어 측에서도 이 점에 대해서는 그 역할이 정말 지극히 미미할 따름입니다. 또한 불안감 해소 방안들을 내면화까지 한 사람들은 아주 극소수에 불과합니다. 결국 이 점에 관한 한 사람들의 불안감이나 여론의 정체에 대해 도저히 명확히 포착할 수 없으며 이와 같이 집단적 정신장애라고까지 보아야 하는 것에 대하여 맞서 싸우는 것조차도 포기해야 하는 상황에까지 와 있습니다. 정녕 다른 도리가 없는 것 같습니다. 차라리 고의적인 오보나 허위 정보, 군사적 역정보, 신용실추를 노리는 불리한 정보 흘리기, 언론을 이용한 정보 공작 등과 같은 것이라면, 적어도 여기에 맞서 싸우는 게 가능한데 말입니다.

프랑스 내무부는 매년 한 차례 경찰 측이 제공한 데이터에 입각하여 이러저러한 '범죄통계'를 발표합니다. 당해 연도 범죄실태를 평가하며 연간 변동 상황을 제시하고자 하는 것입니다. 저는 11월 어느 날 밤 파리에서 일간신문이 발행되자마자 두 면에 걸쳐 대문짝만한 제목을 달아 게재한 기사를 보았습니다. "1980년 프랑스 범죄 13%나 급증"이 기사 제목이었습니다. 어느 한 택시 운전사는 이 뉴스를 보고, 손님인 저로서는 도저히 진정시킬 수 없을 정도로 그래서 감당할 수 없는 동요를 일으키는 모습을 보여주었습니다. 그는 열병에 걸린 듯이 뜨거운 분노를 표현하며 다음과 같이 말했습니다. "범죄가 물가 못지않게 빠르게 급등했어요. 무서워요. 제 파트너인 집사람은 여우 같이 생긴 무서운 개 한 마리를 차 옆자리에 앉힌 채 일을 해요. ...... 그런데 경찰이 충분하질 않거든요. ...... 사람들이 밤이 되면 더 이상 외출하는 걸 엄두를 내질 못해요. ...... 앞으로 상황에 대처하려면 총으로 무장해야 하겠다는군요."

하지만 결국에 가서 경찰통계란 실상 어느 경우에도 한 나라의 '범죄' '척도'를 전혀 대표하지 못합니다. 이 지점에서 첫 번째 사례에 멈춰보는 게 훨씬 더 좋겠습니다. 첫째, 무엇보다도 먼저 경찰 측이 제공하는 범죄통계수치란 형사재판부 측에서 이미 판결을 내린 '범죄'나 '일탈 범죄'를 가리키는 게 아니라, 그와는 전혀 다르게 '구두조사를 거쳐 검사에게 이송한 범죄 건수'일 따름입니다. 이 수치는 실제보다 훨씬 더 많은 통계인 것입니다. 그 속에는 공안부의 분류가 이루어지기 전의 건들 및 석방될 수밖에 없는 피의자들이 모두 포함되어 있습니다.[25)]

둘째, 관찰해보아야 하는 사항은 경찰통계란 경찰 스스로 처리를 담당하고 있는 '사안들' 수를 셈한 것이지, 고소 고발이 이루어진 사람이나 저질러진 범행 건수 등을 가리키는 것이 아니며, 구두조사 처리절차란 모든 '사안들'에 대하여 이루어지는 것으로 기록되고

25) 이 책의 8항 및 8항의 첫 번째 주 참조.

있다는 점입니다. 따라서 처벌대상이 되는 단 하나의 사건이 매우 많은 수에 달하는 여러 개의 구두조사 처리건수를 만들어낼 수 있습니다. 예컨대 사안이 발생할 때마다 이루어지는 신문 건수, 연달아 연루자로 밝혀지는 사람들 수, 사건 관련 민원인들이 제기하는 고소 고발 건수, 하나의 사안에 대하여 여러 경찰관들이 접수받아 등록하는 다양한 고소 고발 건수 등등이 있게 되는 것입니다. 여러 개로 중복하여 셈하는 것을 제한하는 규정이 있는 것은 맞습니다. 즉 어떤 사안에 대하여 처음으로 이를 포착하여 카운트해야 하는 기관은 '레지옹 사법경찰 관서'(도 지역 단위 사법경찰기관, Sérvice regional de Police judiciaire: SRPI)로 규정되어 있긴 합니다. 그러나 이 규정은 해당 관서에서 중복 통계처리를 막도록 운영지침이 되어 있음에도 불구하고 반드시 중복을 피해나가지는 못합니다. 여기서 파리 지역에서 무장강도단 사건이 발생하였으며 범인 중 한 명이 훔친 차량을 이용하여 아미앙 지역으로 도주한 사건이 발생하였다고 가정하여 봅시다. 그리고 6개월도 훨씬 더 지난 1년 후에 장물 즉 훔친 물건이 보르도 지역에서 적발되었다고 가정하여 봅시다. 이 경우 동일한 사건이 기회가 될 때마다 여러 차례 접수되며 아이템별로 여러 차례에 걸쳐 그리고 세 군데에 달하는 레지옹 사법경찰 관서에서 중복하여 카운트되기에 이릅니다. 이런 식의 셈법이 이루어지기 때문에 결과적으로 범죄발생 건수 통계에 있어서 엄청난 인플레이션 현상이 발생하는 것입니다. 이 자리에서는 경찰활동과 경찰운영 방식 등이 제대로 이루어져 있는가를 되돌아보거나 발생한 사안과 사건들을 등록하는 위와 같은 방식들에 대한 비판적 평가와 판단은 유보해두기로 합니다. 하지만 한낱 경찰 내부용으로 사용하기 위하여 작성한 일개 통계를 국가적인 차원에서

‘범죄발생의 척도’로 활용하도록 중앙정부와 언론에 넘겨주는 행태는 도저히 용인할 수 없으며 아무런 증거능력조차도 없는 것에 불과합니다.

그런데 이상이 전부가 아니며 그래서 다음으로 세 번째 관찰 결과를 지적하지 않을 수 없습니다. 경찰이 처리하는 사안들은 각각 아이템별로 분류하며, 하지만 이 아이템별 분류라고 하는 것은 ‘법적’ 분류와는 도대체 아무런 상관도 없다고 하는 점을 지적해야 합니다. 경찰범죄통계는 ‘중대범죄’ ‘중간범죄’ ‘일반 일탈범죄’ 등으로 구분합니다. 하지만 이 분류방식은 법무부 통계에는 아예 존재조차 하질 않으며, 법무부 범죄통계는 선고 결과에 따라 범죄, 현행범죄, 벌금형 범죄(즉 경범죄) 등과 같은 법적 구분을 따르고 있습니다. 그러므로 사법경찰통계와 법무부통계는 어떠한 경우에도 서로 비교해볼 만한 정보나 내용이 전혀 없습니다. 그러나 위와 같이 경찰이 내부적으로 활용하기 위하여 만들어낸 것으로서 필경 경찰의 이해관계가 걸려 있는 것일 수밖에 없는 분류법조차도, 일반 시민들이 신문에서 대문짝만한 활자로 헤드라인을 장식한 기사를 보고 국민 대중들 머릿속에 그토록 엄청나게 중대한 것이라고 못을 박아야 할 만큼 엄청난 ‘중대함의 정도’라는 개념을 가진 것과는 도대체 아무런 상관도 없습니다. 경찰 측은 ‘중대범죄’란 ‘돈벌이를 위한 폭력범죄’가 거기에 해당되며, ‘중간범죄’란 ‘돈벌이가 목적이 아닌 범죄’가 해당하고, ‘일반 일탈범죄’란 그 밖에 모든 범죄가 해당한다고 보고 통계를 잡고 있습니다. 그 결과 경찰 측의 이런 식의 분류로 인하여 왕왕 경악을 금치 못하는 사태들이 초래하고 맙니다. 예컨대 어느 한 소년이 수학여행을 다녀오면서 해쉬쉬 1백 그램을 가지고 들어오다 적발되거나 소매치기범죄 등으로 적발되면 이는 첫 번째 분류에 해당하는 '중대범죄'로 접수 처리되는 반면,[26] 어느 여성에 대한 강간사건, 유아살해사건, 누군가가 돈을 털리지 않은 채 살해당한 사건 등등은, '중간범죄'로 접수 처리되는데 그치고 맙니다.[27]

한 걸음 더 나아가 마지막으로 네 번째 관찰을 말씀드리면, 위에서 지적한 경찰범죄통계가 제시하는 아이템은 어떤 행위들은 과잉 대표되는 반면, 다른 행위들은 과소 대표되고 있다고 하는 점에 대해서입니다. 이 점에 대해서는 지극히 간단명료한 예만 들어도 경악을 금치 못할 정도입니다. 이른바 돈과 재산 등의 대물범죄, 특히 좀도둑과 주거침입범죄 등은 과잉 대표되고 있습니다. 왜냐하면 보험회사 측에서 피해자 측이 보상 요구를 하려면 고소 고발을 하여 경찰 수사를 받아보아야만 한다는 조건을 달기 때문입니다. 반면, 경찰을 거치지 않은 채 곧바로 직접 검찰로 가는 기업범죄와 경제범죄 등은 아예 카운트조차 되질 않습니다. 이와 같은 경찰 통계에 대해서는 여전히 또 다른 관찰 결과도 제시할 수 있습니다. 즉 경찰범죄통계는 '범죄실태'를 제대로 포착 평가하고 있진 못하며, 신뢰할 만한 범죄실태 지표로 삼기에는 오류가 너무도 많다는 점이 입증되고 있는 것입니다. 언론과 일반 시민들이 처음엔 전혀 가지고 있지 않은 경찰 측의 일방적인 가치평가와 함께, 이런 잘못된 경찰범죄통계 자료를 언론과 일반 시민들에게 넘겨주는 것은 단지 시민들에게 고통만을 안겨주며 공포심에 내몰린 대응책들만을 강구하도록 자극할 따름입니다.

위험한 상황들이 있음을 명확하게 부인하자는 게 아닙니다. 그

26) 초범이라 할지라도 신체에 공격을 가하면 폭력이라고 간주하게 된다. 이 두 가지 사건 유형의 경우 돈벌이를 위한 차원으로 본다.

27) 이런 행위들은 돈벌이를 위한 것이 범행 동기가 아니기 때문이라는 것이다.

러나 실제 맥락과는 아무런 상관도 없는 통계수치들을 가지고 일반 시민들에게 겁을 주어서는 안 되며, 그 대신 일반 시민들이 정작 맞서야 하는 진짜 위험이 무엇인가에 대하여 성찰하도록 하는 것이야말로 훨씬 더 바람직한 일입니다.

길거리 등지에서 안전하지 못하다는 여하한 불안감의 문제들은 모두 가장 밑바닥 차원의 원초적 사건에 관한 것으로 언제나 '지역 차원'의 문제로 되어 있음을 명확히 인식하도록 하는 것으로부터 출발해야만 할 것입니다. 여기서 제가 '지역 차원'이라고 말하는 것은 동네와 거리 차원의 문제라는 점을 가리킵니다. 통상적으로 두세 개의 거리들 차원에서 골칫거리 상황들이 사건으로 발생하게 됩니다. 따라서 '국가' 차원에서는 거리에서 불안하다는 영토는 어느 곳도 나타나질 않는 법입니다. 왜냐하면 국가는 지역적 사건들을 포착하여 이 사건들을 형법과 형벌과 감옥 제도를 통하여 처리할 따름이기 때문입니다. 언론 역시 이런 사건들을 마치 모델케이스가 되는 사건이며, '국가 차원'의 사건인 양 기사화합니다. 따라서 어느 한 부인이 파리나 리옹의 어느 한 거리에서 핸드백을 날치기 당했다면 이 사건은 프랑스 전체가 전국적으로 공포심을 가져야 하는 사건이 되고 맙니다.

만일 진짜 위험을 막으려 한다면 연루된 사람들은 이를 어떻게 대처하며 극복해나갈 것인가에 대해서 스스로 강구할 수 있어야 합니다. 예컨대 이러저러한 다양한 기관의 공무원들, 다양한 사회복지기관 직원들, 지역 수준의 지방정치인들 등과 같이 지역의 담당기관이나 아니면 해당 동네나 거리의 특정 위원회 측에서, 정확히 해당하는 이러저러한 거리들에 사는 주민들이 겪어야 하는 다음과 같은 진짜 불안감들에 대하여 대책을 강구하도록 해야만 하는 것입니다. 즉 '도대체 누가 불안감을 만들어내는 장본인인가? 청소년인가, 외부인인가, 아니면 다른 동네나 다른 도시 사람들이 이곳에 와서 저지르는 소행인가? 그리고 정말 누가 위협을 당하고 있는가?' 하는 것들입니다. 따라서 이와 같이 정말 구체적인 상황을 처음부터 직접 겪어나가며 살아나가고 있는 주민들 집단만이 이런 상황에 대하여 도대체 어떻게 대처해 나가야 하는 것인지를 제대로 보며 파악해낼 수 있는 것입니다.

오로지 지역적인 것에 불과한 것을 마치 전국적인 것처럼 뭉뚱그려 일반화 하고 마는 잘못만이라도 피할 수 있다고 한다면, 전체 국민들을 공포 속에 몰아넣는 정체불명의 불안감이라고 하는 해롭기 짝이 없는 정서를 조금이나마 해소할 수 있을 것입니다.

43. 자유와 안전

저는 어느 한 나라에서 형법과 형벌과 감옥 제도를 폐지한다고 해도 진짜 중대한 충돌이나 폭력 상황이라고 하는 위험이 증가하지는 않을 것이라고 보며, 상당히 커다란 확신을 가지고 그렇게 될 것이라고 말씀드릴 수 있습니다. 제가 그렇게 확신하는 이유는 한편으로는 이 제도가 폐지될 경우 여기에 상응하여 발생할 우려가 있는 상황들에 대해서는 인간적 접근방안 차원에서 충분히 대비할 수 있다고 보기 때문이며, 다른 한편으로는 폐지주의 관점은 위기 상황 혹은 위기와 위기 사이의 인터벌 기간 등에 대하여 제대로 대처할 수 있는 긴급상황 대처 메커니즘을 여러 가지 형태로 유지 운영하기 때문입니다.

형법과 형벌과 감옥 제도 즉 형사사법절차를 폐지하는 것과 온갖 강제수단들을 모두 없애는 것, 이 둘은 전혀 별개입니다. 다른 형사사법절차들을 모두 폐지하더라도 경찰은 남겨두도록 해야 합니다. 경찰은 공공질서를 유지하며, 또한 다른 사람을 공격하거나 이러저러한 상황에서 격리를 거부하는 자를 체포하는 역할을 수행하도록 해야 합니다. 요컨대 경찰은 형법과 형벌과 감옥 제도가 폐지되는 경우에도 마치 응급지원기관과 같은 역할을 수행하도록 해야 하는 것입니다. 하지만 경찰에게 부여한 강제력에 대해서는 제대로 된 법적 통제장치를 마련해야 할 것입니다. 이때 경찰 통제는 수시로 매우 손쉽게 할 수 있어야 할 뿐만 아니라 매우 체계적이며 조직적으로 이루어져야 합니다. 대도시의 경우 판사는 언제라도 그와 같이 경찰을 통제할수 있도록 해야 합니다. 판사는 체포 시점에서부터 법적 요건들이 제대로 갖추어져 있는가를 면밀히 검토하도록 해야 하며,[28] 체포기간은 지극히 짧은 기간만 하도록 결정해주어야 할 것입니다. 바로 이 지점에서 저 유명한 명제를 제대로 지키도록 유념하려면, 시민들의 자유와 안전 이 둘을 적절히 조화시키면서 위기 상황에 개입하도록 하되, 전혀 형사처벌이 아닌 맥락에서 개입하는 것이 되도록 해야 합니다.

무엇보다 우선적으로 새로운 틀 속에서 이상과 같은 개별적 보장의 문제는 훨씬 더 포괄적인 방식으로 지켜나가도록 해야 합니다. 물론 이 문제는 오늘날 형법과 형벌과 감옥 제도에서는 제대로 만족할 수 있을 만큼 해결되고 있진 못한 실정입니다. 물론 네덜란드도 이 문제는 전혀 제대로 해결되고 있질 못합니다. 공식적 담론은 '개별적 보장'에 대하여 추상적으로 규정하며 마치 조금은 마술적인 것인 양 보장하는 시늉을 하고 있을 따름입니다. 그런데 아직도 많은 사람들

28) 이는 법적 요건을 제대로 잘 검토하여, 선택할 수 있는 다른 사건 접근방법들이 어느 정도 있는가를 올바르게 인식하여 이를 감안하도록 해야 함을 가리킨다.

이 헌법이나 법률 규정이 있는 것만으로도 개별적 보장을 위한 충분한 보호 장치가 된다고 생각합니다. 하지만 봅시다. 몇몇 경험적 연구조사 결과만 보더라도, 이해당사자들의 구체적인 상황과 입장에 가서 보면 저들이 말하는 이른바 이러저러한 보장이라고 하는 것들은 도대체 서류상으로만 존재하는 것에 불과하다는 점을 명확히 잘 보여주고 있습니다.

형사사법절차 속에서 개별적 보장의 문제란 현실적으로는 똑같은 한 판사가 '질서'와 시민 이 양자를 동시에 보호 보장하는 역할을 수행해야 한다는 사실에 직면할 수밖에 없습니다. 구체적인 상황 속에서 보면 판사가 이 모순적인 이중적 역할을 수행하기란 실로 지극히 어려운 일일 수밖에 없습니다. 형법과 형벌과 감옥 제도가 폐지된 상황에서 즉 형사처벌 절차가 폐지된 제도 속에서 어느 한 판사가 개인의 자유를 보장하는 사명을 수행해야 한다면 이는 실로 전혀 다른 차원에서 전혀 새롭게 쇄신을 기하면서 그 역할을 수행해야 함을 뜻하게 됩니다.

44. 피해자 측의 자기방어론

일부에서는 형법과 형벌과 감옥 제도를 폐지하더라도 사적인 복수 형태로 되살아날 것이며 그렇게 되면 결국 가서는 사라졌다고 하는 형법과 형벌과 감옥 제도라는 게 부활하고 말 것이라고 봅니다. 자, 그리된다면, 민병대와 사적인 심판자들이 재탄생 즉 다시 만들어져 자기방어를 위한 처벌을 기치로 내걸며 활동하게 될 것이며, 이는 결국 형법과 형벌과 감옥 제도가 총체적으로 작동하는 것과 정확하게 똑같은 맥락임을 확인하여 입증할 수 있습니다.[29] 바람직하지 않은 행위들 일부 혹은 전부에 대하여 비범죄화 조치를 취한다면, 그와 같은 현상이 증폭하여 일어날 것이라고 생각하지 못할 이유가 전혀 없습니다.

사람들은 위험을 막으며 보호 받기를 원하며, 이는 지극히 정상적인 모습입니다. 그러나 이러한 사람들의 통상적인 심정과 욕구를 마치 그토록 가혹한 형법과 형벌과 감옥 제도를 고수하는 쪽을 지지하고자 하는 열망인 양 몰아가며 해석해야 할 정도로 그토록 간단한 문제가 아닙니다.

범죄피해자들이나 직접적으로 위협을 당한다고 느끼거나 생각하고 있는 사람들 입장에서는 실효성 있는 도움과 보호를 요구하기 마련입니다. 자, 그럼 이들이 과연 정말 무얼 요구하는지 살펴보도록 합시다. 그런데 이 점에서 이들과 현실적으로 역할을 하는 이 억압적 제도 사이의 관계란 지극히 복잡하기 이를 데 없습니다. 그러나 많은 사람들은 이미 그리고 이러저러하게 이 제도와 관계를 맺었던 이들의 경우 벌써 경험을 통하여, 자신이 살아나가고 있는 국가에서는 위에서 말한 바와 같은 형법과 형벌과 감옥 제도라고 하는 게 도대체 아무런 도움도 주지 않으며 아무런 보호도 해주질 않는다는 점을 너무도 잘 알고 있습니다. 그래서 이들이 현실적으로 존재하며 역할을 하는 상황에 대해 '일대 변혁'을 요구하고 있다는 사실은 명약관화합니다.

공식적인 형법과 형벌과 감옥 제도란 비효율적이며 실효성이 없

29) 이처럼 일부에서 형법과 형벌과 감옥 제도의 '재탄생'을 거론한다. 그러나 결국에 가서, 이런 현상이 정말 증폭될 것인지, 아니면 단지 눈에 훨씬 잘 띄게 되는 것일 따름이며 다만 이러저러한 기관들 측과 이들과 앞서거니 뒤서거니 하며 매스미디어까지 나서서 이 점을 끄집어 드러내는 정도에 불과한 것인지 여부를 평가하기란 매우 어려운 노릇이다.

다고 이미 평가되고 있기 때문에 많은 사람들이 자발적으로 자신들의 실생활에서 이미 일대 변혁을 실천하고 있습니다. 이들이 그렇게 하는 이유는 그대로든 아니면 부풀려진 것이든 막론하고 초래되는 위험을 조금이라도 막아보거나 도움을 받아보기 위해서인 것입니다. 바로 이런 연유로 구타당하는 부인들이 요리조리 온갖 단체를 만들어 다시 결속하여 단합하고 있으며, 상당수 여성운동단체 측에서 성폭행 내지는 강간을 당한 여성들과 연대를 표시하기도 하고, 업계와 기업 측에서는 절도방지 시스템을 조직하고 있습니다. 이처럼 '응징을 목적으로 한' 자기방어 현상이란 단지 이미 널리 보편화되고 있는 운동 중에서도 지극히 미미한 일부 측면에 지나지 않을 따름입니다.

그런데 형법과 형벌과 감옥 제도가 안고 있는 결함에 맞서서 이처럼 단체를 만들어 대응하는 이들 일부는 응징 차원의 접근방법을 강화시켜주도록 요구하기도 합니다. 하지만 이들은 그와 같은 요구를 표명하지는 않는데, 그 이유가 과연 이들이 부분적으로나마 형사사법기관이 자체적으로 전체 사회 속에 퍼뜨려놓은 담론에 매몰되어 있기 때문에 그러는 것일까요?

전적으로 잘못된 것임에도 불구하고 피해자들에게 그들이 정당하게 요구해 마지않는 도움을 주며 보호 역할을 해줄 수 있다는 관념을 만들어내 퍼뜨리며 이를 주장하는 것은 바로 그 어느 하나의 기관의 역할인 것입니다. 일부 공식적 담론이 보여주는 자신감이란 그들에게 결국 형법과 형벌과 감옥 제도의 개입과 표명을 확대 강화해달라고 요구하도록 이끌어갑니다. 물론 그들이 그 자신감이 도대체 어느 정도나 아무런 근거나 토대도 없는 것인가를 전혀 모르기 때문에 그런 무모한 자신감을 보여주는 것이긴 합니다. 그들은 그들 스스로 다양한 접근방법을 가지고 대안적 담론을 허용하는 총체적 시각을 제시하며 발전시켜나갈 만한 위치에 있질 못합니다. 그럼에도 불구하고 억압적 접근방법의 강화를 요구하는 그들의 깊은 필요가 진정 과연 무엇인가에 대해 제대로 이해하여 잘 알게 되면, 바로 그 폐지주의 접근방법이야말로 그들 피해자 측에게 지극히 합당하며 바람직한 것이라는 점을 금세 나서서 주장하게 만들 수 있는 것입니다. 폐지주의 접근방안은 형법과 형벌과 감옥 제도란 도대체 아무런 보호 역할도 하지 못하며 누구에게도 도움을 주지 못한다는 점을 잘 인식하고 있다는 점에서 이들 피해자 측과는 정확히 한 편이 되는 것입니다.

사람들은 형법과 형벌과 감옥 제도의 강화 방안이라고 하는 것은, 오로지 피해자로 추정되거나 스스로 위협당하고 있다고 생각하는 사람들에게 더 많은 도움을 주며 더 많은 보호 역할을 해줄 경우에만 지지받을 수 있음을 잘 알고 있습니다. 하지만 그와 같은 강화 방안이라고 하는 건 그와는 정반대로 피해자들이 처해 있는 상황을 더욱 악화시키고 말 따름입니다. 왜냐하면 형법과 형벌과 감옥 제도에서 피해자들은 도대체 비집고 들어갈 일체의 공간조차 전혀 없으며 도대체 어떠한 자원도 어느 한 귀퉁이도 차지할 수 없기 때문입니다.[30]

---

30) 실제 현실 속에서 통용되는 담론 속에서 이해하고 있는 바와 같은 형법과 형벌과 감옥 제도의 기원 및 '범죄' 개념이 발명된 기원은 13세기 무렵으로까지 거슬러 올라가볼 수 있다. 그런데 이렇게 그 기원을 살펴보면 다른 '사법적' 접근방법에 비하여 '형법과 형벌과 감옥 제도'의 접근방법이 갖는 특성이라고 하는 것은 정확히 말하면 피해자 측으로부터 동떨어진 제도라는 점에 있다. 이 전환점이 이루어지기 이전 단계의 경우 바로 그 피해자 측이야말로 사법적 접근방법의 방향성을 장악하여 결정하는 위치에 있었으며, 사법절차의 주체로 되어 있었다. 전환점이 이루어진 이후에 가서 비로소 피해자 측은 영향력의 대부분을 상실하게 되었다. 형사처벌 절차에서 '민간인 측'이라는 신분과 위치는 사태들이 얽혀있는 그와 같은 조건의 근본구조를 일체 손대거나 바꾸질 못하게 되었다. 왜냐하면 피해자는 형법과 형벌과 감옥 제도의 틀 내부에서 자기 역할을 해야 하도록 축소되었으며, 게다가 그 피해자의 운명은 형사사법기관의 목적과 운영에 종속되어버렸기 때문이다.

피해자 및 불법행위를 당해 피해자로 전락할지 모른다고 무서워하는 이들에게 만일 형법과 형벌과 감옥 제도의 시각 아닌 다른 어떤 방안이 자신들 기대에 훨씬 더 보탬이 되며 바람직하고 합당하다는 점을 입증할 수 있다면, 그리고 형법과 형벌과 감옥 제도가 소멸되기를 바라마지않는 이들이 나타나, 피해자 등에게 도대체 아무런 관심조차 보여주지 않는 기존하는 형법과 형벌과 감옥 제도 측과는 전혀 다르게, 피해자들이 안고 있는 문제들을 담당하여 처리해주는데 있어서 훨씬 더 좋은 방안을 제시하면서 훨씬 더 훌륭한 다른 자세와 관심을 보여준다고 한다면, 이들 중 수많은 사람들은 도대체 아무런 쓸모도 없을 뿐만 아니라 심지어 모욕과 상처만을 안겨주면서 해롭기 짝이 없는 대응만을 일삼는 이 제도를 앞장서서 포기하며 부인하고 나서지 않겠습니까?

45. 피해자와 형사처벌절차

매스컴은 언제나 가장 고통스러운 사건들 그리고 확실하며 전혀 틀림이 없는 행위들을 보도하기 마련입니다. 그런데 이 매스컴이라고 하는 게 무엇보다도 피해자 가족들을 내세우며 이들이 복수를 요구한다고 하는 증언을 내보내는 강한 경향이 있습니다. 무엇보다도 이들이 사건을 당한 직후 시점에서 인터뷰를 하였다면 그러한 반응은 어쩌면 너무도 당연한 것입니다. 유사한 반응이 나오는 게 일반적이거나 변치 않는 것이라는 인상을 깊이 갖게 될 수밖에 없습니다.

미국 뉴욕의 '베라사법연구소'*(L'Institut Vera, The Vera

* 베라사법연구소 - 모든 사람에 대하여 보다 더 공정하며 보다 더 인간적이고 보다 더 실효성 있

Institute of Justice) 측은 형사사법기관 측의 담당부서 요청으로 형사사법제도 개선을 위한 연구조사 용역을 수행한 바 있습니다. 그런데 이 연구소 측은 연구결과 고소 고발 건을 뒷받침하도록 하는데 있어서 정작 피해자들이 관심을 별로 기울이지 않는다는 사실을 정확히 밝혀낸 바 있습니다. 일반적으로 피해자들은 증언대에 서는 것을 회피합니다. 자, 봅시다. 미국의 사법제도는 기소를 뒷받침하는 증언이 없으면 도대체 조금도 움직이질 않습니다. 따라서 베라사법연구소 측은 피해자들이 방청석에 가서 앉아있도록 하기 위해서는 도대체 무엇을 어떻게 해야 하는가를 따져볼 수밖에 없었습니다.

베라사법연구소 연구원들은 그와 같은 피해자 증인의 단호한 결석 태도를 보이는 이유가 도대체 뭔지 알아보기 위한 설문조사 연구에 착수하였습니다. 그 결과 당사자들은 다음과 같이 말하였습니다. "저희들은 출석하여 증언해야 하는 걸 잊었어요. ...... 너무 오래 기다려야 해서요. ...... 출석하여 증언하려면 너무 많은 돈이 들어서요. ......" 그래서 베라사법연구소 측은 피해자와 증인들에게 소환 날짜와 시간에 때맞추어 잊지 말고 나오라고 알려주며, 또한 법원까지 함께 데리고 가주도록 하는 무료 서비스를 실시하기에 이르렀고, 또한 한걸음 더 나아가 어린이 놀이방과 유치원과 식당과 다른 필요한 지원 구조

는 사법제도로 개혁하기 위한 미국의 연구소 형태의 시민운동단체이다. 1961년 설립되어 50여년의 역사를 자랑하며 미국 뉴욕시에 사무실을 두고 있고 상당히 방대한 조직과 고급인력을 보유하고 있으며 미국에서 지금도 그 영향력이 막강하다. 미국 사법제도뿐 아니라 유럽의 사법제도 개혁에도 커다란 영향을 미치고 있다. 베라사법연구소는 한국자치경찰연구소가 함께 하는 '국제경찰서방문평가주간' 행사를 주관하는 '알투스'(Altus)라는 국제시민운동단체의 주축을 이루고 있다. 이 연구소 이름인 '베라'는, 미국의 보석제도가 가진 자들에 의한 사법의 미국판 '유전무죄 무전유죄' 부패상 시정을 위해 이 단체를 설립한 루이스 슈와이쩌의 어머니 이름을 따서 붙인 것이다. 우리나라에는 아직 이런 류의 민간 사법개혁연구소나 시민단체가 아직 없다. 조만간 그 출현을 기대해 마지않는다.

등의 업무도 조직하여 시행하기에 이르렀습니다.

그런데 이렇게 여러 가지 조건을 갖추어주었는데도 불구하고 피해자나 목격자들이 출석하지 않는 것이었습니다. 결국에 가서 베라사법연구소 측은 피해자들은 근본적으로 정확히 사건원인 제공자 측에 대항하는데 요구되는 '형사처벌절차의 필요성을 느끼고 있지 않다'는 사실을 파악하기에 이르렀습니다. 이에 따라, 베라사법연구소 측은 '중대사건'이면서 일탈 범죄자와 피해자 사이에 미리부터 아는 관계인 경우 형사사법당국 측의 도움을 받아 일종의 타협적인 방안을 마련하였습니다. 여기서 중대사건의 경우에만 이 방안에 따르도록 한 것은 미국 사법제도에서는 중대함의 정도가 덜한 군소사건들의 경우 행위자들 자체적으로 자신들 잘못인 것으로 보도록 하고 있기 때문입니다. 이상과 같은 맥락에서 중대사건에 한해서나마 정식재판 이전 단계에 불과하지만 마치 재판과도 같은 추가적인 이 추적절차 단계를 거치도록 하였습니다. 그런데 피해자 측이 형법과 형벌과 감옥 제도 바깥쪽에서 분쟁조정절차를 거쳐보도록 한 연후에 가서야 비로소, 그리고 그때에 가서도 형사처벌절차를 진행해주도록 요구하는 경우에 한해서만 이 정식재판 이전의 추적절차 단계를 중단하도록 하고 있는 것입니다. 그리고 바로 이 추적절차 단계에 들어간 사건들 중 매우 많은 비율에서 피해자가 추적절차를 진행한 것 이상으로 정식재판 진행까지 요구하지는 않고 있는 것으로 확인되었습니다.

46. 피해자 측은 학수고대한다

피해자증인업무국은 1980년 6월부터 파리법원 부근의 한 건물에서 문을 열고 업무를 시작하였습니다. 이 기관은 '많은 피해자들'에게서 잘 나타나는 것으로 익히 잘 알려져 있는 행위들의 특성을 관찰 조사하는 업무를 담당하고 있습니다.

첫째, 이 기관의 담당 업무는 민사재판과 형사재판의 차이를 분간하지 못하는 분들에 대하여 상담해주는 일입니다. 이 기관은 원칙적으로 '일탈 범죄' 피해자들에게 상담해주도록 하고 있습니다. 이들 범죄 피해자야말로 이 기관의 존재 이유이기 때문입니다. 그러나 실제로는 자연발생적으로 그 외에도 다른 많은 사람들로부터 상담 요청이 쇄도하고 있는 실정입니다. 도저히 옳다고 볼 수 없는 온갖 종류의 사건, 손해와 피해, 행위, 상황 등등으로부터 당했다고 생각하는 '피해자분들'이 도대체 누구를 '추적 기소'해야 하는 것인지에 대한 관념조차도 가지고 있지 못한 채 이 기관에 찾아오고 있습니다. 기본적으로 이 기관을 찾아오는 보통사람들은 순전히 법적인 사법제도 구분조차도 할 줄 모른다는 점을 잘 보여주고 있습니다. 물론 이는 그 구체적인 실례까지 찾아 제시할 필요도 없이 입증이 되고 잘 이해할 수 있는 내용입니다. 어떤 피해를 당하였을 때 법적으로 이 피해 문제에 대하여 어떻게 해야 하는지 물어보기 위하여 도대체 민사법원 판사를 가서 만나보는 것 외에는 과연 다른 어떤 수단도 없는 것인지, 아니면 민사적인 것 외에도 해당 피해를 초래한 책임자에 대하여 형사처벌도 요구할 권한까지도 부여하고 있는지 등을 어떻게 알 수 있는 것일까요? 적어도 상식을 따른다고 하는 저 중대함의 정도라는 기준마저도 민사절차와 형사절차를 구분하는데 도대체 아무런 역할도 할 수 없는 실정입니다. 예컨대 슈퍼마켓 쇼윈도에서 전시된 물건을 날치기 당한 사건이 발생했을 때 슈퍼마켓 측이 '피해자'가 되는데 이는 '형사' 사건이 됩니다. 그러나 임금 노동자가 사용자 측에서 노동계약을 무시하는 독단적인 전횡으로 인하여 피해자가 된 경우, 이는 항상 '민사' 사건이 되는 수밖에 없습니다. 자, 이렇게 법리가 되어 있음에도 불구하고, 피해자 삶과 생활에 대해 훨씬 더 중대한 악영향을 미치는 행위는 필경 오히려 바로 이 두 번째 사건 아니겠습니까? 자, 여러분, 이 기관에 직접 찾아가서 제대로 이해를 해보도록 하십시다!

사람들이 온갖 고소 고발 건들을 가지고 이 기관에 찾아와서 상담을 청하는 바로 그 행위들이라고 하는 것들은 통상 형법조문에서 예시해놓은 범법행위가 아닙니다. 이런 경우 해결책은 외부요청에 따라 이해당사자들을 대상으로 중재조정을 받도록 해야만 나올 수 있으며, 법적으로는 결국 민사법원 업무 영역에 귀속되는 상황들에 속합니다.[31] 이 기관을 찾는 사람들 행렬을 이루고 있는 사람들을 보면 예컨대 담당 치과의사의 잘못이나 미숙함, 담당 변호사의 태만, 집주인의 불법적인 요구조건, 파산한 채무자나 야비한 사기꾼 부동산 중개업자, 재판 지연, 탐욕스러운 세무서 직원, 정당한 수당을 주지 않는 고용주 등등으로 인하여 피해자가 되었다고 생각하는 분들이 많습니다. 지극히 드물긴 하나 때로는 몇몇 사안들은 가능한 형사상 절차로 옮겨가 구제되기도 합니다. 제가 상담해 드린 사람 중 누구인가를 반드시 알거나 강조할 필요는 없지만, 그에 대해 자세한 설명을 들어보면 정말 경악을 금할 수 없을 정도입니다. 즉 이 분은 파리의 어느 거주구역의 한 동네에 사는 주민이었는데, 바캉스철에 주거침입 피해를 당하셨습니다. 그러나 이렇게 도둑을 맞았다고 고소 고발을 제기할 엄두

31) '형사' 재판과 '민사' 재판을 구분하는 대법원은 민사법원 중에서도 행정법원과 노동중재법원 등의 업무 영역에 속한다.

조차 낼 수 없었습니다. 이런 유형의 피해란 수도 없이 많이 일어나기 때문에 '경찰청장은 숱한 인생들의 영고성쇠에 대해서는 별 관심이 없다'고 부르는 사항에 속하기 때문이라는 것이었습니다.

두 번째 관찰은 다음과 같습니다. 이 기관에 가보는 사람들은 특히 더욱 더 공격적인 게 전혀 없는 분들입니다. 이들은 전혀 복수할 의도를 가지고 있지 않습니다. 그런데도 이 기관에 찾아가는 것은 단지 조금이라도 더 빨리 자신들이 당한 피해 사실을 말함으로써, 자신들을 그런 고통과 시련에 빠뜨린 상황에서 벗어나며, 사건으로 제기하여 결국 피해당한 돈을 회수하고 싶은 소망을 갖고 있기 때문입니다. 이 피해자들이 바라는 바는 결국 보상과 배상을 받으며 다시 평화롭게 살아나가도록 하는데 있습니다. 그와 동시에 이들은 자신들의 이야기를 인내심과 동정심을 가지고 경청해줄 누군가를 찾아 나선 것이기도 합니다.

여기서는 이분들 경험들을 통하여 세상에서는 가장 예기치 못한 케이스들이 지천으로 널려있음을 여실히 드러내 보여줍니다. 근심과 고통을 당하는 이분들은 다른 그 무엇보다도 우선해서 '자신들 이야기를 들어줄 그 누군가'가 있어주어야 합니다. 이해심 깊고 친절한 사람들이 나서서 이들에게 자신들 이야기를 충분한 시간 동안 들어주며, 그들의 분쟁과 갈등에 대하여 보다 더 잘 숙지하게 될 때, 이들이 안고 있는 문제는 상당 부분 벌써 해결된 것이나 다름없습니다.

47. 형벌의 상징적 차원

누군가는 '원칙' 차원에서 피해자가 평화를 되찾도록 해야 하기 때문에 그 일탈 범죄자에 대하여 반드시 형벌을 가하도록 해야 한다는 주장을 펼치고 있다는 점에서 매우 단호하며 중대한 결심을 한 사람이 될 것입니다. 이 지점에서 우리는 다른 무엇보다도 우선해서 '인간의 본성은 과연 선한가 아니면 악한가? 인간은 폭력에 대응하기 위하여 폭력을 동원하는 것처럼 반드시 복수를 필요로 하는 존재인가?' 등과 같은 형이상학 문제에 직면하게 됩니다. 만일 이런 형이상학적 물음에 대해 그렇다고 한다면, 평화적인 절차란 결국에 가서는 성공하지 못하거나 압도당하고 말 위기에 처할 수밖에 없습니다. 그렇게 되면 조만간 폭력사태가 되살아나 춤추게 될 것입니다.

제가 이론적 논의를 펼치고자 하는 건 아닙니다. 철학적 성격을 띠는 문제들에 관해서는 각자가 모두 나름대로 생각과 답변을 하는 것으로 족합니다. 그러나 제가 말씀드리고자 하는 것은, 과연 무한정 되풀이되는 악의 인과관계의 고리를 완전히 끊어버릴 수 있는가 하는 데 대하여 내기를 한다면 저는 전적으로 새로운 혁신이 가능할 것이라는 쪽에 걸고자 한다는 점입니다. 덧붙여 제가 말씀드리고자 하는 것은 만일 공개적인 비난과 탄핵의 기풍이 어쩔 수 없이 현실화될 수밖에 없다면 지금 우리들이 고통을 당하고 있지만 말라서 비틀어져 사라져 가고 있는 와중에 있는 이 형사처벌제도라는 강물에 다시금 물줄기를 대주는 것과 다름없는 것이 되고 말 것이라는 점입니다.

사회적 관계에서 사람들이 서로 훨씬 더 개인적으로 친밀한 중간단계 수준 내지는 미시적 수준의 경우, '인간적인' 처벌 형태를 찾아볼 수 있습니다. 그래야만 명분상 사람들로부터 양해가 이루어지며 수용이 되기 때문입니다. 그런데 만일 일부 사건들의 경우 당사자들이 '민사재판' 모델에 따라 운영되는 '거시 국가적' 사법제도에 항소하기를 원한다면, 이런 유형의 절차 및 그 연장선상의 결과들이 당연하게 초래할 수밖에 없는 당혹스러움과 수치심과 과태료 같은 금전적 해결 등등은 요구자나 청원인 입장에서 보면 만족스러운 응징의 의미를 '갖는 것이 될 수 있습니다.'

형법과 형벌과 감옥 제도란 집단 차원의 복수를 실행하는 것이라고 주장하며 이를 정당화하고자 하는 경우, 그와 같은 추정된 필요에 따른 집단 차원의 복수란 시공을 통털어 보았을 때 지극히 제한적인 역사적 표현 양식에 지나지 않는다는 점을 망각한 것이 되고 맙니다. 중세시대 동안 그리고 13세기까지만 해도 사람들 사이에 발생하는 분쟁과 갈등의 절대다수는 보상과 배상의 틀 속에서 해결되어 왔습니다. 사람들이 서로 복수하고자 하는 바로 그만큼씩, 복수의 제도 내부에서 그런 복수극을 벌이는데 익숙해지기에 이른 것입니다.[32)]

역사를 보며 읽는 일각의 독해 시각이 생각하는 것과는 정반대로, 우리는 보다 더 관대한 대응 형태를 지향하는 시대로부터 단선적인 진보를 관찰할 수 없습니다. 정부와 정치권력이 중앙집권화 되면서 역사의 추세는 훨씬 더 잔인한 쪽으로 흘러왔습니다. 역사는 복수가 필요하다는 논리나 추정과는 아무런 상관도 없으며, 그와 같은 논리와 추정은 사회적 대응 양식이나 수준이 그토록 다양하며 천차만별인 이유도 전혀 설명하거나 해명해주질 못합니다. 역사학과 인류학 연구 성과들에 따르면, 어느 한 국가의 맥락 속에서 보았을 때 '형벌제도 운영과 관행'(바로 이것이야말로 형법과 형벌과 감옥 제도와 동일한 개념 정의입니다)이 진화해온 과정은, 피해자가 복수해야 한다는

32) '피해자가 일탈 범죄자에게 복수하도록' 해준다는 관념에 매달리고 있는 공식적 담론은, 흔히는 걱정과 고통을 안겨주는 행위를 저지른 범죄자로부터 격리하도록 해야 한다는 훨씬 더 긴급한 기대와 목표를 자주 놓치고 있다.

필요성이나 추정 원칙과는 전혀 다른 요인들에 훨씬 더 크게 의존해 왔으며, 따라서 형벌제도의 진화과정을 정당화하는 논리 역시, 그와는 전혀 다른 원칙에 입각해 있음을 명백히 밝혀내 보여주고 있습니다. 또한 이 연구 성과들은 궁극적으로 피해자 등과 같이 복수를 해야 한다며 외치는 사람들을 진정시켜주는 것은 고통을 가하는 그 지속기간이나 공포수준이 아니라, 오히려 처벌의 '상징적' 차원 말하자면 그 처벌과 형벌에다가 사건에 대한 사회적 비난의 의미를 부여하여 덧붙이도록 하는데 있다는 주장을 재확인시켜주고 있습니다.

48. 화이트칼라 범죄

형사법원 문제들 때문에 혼란과 근심을 금치 못하면서 형법과 형벌과 감옥 제도를 실제로 운영하는 과정에서 이 제도가 인간의 품위를 떨어뜨리며 인간을 천한 존재로 만들어버렸다며 비난해 마지않는 이들이 있습니다. 그럼에도 불구하고 이들 중 일부 사람들은 환경, 금융, 경제 등의 영역에서 전체 사회공동체에 대하여 심대한 피해를 끼치는 자들에 대해서는 추적하여 형사처벌을 가하도록 해야 한다는 입장을 적극 옹호하고 있습니다. 이들은 다음과 같이 주장합니다. "국세청과 세무서 혹은 소비자들을 속이며 사기 치는 자들, 돈과 재산을 해외로 빼돌리는 자들, 대기를 오염시키는 자들, 산업재해 방지를 위한 안전시설 설치를 거부하는 기업인들 등에 대해서는 감옥에 보내도록 합시다." 하지만 저는 그렇게 해서는 안 된다고 봅니다.

저는 이와 같이 주장하는 의도가 분노라는 동기에서 나온 것임을 잘 알고 있으며, 어느 한 정치사회 차원의 단체가 가짜 저울로 무게를 속이며 이중 잣대를 사용하여 자신들 의도에 따라 사회적 근본 원칙을 좌지우지해버린 부패사건을 목격하면서 저 역시 여기에 공감하고 있습니다. 그들은 그러한 사범들을 추적하여 엄정하게 사법처리하자고 주장하면서 법 앞에서는 모든 시민들이 평등하다는 원칙을 다시 확립하고자 하고 있습니다. 하지만 어떤 주어진 특정 행위에 대하여 어떠한 윤리적 판단과 사회적 판단을 내리게 되든 상관없이, 형법과 형벌과 감옥 제도의 각종 장치들이란 여전히 나쁜 제도일 수밖에 없습니다.

제 입장을 말씀드리면 아직 범죄로 규정되지 않은 즉 범죄화가 이루어지지 않은 영역과 분야에 대해서는 어떤 희생과 대가를 치르더라도 이를 범죄로 규정하여 범죄화 조치를 취하는 일은 해서는 안 된다는 게 제 신조입니다. 뿐만 아니라 저는 모든 것에 대해 동등하게 처우해야 한다는 입장에서, 기왕에 재무부, 증권거래위원회, 기타 중개기관 등이 '커다란 물고기'들에 대해 집행 적용해오고 있는 중재조정절차를, 현재 '경미사범'이라고 불리는 사람들에 대해서까지도 확대 적용하기를 바라마지않습니다. 이 중재조정제도란 결국 모든 사람들을 위해서는 폐지되어야 하는 형법과 형벌과 감옥 제도를 대신하는 것이 되기 때문입니다.

현재 형법과 형벌과 감옥 제도가 적용되어 운영되지 않고 있는 영역과 분야에서 새롭게 범죄로 규정하는 범죄화 조치를 도입하려는 것은 제가 보기엔 기만적인 기동훈련 조작에 지나지 않습니다. 그것은 형법과 형벌과 감옥 제도의 각종 장치들에 대하여 새로운 정당성을 부여함으로써 이를 되살려 보려는 책략에 불과합니다. 물론 그렇다고 해서 제가 오늘날 이러저러한 이해당사자들이 다른 사람들에게 피해를 입혀가며 악용하는 거래 메커니즘에 대하여 아무런 사법적 통제도 가하지 않도록 방치하자는 건 전혀 아닙니다. 한걸음 더 나아가 엄청나게 많은 사람들의 이해관계를 침해하는 과정에서 중요한 역할을 담당한 바로 그들의 행위에 대하여 도대체 아무런 제재도 가해서는 안 된다거나 그게 아니더라도 마치 별 것도 아닌 것처럼 하는 둥 마는 둥 처리하고 말자는 건 더더욱 아닙니다.

이 책은 이상과 같은 문제들에 대하여 자세히 검토해야 할 자리는 아닙니다.[33)] 그러나 한걸음 더 나아가 형법과 형벌과 감옥 제도와는 전혀 다른 여러 가지 다양한 법규를 만들어가며 통제하는 절차란 이미 이러저러한 맥락에서 실제로 실험적으로 시도하여 해당하는 여러 법인격*을 가진 법적 주체들 차원에서 지극히 효율적이며 실효성이 매우 높음을 입증한 바 있는 것들임을 지적해두고자 합니다. 캐나다 퀘벡주의 다음과 같은 입법과 운영이야말로 이 점을 입증해주는 좋은 사례가 될 것입니다. 즉 50인 이상을 고용하는 기업체는 의무적으로 5년 후까지는 '프랑스어화 검증절차'라고 부르는 것을 이행하도록 해야 하며, 이는 기업체 이름을 프랑스어로 지어 표기하고, 무역과 거래와 회계에서 이를 사용해야 하는 등등을 가리켰습니다. 하지만 이런 프랑스어화 의무를 이행하도록 하는데 있어서 그렇게 이행하지 않으면 형사처벌을 가한다는 위협을 가하지 않았으며 대신 다른 방식으로 프랑스어화 의무의 이행을 실효성 있게 보장하도록 하는 방안을 모색하였습니다. 즉 이 규정을 지키지 않은 기업체에 대해서는 퀘벡주 차원의 무역과 거래를 금지하도록 한 것입니다.

---

33) 이 책의 제2부 도처에서 저자가 경고하고 있는 대목들을 참조.

* personne morale - 물리적 인간과 구분하여 법적 권리와 의무를 지닌 존재를 가리킨다.

사실 형법과 형벌과 감옥 제도의 통제라고 하는 형사처벌 절차가 없었던 게 문제였던 것이 아니라, 그와 같은 정책을 실행하도록 하기 위한 명확하며 단호한 정치적 의지가 없었던 것입니다. 그들에게 무역과 거래 관계를 막는다고 한 것이야말로 매우 좋은 설득의 방법이자 수단이 되었습니다. 다른 어떤 것보다도 이 방식이야말로 효과적이었습니다. 예컨대 생태학 차원에서 '그와 같은 개혁과 쇄신 의무를 이행하지 않는 기업체는 주정부 보조금 대상에서 제외한다'고 규정했더라면 필경 즉각적이며 직접적인 결과를 얻어내지 못할 뻔하지 않았을까요?

제 입장은 반드시 필요한 형법과 형벌과 감옥 제도의 폐지 원칙, 말하자면 제가 앞서 그 개요를 말씀드린 바 있는 형법과 형벌과 감옥 제도의 기계적 장치들의 폐지 원칙이란 예외를 전혀 인정하지 않고 있습니다.

49. 역사에서 배운다

과거 구시대의 프랑스는 분쟁과 갈등 처리 관련 법규에서 형사처벌절차라고 하는 게 아예 존재조차 하질 않았습니다. '파리시의회 수석의장 마담 라 므와뇽(Madame de La Moignon)의 죄수와 부끄러워 구걸도 못하는 가난한 사람과 병자 등을 지원하기 위한 위원회 구성과 운영에 관한 법규'에서 그 흔적을 찾아볼 수 있습니다.

이 법규는 1671년 만들어진 게 명백합니다. 이 법규 중에서 '분쟁처리절차' 항목이 있으며 이때 '위원회'를 활용하도록 규정하였으며, 파리의 경우 이 위원회는 '논쟁과 불일치를 진정시키도록 하는 일'을 담당하도록 하였고, '위원회 예시'로 '공작, 귀족, 기사, 궁정관리, 수도원장, 소르본느 박사, 각급 위원장, 자문위원, 공국의 청원수리위원장, 공국의 의회 의원, 변호사, 기소자, 공증인, 귀족원 귀족, 상인, 기타' 등으로 구성하도록 하였습니다. 또한 이 법규는 성직자 위원회 전체회의에서도 모든 가톨릭 주교들에게 '모든 분쟁처리절차에서 중재조정 업무을 처리 수행하도록' 규정함으로써 일반 민간 위원회와 똑같은 지침을 제시하고 있습니다.

이 법규는 그 당시에만 해도 벌써 종교 기관이나 교단에서와 마찬가지로 일반 민간단체나 민간기관에서 있어서도, 공동체 차원의 책임과 담당업무 중에는 관청이나 법원 등지의 공식적 절차를 피하도록 하는 방향으로 주민들을 설득해야 하는 일이 있다며, 이에 대해 커다란 관심을 갖고 가이드라인까지 규정하여 운영하였음을 아주 잘 보여주고 있습니다. 이 법규에는 다음과 같은 구절이 나옵니다. "우리들의 임금님은 모든 백성들을 초대하여 분쟁처리절차를 우호적으로 마무리 지으며 중재조정 심판자 측에게 말을 하도록 그리고 거기에 따르도록 하였다. ......" 다음과 같은 구절도 나옵니다. "주교들 대다수는 산하 성직자들로 히여금 관할 내에 있는 정직하며 청렴한 백성들을 통하여 이와 같은 평화를 이끌어내어 수확으로 거둬들일 수 있도록 중재조정의 역할을 잘 수행하도록 명하였다."

당시 시대적으로 아직 교회와 국가가 분리되지 않았던 때였습니다. 이 법규 관련 해당 기록에는 다음과 같은 구절도 나옵니다. "행복하게 군림하며 통치하시는 우리들의 임금님은 회람을 통하여 프랑스의 각급 '주교들', 각지역의 사령관, 각도 도지사 등에게 싸움과 결투 등을 막아내도록 함과 아울러, 그런 싸움과 결투를 유발시키는 논란들을 진정시키도록 하라고 명하였다." 이처럼 임금님은 주교들에게 명하고 있으며, 해당 명령문에서 각지의 사령관 및 도지사 등을 포함하여 모두에게 "분쟁처리절차를 통하여 합의를 이끌어내도록 열심히 일하도록 하십시오. 이때 복음서의 원리와 격언들을 따르도록 하며 폐하의 명령에 따르도록 하라"고 당부하고 있습니다.

신법에 따라 왕이 된 루이 14세는 자신의 명령은 복음서의 지침에 따른 것이므로 정당하다고 보았습니다. 따라서 현실 사회 차원의 일에 대하여 일반 민간 세계와 종교 세계를 끊임없이 혼동하는 것에 대해 그리 놀랄 일은 아닙니다. 즉 중재조정의 권한은 일반 민간 당국에게는 물론이고 사제들에게도 똑같이 위임되었으며 따라서 분쟁과 갈등을 겪는 주민들은 최종적으로 분쟁 상대방과 중재조정 업무를 담당하는 측에게 넘기도록 권하게 되는 것입니다.

이상과 같은 관찰 덕분에 우리들은 위에서 인용한 '법규'에서 매우 흥미로운 성향을 찾아보게 됩니다. 즉 일반적인 견지에서 주교들로부터 명령 위임을 받은 일반 산하 성직자들은 소교구에 속하는 주민들에게 주일마다 설교를 통하여, 원문 텍스트에 따르면 '분쟁절차, 논쟁, 적대관계'가 될 수 있는 논란 상황들에 대하여 성직자 자신들이 중재조정 역할을 담당하도록 사명을 받았다는 점을 인식하도록 권하였던 것입니다. 이때 여러 가지 다양한 중재조정 절차들이 마련되어 있었던 것은 물론입니다.

"만일 적대관계가 단지 가벼운 원인으로부터 발생한 것일 뿐이라고 한다면, 소교구 담당 사제는 이해당사자들에게 우호적인 상급자나 위원회 위원에게 찾아가보도록 하며, 해당 사제 선에서 이들이 서로 포용하도록 이끌어나가도록 한다."(원문 텍스트) "온갖 모욕이나 욕설이 터져 나올 만큼 근거가 있어서 보상이나 배상을 요구할 정도로 중대한 싸움이나 분쟁이 벌어진 경우, 귀족 등 그 지역에서 자격이 있는 사람이 입회하여 의견을 밝혀보도록 노력한다. 왜냐하면 귀족이나 그 지역의 자격 있는 사람들은 이해당사자들로부터 서로 증인으로서 그리고 보증인으로서 역할을 해주도록 약속을 받기 때문이다." 마지막으로 '절차'에 관하여 '법규'는 '경미하거나 사소한 영향이나 결과밖에 초래하지 않은 분쟁 건'과 그렇지 않은 건, 둘로 구분하고 있습니다. 첫 번째의 '경미하거나 사소한 분쟁 건'의 경우 당사자들이 '제시된 것들 중에서 자기 형편에 맞고 도움이 되는 방안'을 받아들이도록 노력합니다. '커다란 영향이나 결과를 초래한 분쟁 건'이나, 아니면 바로 위의 경우에서 당사자들이 제시된 것들 중에서 자기 형편에 맞고 도움이 되는 방안이 없다고 하는 경우, 다음 단계로 중재조정 절차를 마련하도록 하여 여러 다양한 사람들 앞에서 절차를 진행하도록 합니다.

"중재조정은 완전히 합의에 이를 때까지 계속해서 진행해 나가도록 한다."(원문 텍스트) 한쪽 당사자가 해당 소교구가 아닌 사건이 있을 수 있습니다. 이때에는 자신이 속해 있는 소교구 사제 및 '뭔가를 해줄 역량이 있어서' 자신의 입장을 들어줄 것같이 생각되는 사람에게 분쟁에 있어서 논란의 의도와 핵심에 대하여 적어 보내도록 합니다. 뿐만 아니라 한쪽 당사자는 받아들이는 반면 다른 한쪽 당사자는 거부하는 사건도 있습니다. 이때에는 '거부하는 측'을 설득할 수 있는 위치에 있는 인사들이 개입하도록 하기 위하여 노력을 경주합니다. '자신들 건에 대하여 말하기 때문에' 주교를 방문하게 되는 것을 활용하여 득이 되기도 하며, 해당 지역의 영주나 도지사 아니면 해당되는 어느 프랑스 사령관 등에게 자기 건에 대하여 써 보내게 됩니다. 모든 게 중간에 서는 자연적인 중재자를 통하여 사건에 영향을 미치려 하는 것보다는 오히려, 전적으로 평화를 거부하는 측의 '귀족 계급의 수준'에 달려 있게 됩니다. 농촌 지역에서 발생한 사건이라고 한다면, "영주나 귀부인 측에게, 이들이 부재중인 경우 그들 측을 대변하는 대리인, 보급책임자, 농민, '혹은 그들의 친인척 같은 관계를 맺게 될 사람 측'에게 중재조정을 해주도록" 요청합니다.

저는 이상과 같은 당시 현실과 관행의 여러 가지 대목들에서 아주 깊은 인상을 받습니다. 예컨대 주장하는 바에 입각하여 사람들 사이에서 우호적이며 원만한 것으로 평가받을 수 있는 합의를 이끌어내도록 한다는 점은 너무도 명백합니다. 뿐만 아니라 그와 같은 합의를 이끌어내도록 노력하는데 끈기와 인내심도 필요합니다. 그리고 정말 놀라운 것은 맨 처음 중재조정을 거부한 측을 설득하여 마침내 중재조정 모임에 이끌어내도록 하는데 있어서 거꾸로 수많은 사람들이 혼란을 조성하거나 또한 중재조정을 받아들이도록 강요하는 일은 결코 없는 것으로 나타나고 있다는 점입니다. 모든 일은 항상 당사자들이 있는 가운데 진행이 되며, 당사자들을 도와주도록 부름을 받는 사람들은 매우 지체 높은 사람들로부터 사회적 위계구조에서 가장 아래 속하는 사람들에 이르기까지 모두를 망라하고 있고, 그럼에도 불구하고 이들은 최종적으로는 언제나 '당사자들과 이러저러한 관계를 맺고 있는 사람들'로서 심리적으로 거리가 매우 가까운 사람들로 이루어져 있습니다. '이 절차의 의도와 목적은 관변 재판 즉 공식적 사법처리를 피하는데 두고 있다.'

50. 리바이어던과 사회

만일 확실한 것들만을 믿는다면, 사회적 삶 즉 사회생활이란 국가제도에서는 전혀 앵커(암벽 등반에서 클라이머를 고정시켜주는 고리) 지점을 찾을 수 없을 것입니다. 따라서 20세기 서구 '사회'조차도 국가나 이러저러한 국기기관들과 결코 혼동이 되고 있지는 않습니다.

무엇보다도 먼저 첫째로 사회라고 하는 것은 모든 사람들 각자에게 개인적 유대관계, 즉 말하자면 일터의 관계, 이웃관계, 여가시간 활용 관계, 교회·거리·동네 즉 커뮤니티 등과 같은 다른 사람들과 함께 공유하는 이해관계 등등을 가리킵니다. 훨씬 더 개인적인 만남이나 접촉에서부터 생겨났을 따름인 우리들의 문제에 대해, 도대체 왜 흔히는 익명에 가려져 있을 뿐만 아니라 너무나도 저 멀리에 있을 따름인 권력으로서 국가라고 하는 것이 규제 내지는 규정하고 들어오도록 내버려두는 것일까요?

적어도 민주주의 국가에서는 개인의 자유라는 이름으로, 국가가 개개인의 구체적인 삶과 생활에 대해 간섭하거나 개입하는 일을 되도록 줄이려고 노력하고 있습니다. 인권 편에 서는 모든 운동들은 집단 측의 지배와 억압에서 인간을 해방시켜내기를 원합니다. 탈중앙집권 운동, 지방자치와 지역의 자율성 운동, 풀뿌리 민주주의 운동 등과 같은 정치적 조류가 모두 그와 같은 의미에서 하나이며, 시민들이 거대한 산업사회에서 당하는 익명화와 고립화 등을 규탄하고 있습니다.

아마도 국가가 여전히 결정권과 조치 행동 등을 장악하는 것이 더 유리한 영역이 존재할 수 있습니다.[34] 그러나 사람들은 수많은 영역

34) 말하자면 이러저러한 문제들에 대하여 체계화하며 개념 규정을 내리고 구체적으로 국가의 현

에서 그와는 정반대라는 점을 잘 알고 있습니다. 요컨대 사람들 자신이 스스로 하거나 아니면 사람들에게 아주 가까이 있는 단체 등이 서로 손을 맞잡고 문제들을 처리하도록 하는 것이야말로 훨씬 더 나은 영역들이 있는 것입니다. 제가 보기엔 사람 대 사람, 개인 대 개인의 분쟁과 갈등이란 영역이야말로 바로 여기에 속한다고 봅니다.

그렇다고 해서 사람 대 사람 사이에 벌어지는 분쟁과 갈등 영역에서는 국가 차원의 맥락에서 제공해줄 수 있는 서비스가 전혀 필요 없다고 말씀드리려는 것은 전혀 아닙니다. 그 중 하나는 의심할 여지도 없이 사법제도에 접근하도록 해주는 것입니다. 즉 그것은 사람 대 사람 사이의 분쟁과 갈등에 연루된 사람들에 대하여 이러저러한 강제수단 동원 여부를 결정할 권한을 국가가 보유하는 것을 가리킵니다. 그러나 법과 법원이 정한 한도 내에서나마 그와 같이 강제수단을 동원하여 행사하는 것 역시도 어디까지나 자신의 분쟁과 갈등을 해결해 보기 위하여 법원 측에 대하여 개입을 요구하는 바로 그 당사자들 의지에 달린 것이 될 것입니다.

51. 평화와 일치의 길

우리는 이른바 원시적이라고 일컬어지는 원시사회에 대해 너무도 흔히 서구문명의 수준에까지는 아직 도달하지 못했다고 간주하곤 합니다. 하지만 원시사회란 서구문명사회와는 전혀 다른 질서를 가진 사회라고 자리매김 하는 게 훨씬 더 정확할 것입니다. 요컨대 이들 원시사회의 구조, 근본적 이데올로기, 정신구조 등은 서구문명과는 전

실적인 기능으로 되어 있는 바를 수행하는 것들을 가리킨다.

혀 다른 원칙에 입각해 있는 것입니다. 그리고 이들 원시사회들은 지금의 서구문명으로 진화 발전해나가고 있는 과도기적 사회형태라고 생각해서는 안 됩니다. 그러므로 이들 원시사회에 대해 가엾게 여기며 동정심을 가지고 바라보거나 그들도 서구의 문명과 제도 속에 편입되기 위하여 발버둥치고 있다고 보지 말아야 하며, 거꾸로 서구문명이야말로 이들로부터 오늘날 서구사회에는 없거나 잃어버리고 만 이러저러한 흥겨움과 유쾌함의 차원들을 처음으로 배우거나 아니면 잃어버렸던 것을 다시 배우도록 해야만 할 것입니다.

저명한 인류학자인 미셸 알리오트는 '서구문명'이 말하는 '범죄'라는 개념은 원시문명사회에서는 현실적으로 전혀 존재하지 않는 미지의 것이라고 지적한 바 있습니다.* 그는 각각 여러 아프리카 사회들 및 캐나다 퀘벡주의 에스키모족 사회에서 뽑아온 두 가지 사례를 제시하였습니다. 그에 따르면 아프리카 반투족의 정신구조 속에서 누군가가 살인사건을 저질렀을 때 문제가 되는 것은 살인범을 사형에 처하거나 다른 형벌을 가하는 문제가 전혀 아니며, 오히려 피해자 집에 가서 그 집을 위하여 통상적인 형태로 일해 주도록 하면서 보상과 배상을 하게 하는 것이라고 합니다. 요컨대 살인사건의 영향과 결과란 범죄나 형사적인 것이 아니라 민사적인 것으로서, 이때 평화와 일치와 화해라고 하는 것은 응징이나 형벌을 가함으로써가 아닌 보상과 배상으로서 일을 해주도록 하는 것으로 되어 있는 것입니다.

* Michel Alliot - 1924년 출생. 프랑스 학자로서 아프리카 법인류학 전문가이다. BCRA 레지스땅스 대장으로 활동, 1953년 법과 집단을 주제로 한 박사학위 취득, 1957년과 1961~63년 카옝대학 다카르대학 교수, 1958년 프랑스 해외영토부 장관, 1959년 고등교육국장(마다가스카르 대학 설립), 1963~70년 파리대학 법학교수, 교육부장관 수석보좌관, 1971~76년 파리 7대학 법인류학 연구소장, 1976~1988년 정신과 몸 연구소장, 1988년 파리 1대학 명예교수. 아프리카법에 관한 저작상인 '미셸 알리오트상'을 제정 시상해오고 있다.

북극지방 이누이트 족의 경우 어느 한 사람이 사망할 정도로 극심한 분쟁과 갈등이 일어났다고 하더라도 직접적인 이해당사자들이 뛰어들어 해결책을 모색하진 않습니다. 침해를 당한 개인이나 가족들은 자체적으로 노래 부르기 결투단을 조직합니다. 겨울이 되면 매일 같이 한쪽에서 상대방 측에게 소리 높여 상대방에 대한 풍자 노래를 부르게 되며, 상대방도 똑같은 방식으로 대꾸합니다. 그러면 임석한 진행자가 점수를 매깁니다. 대꾸하는 풍자 노래를 더 이상 이어서 부르질 못하면 팀이 패하는 것입니다. 그렇지만 바로 이 시점에서 화해하게 되며 양측이 함께 식사를 하며 이렇게 만들어진 화해를 축하하게 됩니다. 지금 인용하는 이 인류학자는 서구 유럽의 정신구조에서 보면 매우 낯설며 기이하기까지 한 이러한 관습이 심리학적으로 매우 건강한 것이며, 두 집단 양측의 공격성을 진정시켜주며 평화를 가져다준다는 점에 크게 주목한 바 있습니다. 미셸 알로이트는 마그레브 사회에서는* 사건이 터지면 '동네의 복부(배)에 해당하는 장소'에서 끝나는 때를 따로 정하지 않은 채 그 분쟁과 갈등을 가장 잘 정리하여 해결하는 방안을 이끌어내기 위하여 만장일치로 최선의 해결방안을 나올 때까지 토론을 벌이도록 하는 관습에 대해서도 소개하여 주었습니다. 자, 그런데 그가 주목한 바에 따르면 이와 같은 분쟁과 갈등 해결 방식은 서구에서는 전혀 미지의 것입니다. 그런데 여러분이 서구

* Maghreb, 드물게는 Moghreb, المغرب العربي, al-Maġrib, al-'Arabī - 아랍어로 '해 지는 곳' 혹은 '서쪽'을 뜻하며, 통상 모로코, 알제리, 튀니지 등 북부아프리카지역을 일컫는다. 그중에서도 아틀라스 산맥과 지중해 사이의 지역을 가리킨다. 역사학자에 따라서는 스페인, 포르투갈, 시칠리, 몰타 등을 포함시키기도 한다. 기후, 지질, 인종과 인구구성, 경제, 역사 등이 유사하다. 해운이 주민 삶을 오랜 역사 동안 큰 영향을 준 탓에 육지보다는 바다를 통해 공통된 유대관계를 형성하고 있다. 8세기 초와 1200년을 전후로 한 두 차례에 걸쳐 마그레브 전역이 단일한 정치체제를 이룬 바 있으며, 1989년 아랍마그레브동맹을 구축하였다(모로코, 알제리, 튀니지, 리비아, 모리셔스).

사회의 '고고학적 전통'을 제대로 끄집어내 펼쳐보도록 한다면, 그 속에서 중앙집권화되었을 뿐만 아니라 획일적이기까지 한 국가기관들 속에 감추어져 있는 일종의 오리지널한 분쟁과 갈등 해결 다이내미즘, 바로 그것을 되살려낼 수 있습니다. 그것은 사회의 분쟁과 갈등에 대한 '자연적' 해결방식과 흡사한 것입니다.

마그레브 사회에서 '동네의 복부'에 해당하는 것은 이곳 서구사회로 치면 디스트릭트 지구나 거리, 초등학교 학급 학부모 모임, 한 회사의 이사회, 새로운 어선선단의 선원연합회, 지역소비자연맹, 스포츠 클럽 등등을 가리키며, 이와 같은 모임의 한 가운데에서 수많은 분쟁과 갈등들이 언제나 끊임없이 사실상 완전하며 최종적인 해결점들을 이끌어내고 있는 것입니다. 우리들은 이러한 관행들을 소멸시키려 들어서는 안 되며, 오히려 그와는 정반대로 그러한 관행들을 크게 장려해야 합니다. 서구사회에 있어서도 이해당사자들이 해결을 호소하는 여러 가지 다양한 경로들을 준비하도록 여러 가지로 다양한 여지를 주거나 바로 그러한 경로들에 마련해주도록 해야 하는 것입니다.[35]

35) 여기서 제시한 관점은 분쟁과 갈등에 연루된 것으로 밝혀진 양측 사이에 있는 '힘의 관계에서 나타나는 불평등' 문제에 대하여 정교한 해결책을 명확하게 제시한 것은 아니다. '불평등' 아닌 '힘의 관계에서 나타나는 불평등'이라고 말하는 게 바람직하다는 점에 주목하자. 만일 존재의 뿌리 깊은 불평등 말하자면 존재의 다양성과 유일한 독특함 등이야말로 결국에 가서 삶과 생활을 발효시켜 감화시키는 누룩 그 자체를 이루는 것이라는 점을 인정한다면, 풍요로우면서도 소외당하지 않기를 바라마지않는 모든 사회적 삶과 사회생활은 바로 이 '힘의 관계에서 나타나는 불평등'이라는 원리 위에 구축해야만 한다. 그러나 이런 의미에서 풍요로워진 불평등은 필경 분쟁과 갈등에 연루된 것으로 밝혀진 양측 사이에 있는 '힘의 관계에서 나타나는' 불평등함을 통하여 타락하고 말 것이다.

우리 서구 사회에서 제도적 틀은 힘의 관계에 있는 차이들을 평등하도록 만들어준다는 관념에 의하여 부분적으로 정당성을 갖게 된다. 하지만 형법과 형벌과 감옥 제도에 있어서는 그와 같은 시각은 완전히 잘못된 것이다. 온갖 탐색들 결과를 보더라도 그와는 정반대로 이 형법과 형벌과 감옥 제도가 기존하는 힘의 관계에서 나타나는 불평등을 오히려 더 크게 강화시키고 있다는 점을 아주 잘 보여주고 있다. 그리므로 도대체 이 형법과 형벌과 감옥 제도의 틀 속에서 벌

52. 이웃과 함께 나누기

사람 대 사람 사이에 벌어진 문제들을 해결하는 방식은 사람들이 일반적으로 생각하는 것보다 훨씬 더 흔하게 사적인 맥락에서 이루어지고 있습니다. 어느 한 집단에서 혹은 자연적 공동체 내부에서 다소간 첨예하거나 고질적이며 만성적인 분쟁과 갈등이 발생하면 이 해당사자 본인들, 가족이나 친척, 주변 친구들 등이 나서서 그 분쟁과 갈등에서 뇌관이 되는 부분을 제거하는 방안을 모색하기 마련입니다. 이웃 사람들끼리 격론과 다툼이 벌어졌을 때 여기에 끼어들어 말리도록 요청받는 것은 드문 일이 전혀 아닙니다. 사람들은 이웃이 부부관계에서 어려운 문제가 생겼을 때에나 부모님을 모시거나 자식들을 데리고 기르는 과정에서 생기는 문제들에 대하여 그런 어려움과 장애물을 제거하여 원활하게 만들어주기 위하여 함께 노력해줍니다. 일터에서 직장동료끼리 혹은 동업자끼리 혹은 친구들끼리 긴장이 고조될 때 사람들은 그런 긴장된 분위기를 풀어주기 위해 노력합니다. 우리들도 살아가는 동안 어떤 고통스러운 사건을 받아들여야 하거나, 아주 중

어지는 상황을 시정하기란 전혀 불가능할 뿐만 아니라, 다른 한편 그 형법과 형벌과 감옥 제도를 폐지하는 것이야말로 유연함을 만들어낸다고 강력하게 주장할 수 있게 된다. 힘의 관계에서 나타나는 차이와 차별들이란 서로 얼굴들을 마주 대하며 만나는 곳에서는 사실상 최소한도 수준으로만 나타날 따름이다. 왜냐하면 불평등을 구체적으로 확인하게 되면 그 불평등은 더 이상 절대적인 것이 될 수 없으며 오로지 이러저러한 바로 그 힘의 관계 측면에서만 작용할 수 있을 따름이기 때문이다. 뿐만 아니라 서로 얼굴들을 마주 대하며 만나는 상황 속에서는 이러저러한 핸디캡들도 모두 무용지물이 될 수밖에 없다.

그럼에도 불구하고 형법과 형벌과 감옥 제도의 폐지를 아주 유연한 자세로 강구하며 기대하고 기다리도록 하기만 하면 된다. 이것은 마치 서로 얼굴을 마주 대하는 모델이야말로 충분히 계층화된 사회에서 발생한 문제들에 직면해서도 제대로 강구하는 대응조치가 되도록 해야 한다고 말하는 것과 같다. 본문에서 지적한 해결을 호소하는 여러 가지 다양한 경로들이란 필시 병행하는 다른 요인들과 더불어 아주 좋은 방향으로 영향을 미치게 된다. 바로 이런 의미야말로 이 지점에서 호소하여 환기시키고자 하는 바이다.

요하며 근본적인 결정을 내려야 하거나, 정말 힘든 대화를 시작해야만 할 때, 그럴 때마다 주변과 이웃끼리 서로 서로 자문을 구하거나 도움을 청하거나 중재조정을 요청해야 한다고 생각하는 경우가 너무도 자주 발생하고 있질 않습니까?

바로 이와 같은 '자연적 사회규제와 사회통제 메커니즘'이 어느 때를 막론하고 항상적으로 작동하고 있을 뿐만 아니라, 소외를 없애주면서 해방을 가져다주는 중요한 요인이 되고 있습니다. 어느 한 문제를 앞에 두고서 더 이상 고립되어 있지 않다고 하는 사실이야말로 이 문제를 훨씬 더 감당하기 쉽게 즉 견뎌낼 만하게 만들어줍니다. 요컨대 이웃의 다른 사람들과 더불어 해결방안을 모색하는 바로 그 자체야말로 해방을 가져다주는 활동인 것입니다.

53. 함께 둘러앉아 바비큐를!

저자가 사는 네덜란드에는 몇몇 동네 디스트릭트 집행위원회측이야말로 분쟁과 갈등을 해결하는데 매우 자연스러운 장소가 되고 있습니다. 때때로 주민들이 서로 반목하는 경우나 동네 디스트릭트측의 전체 입장에 반기를 들 때, 주민들은 직접 만나서 관련 문제를 제대로 인식하게 되며 또한 쟁점들에 대하여 서로 논의하며 토론할 수 있는 장소가 바로 그 동네 집행위원회 틀인 것입니다.

저는 네덜란드 도르드레히트 시 중심지에 있는 구도심의 제가 사는 동네에서 풀어내기가 매우 힘든 어려운 어느 한 분쟁과 갈등 건이 일어났던 걸 잘 기억하고 있습니다. 우리 동네 디스트릭트의 경우 매우 다양한 사회계층들이 함께 살아가는 주거지역이라는 특성을 가지고 있습니다. 구시가지에는 기업인, 엔지니어, 은퇴한 연금생활자, 예술가 등과 같은 중산층들이 살고 있습니다. 같은 동네의 또 다른 시가지 구역엔 전적으로 부자이면서도 젊은 지식인들이 살아가고 있습니다. 그러나 꽤 멀리 떨어져 있으면서 전통적으로 '사회질서를 어지럽히는 반사회적 시가지'라고 불려온 다른 시가지는 넝마주이와 고물상, 가난한 이민자들, 특히 터키계와 모로코계 이민자들, 그리고 버려진 주택 등 공유지에 무단점거하며 살아가는 돈이 없는 학생들 등이 모여 살고 있습니다.

그런데 언젠가 바로 이 '반사회적 시가지'라고 불리는 곳에 사는 청소년들 중 몇이서 높은 지위에 있는 지식인들 집과 정원에 들어가서 반달리즘이라는 파괴적 행위를 저질렀으며, 그러자 이런 피해를 당한 어느 한 지식인 쪽에서 경찰에 신고하는 일이 벌어졌습니다. ......

이런 일이 벌어진 후 동네 디스트릭트 집행부 회의가 열렸을 때, 피해를 입힌 사건 원인 제공자인 10대 청소년의 부모들은 다음과 같이 따지고 들었습니다. "이웃에서 함께 살아가는 이웃끼리 도대체 어떻게 경찰에게 신고하며 서로 대들고 반목할 수 있는 겁니까?" 이에 동네 디스트릭트 집행부 측에서는 경찰에 신고한 지식인 측과 그 집에 피해를 입힌 청소년들 등을 불러 별도 특별회의를 열기로 결정하였습니다. 이 이해관계 문제는 디스트릭트 집행부 관할에 속해 있지 않는 사항이었기 때문에 이 청소년들이 저지른 문제를 심의할 수 없었으며, 해당 청소년들과 직접 대화를 하는 그 자체를 전혀 해보질 못한 채 지나가버리고 말았습니다.

하지만 특별회의가 있기로 했던 그날, 피해자인 해당 지식인은 정말 많은 것을 알고 이해하게 되었음을 말하였습니다. 즉 그는 자신이 개인적인 사람의 차원에서 어떤 일이 벌어지고 있는가를 먼저 제대로 알고 이해하려고 해보질 않았더라면, 도대체 이 문제를 전혀 해결조차 할 수 없었을 것이라고 밝힌 것입니다. 사람의 일임을 이해하게 되자마자 그는 해당 청소년들을 불러 모아 함께 둘러앉아 바비큐 모임을 가게 되었던 것입니다. ......

54. 보복응징과 민사재판제도

자연적 분쟁과 갈등 해결방식이 이뤄지질 않거나 그와 같은 자연적 해결방식이 먹히질 않는 것으로 입증되는 경우, 이해당사자들은 어떤 형태로든 간에 '인위적'인 메커니즘에 호소하는 수밖에 없게 됩니다. 바로 이때부터 공식적인 사법제도의 장치들이 움직이기 시작하는 것입니다. 법원 측이 담당하여 수행하는 역할이란 정확하게 말하면, 당황하여 어찌할 바를 모르는 상황에 빠진 이해당사자들에게 법을 따르도록 하겠다고 밝히는 동시에, 사람 대 사람의 관계가 잘못되어 끝상났거나 사회에 제대로 통합되어 있질 못한 경우 이를 제대로 바로잡아 나가도록 하는데 있다고 밝히는데 있습니다. 반면 이해당사자 양측은 모두가 각자의 자리와 재산과 명예를 잃어버리게 됨을 깨닫게 될 따름입니다. 바로 이 점이야말로, 자신들 문제를 자체적으로 해결하지 못한 이해당사자들 요청에 따라 법원 측이 개입하게 되거나, 법이 강제로 그와 같은 형태로 해결해나가도록 요구하거나 할 때, 온갖 형태의 이러저러한 법원들 측이 따르는 원칙인 것입니다. 도대체 '억압적' 법원에 대해 잉여로 즉 추가적으로 '형벌권'까지 귀속시켜 주어야 할 하등의 이유나 필요가 아예 존재조차 하질 않는 것입니다. 왜냐하면

논란과 논쟁을 벌이도록 지정을 받은 '이러저러한' 분쟁과 갈등에 대하여 법원 측은 누군가에 대해서는 반드시 유죄라고 선고하면서 형벌을 가하는 방식으로 처리하게 될 것이기 때문입니다.[36] 만일 우리가 분쟁과 갈등 상황에 대하여 여러 가지 다양한 쇠창살 접근방법을 적용할 수 있다는 점을 상기한다면,[37] 분쟁과 갈등이라고 하는 게 도대체 어떠한 것인가를 막론하고 우리는 제도적 차원에서 제기되는 한계 속에서나마 '민사적' 접근법이야말로 언제나 가장 적합한 쇠창살 접근방법임을 너무도 잘 알 수밖에 없습니다. '민사법원'이라고 일컬어지는 법원이라면 어느 법원이든지 막론하고 그때마다 적절한 수정을 가하면서, 형법과 형벌과 감옥 제도 측이 개입하는 이해당사자들에 대해서까지도 그 형사법원보다도 훨씬 더 좋으며 모두에게 유익한 방식으로 개입할 수 있으며 또한 그렇게 개입하도록 해주어야만 하는 것입니다.

여기서 무엇보다 우선적으로 실수해서는 안 되는 대목은 민사재판을 통한 분쟁과 갈등 해결모델이란 것조차도 필경 타깃이 되어 있는 측 입장에서 보면 '사실상' 고통스러운 강제력의 요소가 될 수밖에 없다는 점입니다. 뿐만 아니라 피해자로 추정되는 사람 측에서 보더라도 이상에서 말씀드린 것과 같은 민사재판 제도를 활용하여 해당 상황에 대하여 책임이 있는 상대방 측에 대하여 민사상으로만 해도 매우 힘들게 만들거나 심지어는 사실상 실효성이 매우 큰 형벌을 가하는 효과까지 거둘 수 있다고 하는 건 너무도 당연한 이치입니다. 그러므로 오로지 형법과 형벌과 감옥 제도만이 사람들의 복수 응징의 감

36) 이 책의 8항과 16항 참조.

37) 이 책의 35항과 37항 참조.

정을 풀어줄 수 있다고 말하는 것은 너무도 조급한 생각에 불과하며 따라서 그렇게 보아서는 안 됩니다. 보상 유형의 민사재판 사법제도야 말로 그와 같은 역할을 너무도 잘 수행할 수 있기 때문입니다.

여기서 이누이트 족의 풍자노래 부르기 결투 방식을 비유로, 아니 매우 좋은 모범 사례로 들어보도록 합시다! 어느 한 절차의 틀 속에서 그 절차 과정의 일환으로서 누군가와 싸운다, 상대방이 당한 피해에 대해 보상한다, 그 절차에 들어간 비용도 보전하여 주도록 한다, 상대방 측이 잘못했다고 규정하는 판결문을 읽으며 또한 판결문 낭독을 듣도록 한다, ... 바로 이상과 같은 절차들이야말로 보복응징의 감정으로 불타오른 피해자에게 그와 같은 '민사적' 메커니즘을 자신의 손에 쥔 채 활용할 수 있도록 맡겨줌으로써 보복응징의 욕구를 충족시켜주는 훌륭한 방법이며 수단이 되는 것입니다.

그리고 오로지 서로 갈라서는 이혼만이 유일한 방법인 것처럼 보이는 상황에서 기만당하며 상처를 받고 공격당했다는 배우자 쪽 감정이 극단으로 치달아 폭력으로 내닫는 경우가 너무도 종종 발생합니다. 예컨대 불법주거침입 강도를 당한 피해자보다 훨씬 더 폭력적인 것으로 입증되기도 하였습니다. 이혼에 대한 이 모든 감정들은 보복응징을 해야만 한다는 각골난망의 원수 같은 감정이 됩니다. 그런데 자, 봅시다. 이런 경우는 마땅히 민사재판 제도를 통하여 해소 해결하도록 해야 하며, 현실적으로도 그렇게 하고 있기도 한 것입니다.[38)]

제가 원수같이 여기며 보복응징하려는 그러한 감정들에 대하

38) 다른 방식으로 표출하지 않는 한에 있어서 그러하다. 어떠한 경우에도 강력한 복수 욕망만이 이 가사사건 영역에서 운영되는 형법과 형벌과 감옥 제도 차원으로 끌어올리도록 몰아가는 것이라고 주장하는 사람은 전혀 없다.

여 정당한 것이라며 애써 변호하려는 것은 전혀 아닙니다. 하지만 당한 측에서 그렇게 보복 응징해야만 하겠다고 주장한다면, 민사적 접근방안이야말로 훨씬 더 바람직하며, 대신 형법과 형벌과 감옥 제도 접근방안이 엄청나게 바람직하지 않을 뿐만 아니라 결함과 단점들 또한 정말 매우 심각한 것에 비하면 이 민사적 방안이 안고 있는 단점이란 그야말로 조족지혈 즉 새 발에 피 정도에 지나지 않다는 건 지극히 명명백백한 사실입니다.

55. 얼굴을 직접 마주 대하는 해결 양식

이상과 같은 논의 과정에서 제기한 여러 가지 경험들에 따르면, 국가사법제도 주변에 별도로 그리고 자연적 통제 메커니즘을 보완하는 형태로, 얼굴을 직접 마주하는 분쟁과 갈등 조정과 해결 양식이라고 하는 것을 과연 어떠한 방식으로 만들어 운영할 수 있는가를 잘 보여줍니다.

미국에서 카터행정부 시절 미국 변호사협회 소속의 벨(M. Bell)은 바로 그와 같은 문제를 성찰하여 방안을 만들기 위한 위원회 모임을 만들어 운영한 바 있습니다. 그는 법무부장관이 되었으며 온갖 형태의 얼굴을 마주 대하는 해결 양식을 시범적인 실행과 연구를 위해 재정 지원하도록 규정한 법안 통과를 지원하였습니다. 그가 장관직을 물러난 이후에야 비로소 이 법안이 빛을 보고 시행에 들어갈 수 있었습니다. 하지만 실제 이 법안이 담고 있는 방안들을 추진해야 하는 신임 법무부장관은 정작 이를 파묻어버리고 말았습니다.

그러나 당시 미국의 여러 곳에서 이에 관한 여러 가지 수많은 아이디어들이 시범 실시되기까지 하였습니다. 아주 여러 가지 방식들이 실행에 옮겨졌습니다. 첫째 방식은 지금까지 10여 년 동안 중요성이 떨어지는 비교적 가벼운 형사사건들에 대하여 적용되어 왔습니다. 이는 경찰이 주선하는 일종의 '직접 대면' 방식입니다. 즉 법원으로 회부되기 이전 단계에서 고소 고발을 하고자 하는 사람들은 되도록 상대방을 미리 만나서 양측이 서로 얼굴을 마주 한 채 정말 형법과 형벌과 감옥 제도 속으로 해당 건을 끌고 들어가야 할 것인가 여부에 대해 물어보도록 권장하는 제도인 것입니다. 제가 말씀드리는 이 제도가 시행될 당시, 쌍방이 이렇게 서로 얼굴을 직접 마주하면서 대면하는 것에 대하여 가이드 하는 일은 바로 그 여러 법학과 학생들이 맡았습니다. 그리고 이 얼굴을 직접 마주하면서 대면하는 해결 방식은 통상적으로 일종의 타협을 도출하는 쪽으로 결론이 나곤 하였습니다.

저는 사실 이 제도에서 병목현상을 해소하지 않는다면 형법과 형벌과 감옥 제도에 대해 변화나 개혁을 그다지 가져다주진 못할 것이라고 생각합니다. 그런데 병목현상은 여전합니다. 미국의 지금 이 대면 방식에 의한 해결제도를 네덜란드 측 제도 운영과 비교해보면 문제들이 바로 이 얼굴을 마주 대하는 절차 차원에서 해결을 보며, 따라서 형법과 형벌과 감옥 제도의 절차로는 진입해 들어가질 않고 실제로 단 한 건도 그렇게 된 적이 없을 정도로 좋은 결과를 보여주었습니다. 그저 단지 단순사안 정도인 것으로만 처리되었습니다. 하지만 이렇게 서로 얼굴을 마주하여 해결하도록 하는 기회를 제공하는 이 방식은 그 자체가 일종의 분쟁과 갈등 해소와 해결 방식 메커니즘이며, 결코 소홀하게 여길 사안이 아니라는 점도 강조해둘 필요가 있습니다.

두 번째 방식은 중재재판 제도입니다. 상당수 사안들이 어떤 경위를 거쳤든지 간에 직접 곧바로 중재절차 담당자 앞에 제기되었습니다. 그중에는 쌍방 측이 곧장 중재절차에 들어가기로 하여 그렇게 된 건들도 있으며, 아니면 사회복지기관이 어린이나 미성년자 보호 차원에서 혹은 교회 같은 단체에서 내부적 분쟁과 갈등을 해소하기 위하여 중재절차에 보내는 건들도 있습니다. 이때 중재절차 담당자에 대해서는 분쟁과 갈등에 개입할 수 있도록 미리 교육과 훈련을 받도록 하여 중재활동에 잘 대비할 수 있도록 합니다. 그래서 중재절차 담당자는 먼저 양측에게서 개별적으로 입장을 들어본 다음, 자신이 캐치한 바에 따라 대안을 제시하는 입장에서 일종의 타협안을 마련하고, 이를 이해당사자 양측에게 제안하며, 그리고 양측이 모두 받아들일 때까지 다시금 타협안을 수정해나가도록 합니다.

세 번째 방식은 제가 보기엔 가장 나은 방안이라고 생각되는 것과는 크게 동떨어진 것입니다. 이 방안은 '커뮤니티 위원회'(community boards) 방식으로서, 앞의 방식과는 전혀 달리 다수의 중재 담당자들로 구성하도록 하고 있습니다. 상황 변화에 따라 그때그때마다 커뮤니티 위원회로부터 도움과 지원을 받고자 하는 바로 그 사람들로 임시중재위원회를 꾸리게 됩니다. 예컨대 푸에르토리코 계와 멕시코 계 사이에서 아니면 동일한 인종 내부적으로 분쟁과 갈등건이 발생하면 '중재위원회'는 최소한 푸에르토리코 계 1명 멕시코 계 1명이 포함되도록 해야 하며, 남녀 사이에서 분쟁과 갈등이 발생한 경우 남자 1명 여자 1명이 포함되도록 해야 하고, 상인과 청소년 사이에 분쟁과 갈등이 발생하여 격화된 경우 기업인 1명 청소년 1명이 포함되도록 해야 합니다.

이때 기본적인 아이디어는 첫째 분쟁과 갈등에 직접 연루된 측과 가까운 인사들이 중재위원을 맡도록 해야 한다고 보는 점입니다. 둘째 아이디어야말로 이 세 번째 분쟁과 갈등 해결 모델에서 토대를 이룰 정도로 매우 중요한 측면이며, 중재 담당자는 분쟁과 갈등을 해결하는데 어떠한 준비도 미리 하지 않으며, 따라서 중재에 필요한 교육과 훈련도 미리 받지 않도록 한다는 점입니다. 이 세 번째 방식에서 중재 담당자들은 단지 분쟁 중인 사람들이 자신의 분쟁과 갈등이 정확히 무엇인지 인식하며, 서로 경청하도록 하고, 상대방 측이 살아오며 겪은 상황에 대하여 제대로 인식하며, 마침내 이 분쟁과 갈등을 어떻게 처리하여 중재절차를 처음부터 다시 시작하되 어떠한 맥락에서 다시 시작할 것인가 하는 조건을 정하든가 아니면 최종적으로 매듭을 풀어 해결방안을 정하든가 하는 이 양자간 결정을 내릴 수 있는 인사들로 구성하도록 하고 있습니다.

저는 이상과 같은 커뮤니티 위원회 측의 활동 모습을 직접 보진 못했습니다. 그러나 이에 대하여 수많은 보고서 등을 읽어보았으며, 실제로 커뮤니티 위원회에서 활동한 인사들과 장시간 동안 이야기를 나눠볼 기회를 가진 바 있습니다. 그들의 이야기에 따르면 커뮤니티 위원회는 매우 잘 돌아가고 있다고 하며 실제로 그런 것으로 보입니다. 무엇보다도 이 모델은 숨겨져 있지만 한 가지 장점을 가지고 있기도 합니다. 즉 커뮤니티 위원회 위원은 2년까지만 할 수 있게 되어 있어서 해당 커뮤니티 내에는 최근 들어서서 더욱 더 많은 사람들이 중재절차 담당자 경험을 거치게 된 점을 말합니다. 그러므로 장기적으로 보면 커뮤니티의 전반적인 분위기 자체가 총체적으로 더욱 더 중재적인 모습을 띠어가고 있습니다. 어떠한 형태의 제도주의도 탈피해 나가게 만들어주고 있는 것입니다.

이 커뮤니티 위원회 방식은 주로 그리고 더욱 더 자주 사람과 사람 사이의 대인간 분쟁과 갈등을 다루고 있습니다. 그러나 그와 꼭 마찬가지로 커뮤니티들 사이에서 일반적 공익을 둘러싸고 벌어지는 분쟁과 갈등에 관한 건들에 대해서도 개입합니다. 향후 심리적으로 가까이에 있는 사법을 시행하도록 하는 것이야말로 어느 것 못지않게 중요한 미래 여정이 될 것입니다.

56. 커뮤니티 경찰활동

여러분이 만일 형법과 형벌과 감옥 제도의 각 기관들을 죽음의 메커니즘에 단단히 붙들어 매주고 있는 관료주의 연결고리의 논리구조를 깨부수면, 그리고 나아가 어쩔 수 없이 거쳐야만 하는 모든 법원 절차들에 대하여 여러분이 문제 상황에 직접적으로 연루된 사람들을 심리적으로 매우 가까운 상황을 만들어 적용하면, 형법과 형벌과 감옥 제도 중에서 업무를 통하여 인간적인 일들을 서비스하는 기관들이 상당히 많이 부활해 나올 수 있게 될 것입니다. 그 중 어떤 기관은 심지어 분쟁과 갈등 해소와 해결에 있어서 다른 무엇으로도 대치할 수 없는 핵심적인 업무까지도 수행하게 될 것입니다. 양식이 있는 사법정책이라면 사법제도 개혁과 재구조화를 위하여 의당 태도와 정신구조를 반드시 바꾸어나가는 쪽으로 방향을 틀어주도록 해야 합니다.

억압적 기관을 없애려는 개혁이라면 모든 재판은 민사재판 혹은 행정재판이 되도록 바꾸어야만 합니다. 뿐만 아니라 그와 같은 민사재판이나 행정재판 판사의 역할이란 구체적으로 인권과 개인의 권리를 보장하는 것이라야 합니다. 동시에 중간에서 어떤 기관이 통제에 실패하든지 아니면 당사자들이 문제 상황에 대하여 재심해주도록 하든지 어느 경우를 막론하고 이해당사자들이 항소할 때마다, 법원과 판사는 매번 반드시 이를 받아들이도록 하여 진행하도록 해야 합니다.

그러나 개별적이며 구체적인 문제들이 국가기구에 진입해 들어가지 않도록 하는 방안을 강구는 해야 할 것입니다. 특별히 경찰관들에 대해서는 이들의 제일가는 첫 번째 막중한 소임이란 반드시 '평화의 대리인' 즉 이러저러한 중요한 지역 사정들에 정통하다는 점을 활용하여 평화를 지키는 일이 되도록 해야 합니다.

예컨대 네덜란드의 경우 지방자치단체들 중 상당수는 사법기능이 가장 중요하거나 더욱 더 중요한 부분이 되는 일이 생기지 않도록 하기 위하여 일부 코뮌과 구역에서 오래 근무한 일선 경찰관들을 재배치하는 조치를 취하였습니다. 이전과는 정반대로 이 경찰관들은 가장 우선적으로 동네와 관할 시가지 주민들에게 봉사하는 업무를 수행하도록 한 것입니다. 주민들은 경찰관에게 긴급 상황이 발생했을 때 의사를 급히 불러주며, 약국 문을 열어주도록 해주고, 열쇠를 잃어버렸을 때 열쇠공을 깨워 불러주도록 하는 등등의 서비스를 요청할 수 있게 된 것입니다. 경찰관들은 온갖 긴급 상황에 대응하도록 해야 하는 업무를 맡게 된 것입니다. 하지만 경찰관들은 그런 일과 동시에 자신들이 업무관할로 하고 있는 디스트릭트 지역과 정치제도 즉 정치권 측 사이의 중간에 서서 양측을 이어주는 다리 역할도 수행합니다. 즉 이들은 자신들이 관찰하여 알게 된 잘못이나 결함 등에 관한 유용한 정보들을 전달해주며, 또한 자신들이 알게 된 문제 상황들에 잘 대처하여 처리하기 위하여 해당 기관들을 동원시키도록 하는 것입니다. 이 경찰관들은 자신들의 제일가는 가장 중요한 사명이란 주민들을 돕는 일이며, 왕왕 누군가가 형법과 형벌과 감옥 제도 속에 이끌려 들어가는 것을 막아주기 위하여 자신들이 맡은 바 할 수 있는 모든 일들을 다해야만 하는 것이라고 믿고 또한 그렇게 실천해나가고 있습니다.

도르드레히트 시 중심가에 있는 어느 한 빈민지역에서 어느 한 시기 동안 학교에서 매일 아침마다 교실 창문이 깨진 것을 발견하여 확인한 적이 있었습니다. 시청 측은 깨진 창문들을 다시 갈아 끼워야 하는 당사자 측에게 담당자가 가서 만나보고 논의를 거친 다음 경찰서장에게 '개입' 해달라고 요청하였습니다. 경찰서장은 해당 디스트릭트 지역 경찰관들에게 '조치'를 하라고, 즉 말하자면 그렇게 상습적으로 말썽을 피운 자들을 붙잡아오도록 지시하였습니다. 마침내 어느 한 담당 경찰관은 청소년들이 창문을 깬다는 걸 알아냈습니다. 그러나 이들을 체포하기보다는 그렇게 하지 않고 대신 시청 담당자에게 찾아가서 논의를 하기에 이르렀습니다. 담당 경찰관은 도르드레히트 시의 여러 개에 달하는 디스트릭트별로 유리창이 깨진 학교들 명단을 시청 담당자 쪽에게 건네 달라고 요청하게 됩니다. 그 후 해당 경찰관이 학교명단을 건네받게 되자 다음과 같이 말하였습니다. "자, 보십시오. 학교별로 깨진 유리창 장수와 해당 학교가 위치해 있는 디스트릭트의 청소년시설 사이에 상관관계가 나타나잖아요. 제가 담당하는 시가지에서는 깨진 유리창이 훨씬 더 많아요. 요컨대 제가 담당하는 시가지는 청소년시설이 가장 크게 부족한 지역이거든요. 시간을 보내며 놀 청소년시설이 없어서 놀다가 유리창을 깬 그 애들에게 제가 다가가서 그만들 유리창을 좀 깨지 말라고 막을 수가 전혀 없는 노릇이로군요. 깨지는 유리창 장수를 줄이고 싶으시다면 도시계획에 손을 대 조정을 해야만 하겠습니다." 저는 바로 이 사례야말로 어느 나라 어느 곳에서든 그대로 본받아 긴급사태에 대처하는데 활용 발전시키도록 해야 하는데 필수적인 정신자세를 아주 잘 보여준다고 생각합니다.

57. 범죄란 건 아예 불가능하다

'사고 원인 제공자'만을 문제로 삼는 유별나기 짝이 없는 관점을 포기하게 된다면, 커다란 피해를 입히는 행위들이 상습적으로 빈발하는 온갖 영역들에 있어서 이른바 '예방' 조치들을 그저 시늉에 그치는 게 아니라 매우 체계적으로 강구하는 노력들이 저절로 크게 촉진될 수밖에 없습니다. 예컨대 도로교통 분야의 경우 운전자, 도로, 자동차 등 이 삼자 간에 상호작용과 상호관계가 있다는 점을 포착하여 주목하기 시작하여, 도로 개설과 자동차 설계에서부터 개선을 꾀함으로써 도로교통사고의 건수와 대형화 수준을 크게 줄일 수 있습니다. 더군다나 자동차, 백화점, '각종 셀프 서비스 업체', 은행 등지에 안전장치와 안전 메커니즘 등을 보급 설치하게 되면서부터는 절도사건 수는 크게 줄어들었습니다.

범죄 개념을 포기하면 위와 같은 효과뿐만 아니라 여러 사회적 부문의 개혁은 물론 '사법' 개혁까지도 모색하여 추진할 수 있게 됩니다. 예컨대 보증수표를 사용하는 유럽 여러 나라에서 입장할 때 밀고 들어가도록 한다든지, 무료대중교통수단 도입, 택시와 식당 등에 대한 일부 서비스 요금 지급 제도 등이 바로 그와 같은 우려와 관심사에 적극 부응하는 사례들입니다. 이와 같은 방식들이 활용되는 나라들은 무엇보다도 먼저 위험을 전면적으로 해소할 뿐만 아니라 일탈 범죄 곡선도 눈에 띄게 크게 하강하고 있습니다.그러나 이런 논의와 성찰은 여기에 머물러 있기만 해서는 안 되며 더욱 더 앞으로 밀고 나아가도록 해야 합니다. 요컨대 공동체 측은 이러저러한 위반과 침해 행위들이 아예 물리적으로 일어날 수 없게끔 만들어 대비해야 할 뿐만 아니라, 나아가서는 그 '위반과 침해라는 범죄 개념 그 자체까지도 소멸시킬 수 있도록 하는 방안까지도 강구' 해나가야 합니다. 결국에 가서 구조개혁의 상당 부분들은 오로지 그러한 구조의 토대를 이루고 있는 사람과 사람 사이의 관계에 대하여 전혀 새로운 시각과 관점으로 전환할 때에만 가능할 수 있었습니다. 그러므로 새로운 남녀관계, 새로운 부모 자식 관계 등으로 바뀌어야만 비로소 가정폭력 및 가정폭력이 초래하는 대응조치들 건수나 규모를 줄일 수 있게 될 것입니다.

이처럼 사법구조와 사회구조의 재조직화 및 개혁 방안을 모색하여 이제 더 이상 위반과 침해 행위라는 범죄 '개념' 그 자체가 설 자리조차 없도록 해야 합니다. 그런데 이는 특히 온갖 형태의 사회적 관계 유형들 속에서 모든 사람들 역할을 재평가하며 업그레이드함으로써 이루어낼 수 있습니다. 그리고 그러한 맥락과 시각에서 보면 이는 정치적 목표에서 최우선적인 것이 될 수밖에 없는 것들입니다.

58. 드라마틱한 요소의 해소

오랜 세월에 걸쳐 사람과 문명은 분쟁과 갈등을 겪으며 살아오면서 이를 해결 해소하는 다양한 방식들을 발전시켜 왔습니다. 그래서 전에는 도저히 용납할 수 없는 것으로 여겨지던 사안들이 이제 우리 시대에 와서는 지지를 받게 되었으며 심지어는 전체 공동체 측에서 크게 바라마지 않는 일이 되기까지 하는 경우들을 직시하고 있습니다. 예를 들면 바로 그 피임 문제가 여기에 해당합니다. 한걸음 더 나아가서는 과거에는 아예 거부해마지않던 행위들이 이제는 일부 나라들에서나마 관용의 대상이 되고 있는 경우들도 있습니다. 예컨대 향정마약 사용이나 동성애 문제 등이 바로 여기에 속합니다.

정부가 이와 같은 여러 가지 행위들이나 관행에 대하여 명백히 공식적으로 금지하다가 관용으로 돌아서게 된 것은 어느 날 갑자기 땅에서 솟아나거나 하늘에서 떨어지듯이 그냥 주어진 것은 전혀 아닙니다. 이런 식으로 관행이나 추세가 역전된 것은 입법절차에 대해 영향력을 미칠 수 있는 인사들 중에서까지도 이전과는 다르거나 아니면 전혀 새로운 이들 행위들이 전이되어 크게 보급되었기 때문이며 그래서 바로 이들이야말로 그와 같은 역전의 토대를 마련하게 된 것입니다. 그런데 이와 같은 다양성이 야기할 지도 모르는 일부 이러저러한 사건과 같은 어려움이 있다고 해도 이에 대응 대처해야 하는 업무나 과제들은 다른 사회규제제도들에게 맡기면 될 터임에도 불구하고, 도대체 왜 처음부터 훨씬 더 커다란 다양성을 받아들이질 않았다는 말입니까? 일부 이해당사자 혹은 일부 기득권 집단 측이 어느 한 가지 제도적 개입을 고집하고자 하거나 그와 같은 개입 장치가 사법적 틀 속에 이미 규정되어 있는 한, 형벌과 형법과 감옥 제도에서 독특한 속성으로 되어 있는 드라마틱한 영향이나 효과나 결과들을 피해나가도록 하는 일이야말로 매우 중요합니다. 이익집단을 포함하여 온갖 다양한 집단들로 이루어져 있어서 다원주의 입장을 취하고자 하는 정부라고 한다면 그와 같은 행위 측면에 대해 비범죄화 조치를 취할 것으로 기대해 볼 만합니다. 하지만 해당 사건들이 일어나는 상징적 맥락과 심리적 맥락에 대하여 정치권력이 미치는 영향을 과소평가해서는 안 됩니다. 비범죄화 조치가 취해진 분위기 속에서는 전통적이지 않은 즉 전통에서 벗어난 행위들에 대하여 관용의 태도가 크게 발달하게 되며, 개개인들이 바람직하지 않은 행위들을 대면했을 때 이를 받아들이는 역량이 생겨나 점차 증대되어나감을 볼 수 있습니다. 어떤 주어진 사회에서 이와 같은 태도가 증대될 때 우리는 두 가지 유형의 장점이 따라 나옴을 경험하게 됩니다. 첫째는 분쟁과 갈등이 에스칼레이트 되는 것을 피하며 부정적인 영향이나 결과들은 크게 줄일 수 있다는 점입니다. 둘째는 그에 따라 공포심도 크게 줄어든다는 점입니다.

수많은 영역들에 있어서 사회적 보호 및 건강 등에 활용해야 하는 자원들을 가져다가 일개 '사건 원인 제공자'에게 초점을 맞추어 쏟아 붓는 일은 중단하도록 해야 하며, 그 대신 잠재적 '피해자들'을 포함하여 해당 사안에 연루된 다른 이들에게 그런 자원들을 바치도록 하는 노력과 수고야말로 얼마든지 감당해낼 만한 가치가 있는 것 아니겠습니까?

59. 살아있는 사회

범죄 개념을 거부하게 되면 어쩔 수 없이 '예방'에 관한 개념도 재고해 보아야 합니다. '범죄행위'라는 논리가 아닌 전혀 다른 논리로 현실을 재고해 보도록 애써 노력하게 되면, '(일탈)범죄예방'이란 이제 더 이상 아무런 의미도 없는 것이 되고 말기 때문입니다.

범죄학자 및 통치 권력층은 경제, 도시화, 문화, 사회 등의 부문에 걸쳐 있는 이러저러한 불쾌하며 유감천만인 행위들의 뿌리와 근원들에 맞서 싸움으로써 '범죄를 예방해야 합니다.'라고 입장을 밝히고 있습니다. 이는 결국 다음과 같은 사실은 시인했다는 점에서 매우 흥미롭습니다. 요컨대 오늘날 범죄 혹은 일탈범죄라고 규정되는 행위들, 그리고 우리들의 감옥에서 정확히 바로 죄수들이 사람으로서 품위를 손상당하며 오명을 뒤집어쓴 채 낙인찍혀야 하는 바로 그 행위들, 이와 같은 범죄 행위의 원인이란 결국 현실적으로는 복잡하기 이를 데 없으며, 바로 그 공동체 차원에 원인이 있다고 보는 것이기 때문입니다.

하지만 우리는 훨씬 더 앞으로 나아가도록 해야 합니다. 보다 더 정확히 말하면 전혀 다른 움직임과 과정이야말로 문제가 되는 것입니다. 즉 형법과 형벌과 감옥 제도에 관한 담론 그 자체의 뿌리와 근원에 대하여 추적해 들어가 보도록 해야 하는 것이야말로 바람직하며 또한 정도에 속합니다. 지금까지 늘 있어왔던 문제들을 전혀 새로운 시각으로 새롭게 바라보며, 더불어서 돌연변이와도 같은 현실의 불안한 모습과 변화를 이끌어내도록 해야 합니다. 저는 '예방'이라는 말을 좋아하질 않습니다. 왜냐하면 '예방'이라는 말은 과거의 패러다임에 갇혀 있는 모습, 바로 그것이기 때문입니다. 현실적으로 문제 상황들에 대한 즉각적이거나 직접적인 예방보다 훨씬 더 나아가도록 하는데 목표를 두어야만 합니다. 우리들은 사회구조와 사회적 태도에 대해 주목해 보아야 하며, 남자든 여자든 할 것 없이 우리 시대 사람들이라면 모두가 도대체 어떠한 조건 속에서 자신들의 문제에 대해 대결을 벌이며 끌어안을 수 있을 것인가를 찾아내도록 해야만 합니다.

이제 정치권력 측은 국가 차원의 강제력을 축소시키면서 그 대신 훨씬 더 자주 도시와 농촌의 작은 집단과 공동체들을 향하여 호소를 하게 됩니다. 정치권력 측은 결사체 현상을 크게 조장하도록 해줍니다. 정치권력은 새로운 형태의 사회적 서비스 업무와 노동을 확대시켜 나가도록 합니다. 그 목적은 이용자들을 돌보며 재활하도록 하기보다는 오히려 이들이 자신들이 안고 있는 문제들에 대하여, 그들 스스로 선택하기를 바라마지않는 그러한 방법 및 그들에게 접근할 수 있는 그러한 수단을 가지고 다스리며 통제해나갈 수 있도록 돕는데 있는 것입니다. 이것은 훨씬 더 생산적이며 쓸모 있는 길에 접어드는 것과 같습니다.

60. 부활

형법과 형벌과 감옥 제도가 폐지되면, 분쟁과 갈등을 해결하는 모든 방식은 새로운 언어를 통하여 재고되어야 하며 전혀 다른 논리 속에서 새롭게 틀을 갖추도록 해야 합니다. 이렇게 되면 내부로부터 그 자체가 전면적으로 새롭게 바뀌어 변혁을 이루게 될 것입니다. 그러나 이 새로운 제도를 일으켜 세운다 하더라도 문제 상황들을 아예 제거까지 할 수는 없다는 건 너무도 당연합니다. 하지만 이 새로운 제도가 오명 뒤집어씌우기와 낙인찍기와 같은 해석과 해결책이라는 환원론적 쇠창살을 저 멀리까지 그리고 저 높은 데까지도 치워 없애도록 한다면, 지금은 상상하기 어렵겠지만 전체적인 모든 사회생활 차원에 걸쳐서 여러 가지 온갖 접근방법과 해결방안들이 분출되어 나올 것입니다.

제 집의 정원에서 제가 만일 해와 비를 가로막아 땅을 비옥하게 하는데 방해하는 것들을 모두 걷어치우며 없애고 제거해주면, 온갖 화초와 나무들이 싹을 틔워 무럭무럭 자라날 것이라는 점에 대하여, 저는 추호의 의심도 하질 않습니다. 그러므로 국가 차원의 형법과 형벌과 감옥 제도가 사라지도록 제거해주면 지금의 문명도 훨씬 더 건강해지며 훨씬 더 역동성을 발휘하게 되고 새로운 사법과 정의의 길을 열어주게 될 것입니다.

제3부

발문과 해설

발문과 해설

루크 훌스만은 이 책에서 폐지주의 사상을 제시하면서 온갖 희망을 불러일으켜 주었습니다. 이러한 훌스만의 폐지주의에 대하여 범죄학 전문가 네 분의 입장을 소개하기로 합니다.

앞의 두 분은 프랑스어판(1982), 세 번째 분은 스페인어판(1984), 네 번째 분은 이탈리아판(2001) 등에 각각 루크 훌스만의 이 폐지주의 책에 대하여 해설과 발문을 썼습니다.

첫 번째는 마르크 앙셀(Marc Ancel)입니다. 그는 프랑스 학술원 회원, 파기원 명예원장, 국제사회방위학회 회장 등을 맡고 있습니다.

두 번째는 클로드 포게롱(Claude Faugeron)입니다. 그는 파리 형벌과범죄정책연구소장을 맡고 있습니다.

세 번째는 칠레의 형법교수이자 변호사인 세르지오 폴리토프가 루크 훌스만의 폐지주의를 형법이론에 비추어보아 평가한 글을 소개합니다. 시기적으로 훌스만의 이 책이 쓰인 지 2년 밖에 안 된 시점에서 당시 형법학계의 흐름을 잘 보여줍니다.

여기서는 '권력기구 : 형사사법제도의 애매성'이라는 제목으로 훌스만의 폐지주의 사상을 논의해주고 있다.

마지막으로 네 번째는 닐스 크리스티(Nils Christie)입니다. 그는노르웨이 오슬로대학 교수로 있습니다. 그는 이 책에서 '국가란 위험천만하다'라는 제목으로 훌스만의 폐지주의 사상을 평가하고 있습니다.

1장 루크 훌스만과 형사사법제도의 패러독스

-마르크 앙셀(1982)*-

도대체 무엇 때문에 기만당해서는 안 되는가? 요컨대 루크 훌스만의 이 책은 '형법의 위기'를 다루거나 '형사법원'을 비판하는 책이 아니다. 오히려 저자는 그 어느 것보다도 우위에 서는 청사진을 보여주며 어떠한 논란도 허용하지 않는 하나의 관점을 제시하고 있다. 그러나 저자는 형사사법제도의 패러독스에 대해 성찰하도록 초대할 뿐만 아니라, 지극히 간단명료하면서도 정말 솔직하게 정말 형사사법제도란 정당성이 있는 것인가를 묻고 있다. 바로 이 지점에서 저자의 사상은 특별히 독창적이며 혁신적이다. 하지만 루크 훌스만은 이 책에서

---

* 마르크 앙셀(Marc Ancel : 1902~1990), 프랑스 예심판사 및 법학자, 사회보호보다는 오히려 인권보호 차원에서 형사정책 전반의 개혁을 모색한 형사정책이론가("새로운 사회방위론")였으며, 그의 저작은 로베르 바뎅떼(Robert Badinter)가 추구한 신형법의 토대가 되었다.

로베르 바뎅떼(Robert Badinter : 1928~) : 프랑스 법조인, 학자, 작가, 정치인, 헌법재판소장, 종신형 및 사형제 폐지론자, 동성애 비범죄화, 프랑스 신형법 기초자 등으로 유명함, 1981년 프랑스 법무부장관으로서 사형제 폐지의 주역이 됨, 그의 부친은 폴란드계로 1943년 리용에서 나치에게 체포되어 학살당함, 소르본느 법학과 졸업, 프랑스 정부 장학금을 받아 미국 콜롬비아 대학 유학.

사회경력 : 1951 프랑스 변호사협회 회원, 1966~1994 프랑스 각대학 법학과 교수 역임, 1965년 로펌설립(사형수를 무기수로 감형시키며, 마약사범 수십 명을 대통령 특사로 석방시키도록 함), 1994 파리1대학인 판테옹-소르본느 대학 명예교수, 2001년 스트라스부르그 사형제반대국제회의 주도.

정치경력 : 프랑스 법무부장관(1981~86)으로서 사형제 폐지법안 제출하여 통과시킴. 사형제 폐지 외에도, 국가안보법원과 평화 시 군사법원 폐지, 소송인의 유럽인권법원 제소권 부여, 동성애 범죄를 폐지(비범죄화), 신형법 등을 발의하여 통과시킨 바 있다. 헌법재판소장(1986~95), 유고내전 수습을 위한 '유고슬라비아 평화중재위원회'(1991~93, 일명 '바뎅떼위원회') 활동을 통해 평화의 초석을 닦음, 루마니아헌법 기초(1991), 유럽안보협력기구(OSCE) 산하 유럽중재조정법원장(1995~), 상원의원, 2006년 12월 31일 사담 후세인 이라크 대통령 사형집행 당시 '엄청난 정치적 실수'라며 비판함. 2007년 헌법개정을 통하여 법 개정만으로는 사형제 부활할 수 없도록 못박음. 터키의 EU회원가입 반대. 안락사 입법 반대(삶의 권리는 사형제 폐지의 기초라는 이유를 내세움).

자신의 폐지주의를 구축하는 경로에 대하여 정확히 분석하여 보다 더 명확히 밝혀주었더라면 훨씬 더 좋았을 것이다.

여기서는 이상과 같은 이 책의 문제점들을 다시 되짚어 곱씹어 보진 않고자 한다. 다만 그와 동시에 루크 훌스만이 이 책에서 뛰어난 일관성과 독창성을 보여주고 있음을 강조하고자 한다. 그는 형사사법제도에 대하여 글로벌 차원의 전반적인 비판 시각을 처음으로 제대로 아주 잘 보여주고 있다. 지금의 형사사법제도란 현대세계와는 전혀 어울리지 않는 전적으로 정교일치의 신정정치와 형식논리주의 전통을 그대로 물려받았다. 뿐만 아니라 지금의 형사사법제도란 지극히 추상화된 논리구조, 위조와 변조, 온 세상 온 동네에 그저 손쉽게 오명 뒤집어씌우며 낙인찍는 방법 등등에 의존하고 있다. 다시 말하면 이른바 공공의 여론, 길거리 사람, 무엇보다도 특히 범죄자, 선과 악, 위험한 자, 아무런 죄도 없는 피해자, 범죄자에게 형벌을 가하도록 규정한 형법, 아무런 죄도 없는 이들에 대하여 불편부당하며 독립성이 보장된 판사가 질서와 자유, 사회공동체와 수용된 가치체계 등 모두를 보호하도록 보장한다는 형사소송법 등등의 관념에 의존하고 있는 것이다. 하지만 경찰에서 교도관 등에 이르는 방대한 관료기구로 뒷받침되는 형법과 형벌과 감옥 제도란 정작 일종의 가혹하기 이를 데 없는 절차에 따라 궁극적으로는 오로지 '죄수를 조작하여 만들어내고 있기만' 하는 게 명백하다면, 그럼 도대체 형사사법제도란 뭐란 말인가?

이 책은 19세기 이래 지금껏 근본적으로 '정직한 사람들'을 보호해주는 것이라며 환영해 마지않아온 바로 이 '감옥' 제도 혹은 바로 그 형법과 형벌과 감옥 제도에 관한 담론 등등에 대한 비판서이다.

독자들은 이 책보다 훨씬 더 자세히 비판해주길 바랄 것이다. 형사사법제도의 현실과 그 당위 사이에는 엄청난 갭이 있다. 무엇보다도 형사사법제도 기능론에서 보복응징론과 재활론이나 재교육론 그리고 이 양자 사이에 끼어있는 기능론 그 자체야말로 모순적이다. 뿐만 아니라 단지 사회질서를 어지럽힌 자로 선고받았을 따름임에도 불구하고 감옥생활의 실제 모습은 사실상 처참한 신체형으로 나타나고 있다. 이 책에서 저자인 루크 훌스만의 비판은 무엇보다도 형법과 형벌과 감옥 제도 전반에 대해 적용되며, 저자는 형사사법제도의 근본개념들이 비현실적임을 제시하고 있다. 예컨대 '형사처벌 대상 사건'이란 근원적으로 시간과 장소에 따라 달라질 수밖에 없으며, '유죄' 개념 역시 바로 이 형사사법제도가 보호해 마지않는다고 하는 바로 그 피해자를 철저히 무시하는 것일 뿐만 아니라, 한걸음 더 나아가 도대체 사람과 인간의 의미란 전혀 없는 추상적인 것으로 축소 환원시키고 만 것에 불과하다는 것이다. 형사사법과 감옥이란 결국에 가서는 오로지 사회질서를 어지럽히는 사범과 상습적 범죄자를 만들어 양산해내는 역할만을 할 따름이다.

그런데 합리적인 해결책은 이 '형법과 형벌과 감옥 제도'를 아예 폐지시켜버리는 것이 아니면 안 되는 것인가? 하지만 바로 이 폐지주의는 루크 훌스만의 근본 사상이다. 루크 훌스만은 필시 무엇보다도 우선적으로 그리고 너무나 오랜 세월 동안 범죄, 일탈 범죄, 법 위반행위, 범죄행위, 일탈 범죄행위 등등의 용어들은 물론이고, 심지어 범죄학, 범죄사회학, 범죄정책 혹은 형사정책 등과 같이 그 자체적으로는 도대체 방법론 문제조차 전혀 해결하지 못하는 학문 분야 등등을 추방하고자 헌신적으로 전력투구하여 왔다. 그럼에도 불구하고 루크 훌스만은 즉각 '용어를 바꾸는 것만으로는 충분히 않습니다.' 라고 자신의 입장을 정리하고 있다. 개혁이란 제도적이라야 한다. 그리고 형사사법의 개혁은 결국 민법, 행정법, 사회법, 광범위한 예방정치와 예방정책, '전통적이지 않은 행위'를 관용해주는 자세와 태도, 형법과 형벌과 감옥 제도 측에서 루크 훌스만이 '문제 상황'이라고 부르는 분쟁과 갈등 상황에 직면했을 때 현실적으로 드라마틱해지지 않도록 하는 수단과 방법들의 모색 등등의 새로운 패러다임에 의지하도록 해야 한다. 독자들은 필시 루크 훌스만의 형법과 형벌과 감옥 제도 폐지주의 사상이라고 하는 게, 무정부주의의 혼란 상황을 유발시키려는 불순한 의도와 저 '황금시대'의 역사를 지금 새롭게 부활시켜보고자 하는 환상, 이 둘의 틈바구니에 끼어 있는, 현실성이 지극히 결여된 그저 비현실주의에 지나지 않는 것은 아닌지 자문자답을 수없이 했을 것이다. 저자인 루크 훌스만은 이와 같은 반론에 민감하게 반응하면서, 역사적으로 커다란 관심을 불러일으킨 이른바 원시사회의 여러 가지 관습들을 비롯하여, 무엇보다도 자신이 살고 있으며 스스로 겪고 스스로 개혁에도 관여하여 너무나도 자명한 네덜란드의 살아있는 경험을 자주 인용하고 있으며, 북유럽국가들이나 미국의 사례 등과 같이 여러 나라들의 경험들을 함께 제시해가면서 논쟁을 전개해나가며 이에 답변하고 있다. 그와 꼭 마찬가지로 루크 훌스만은 아예 처음부터 '통상적이며 전통적인 일탈 범죄' 특히 도로교통사고, 정치적 범죄, 경제범죄 등에만 국한시키고자 하고 있음에도 불구하고, 그 외에도 폭력사건, 피해자, '화이트칼라 범죄'처럼 지극히 현실적인 문제 등에 대해서도 그저 놔두고 지나가는 정도가 아니라 거꾸로 전혀 잊지 않고 이를 정면으로 다가가 폐지주의 관점에서 다루고 있다. 게 다가 '형법과 형벌과 감옥 제도'에 대해서는 전적으로 거부하며 일언지하에 폐지해야 한다고 주장하고 있으면서도, 형벌과 관련되어 있는 각종 책임과 업무와 인가와 관련 법률과 필요성 등은 전적으로 배제하기까지 하진 않는다. 심지어 루크 훌스만은 일부 필요하다면 자유를 박탈하는 정도의 이러저러한 강제력도 사용할 수 있다고 예상하고 있다. 물론 이때 강제력이란 억압적이거나 보복응징 차원 바깥에서 그리고 그 차원을 훨씬 넘어서는 수준에서라는 단서를 달고 있긴 하다. 그럼에도 불구하고 루크 훌스만은 근본적으로 폐지주의 입장을 추호도 벗어나지 않은 채 확고하게 이를 견지하고 있다.

저자인 루크 훌스만의 절대적인 성실함을 겸비한 확신과 신념은 매우 탁월한 소통역량을 보여주고 있다. 뿐만 아니라 그가 이처럼 성실성과 신념을 가지고 불꽃처럼 열정적으로 하지만 때로는 아주 끈기 있게 그리고 선수를 쳐가면서 그러나 때로는 겸손한 자세로 폐지주의를 입증해나가는데 대해 독자 여러분은 여기에 금세 푹 빠져들 수밖에 없다. 그럼에도 불구하고 좀 더 정확히 말하면 저자의 폐지주의에 대하여 이의나 반대가 제기될 수 있으며, 필시 저자와 논쟁을 벌이며 도발을 일으켜 저자로부터 확인이나 거부를 이끌어내고, 이 책에서 보여주는 이토록 엄청난 확실함을 뒤흔들어보고 싶어하는 욕망 등이 표출될 수 있다. 물론 이런 것들은 결국 가서 보면 단지 루크 훌스만의 폐지주의 접근법이나 시각에 대해 많든 적든 보다 더 제대로 알지 못한 소이연(所以然)일 따름이다. 그리고 저자는 이런 저항이나 거부의 모습들을 너무도 잘 알고 있으며, 전혀 불쾌하게 여기고 있지도 않는 것으로 보인다. 왜냐하면 그는 논쟁을 유발하는 것을 좋아하며 기본적으로 모든 것을 대화를 통해 풀어가는 사람이기 때문이다.

논쟁과 대화를 즐기는 저자의 성품 그 자체야말로 굉장히 커다란 매력 포인트라고 할 수 있다.

이 책의 서두에서부터 대화와 인터뷰가 나오며, 이 대화를 통하여 저자는 자기 자신을 되돌아보며 자신의 성장과정과 지적 여정 등에 대하여 정말 솔직하게 말해주고 있다. 이 인터뷰는 독자들로 하여금 저자의 사람 됨됨이를 훨씬 더 잘 설명하여 이해하도록 만들어 주며 나아가서는 공감의 폭도 훨씬 넓혀주고 있다. 인터뷰를 담당하여 진행해준 자클린느(Jacqueline Bernat De Célis)에게 형법과 형벌과 감옥 제도 폐지주의에 대하여 새로운 성찰을 할 수 있도록 초대하여 준 것을 크게 감사드린다. 이 책은 매우 유익하며 건강한 사상을 보여준다. 크게 환영해 마지않는다.

2장 권력기구 : 형사사법제도의 애매성

–끌로드 포게롱(1982)–

루크 훌스만의 이 책은 몇 가지 문제점을 제시하고 있다. 그리고 이들 문제점에 대해 이의를 제기하며 반대를 표시하고 있다. 모두 맞다. 푸코(Michel Foucault : 1926~1984)는 이 점을 너무도 잘 지적한 바 있다. 푸코 역시 감옥은 탄생할 때부터 즉 만들어질 때부터 처음부터 이미 크게 실패하고 말았다고 지적한 바 있다. 그런데 그럼에도 불구하고 감옥에 의존하는 모습은 오히려 쉼 없이 증가일로에 있다.

프랑스를 비롯한 몇몇 나라들에서 감옥 활용도는 나라마다 천차만별로 나타난다. 네덜란드와 미국의 감옥 활용도는 1 대 100 정도나 될 정도로 편차가 매우 크게 나타난다. 이는 나라의 규모, 인구밀도, 국부의 차이 등으로 인한 문제가 전혀 아니다.

감옥에 의지하는 정도는 시대에 따라서도 큰 편차를 보이고 있다. 6월 왕정이라는 광란의 억압시대에까지 거슬러 올라가지 않는다 해도 프랑스의 재소자 수는 1920~1939년 기간 계속해서 꾸준히 낮은 수준을 기록했으며, 1945년 독일점령시대 대독부역자 구금으로 인하여 급격히 증가하였고, 이어서 1968년과 1980년은 증가세를 보여 가장 큰 요동을 친 시기였으며, 1970년과 1975년은 감소 추세를 보였다.

사람들은 이런 장기적 변화 추세의 이론을 잘 모른다. 다만 예컨대 몇몇 특별사면법이나 일반사면시행령 등과 같은 조치가 돌연하게 취해져 급격하게 재소자 수가 감소하는 서툴며 곤란한 시기처럼 몇몇 경우에나 쉽게 눈에 띌 따름이다. 이런 수치 변화는 복잡하기 이를 데 없는 메커니즘이 초래하는 결과이다. 즉 확정 선고된 형벌기간 뿐만 아니라, 임시구치기간을 명하는 예심판사의 성향, 사회집단의 관용 자세가 여전히 낮은 수준에 머물러 있기 때문이든, 아니면 이전의 다이버전 제도가 실패로 점철되었기 때문이든 상관없이, 형벌기간의 증가를 유발하는 형사처벌기관 측의 저지나 방해 행위 등도 여기에 영향을 미치기 마련이다. 어떠한 경우에도 그와 같은 변동이란 '범죄의 증가'에 기인하는 것일 수밖에 없다는 점을 매우 진지한 모습으로 보여주는 것으로 받아들여왔다. 하지만 다른 한편 일부 정치체제에 관한 논의의 틀과는 무관하게, '범죄의 증가'보다는 오히려 경제적으로 어려운 시기에 구금자로 선정된 재소자 수의 증가란 결국, 타깃이 되는 주민계층[1]의 전반적인 확대에 따른 것이며, 이는 동시에 형사사법기관의 개입에 대해 훨씬 더 취약한 계층[2]이기도 하다는 점이 너무도 현실적으로 잘 드러나고 있다.

뿐만 아니라 어느 한 정치체제가 정통성을 상실한 경우 한편으로는 현실 속의 억압기구를 강화하며 다른 한편으로는 '보호자로서 국가'에 대해 의심을 품기 시작한 일부 주민들에 대해 제대로 말하면 진짜가 아닌 상징적 차원에 불과한 만족감을 제공해 줌으로써 체제를 유지하고자 노력하기 때문일 것이라고 생각해볼 수도 있다. 보다 더 정확히 말해보도록 하자. 지난 몇 해 동안 수행된 연구결과에 따르면 상당히 많은 국민들 사이에서 형사사법기관 측에 대하여 종사자

---

1) 이 용어는 청소년층, 이민자 계층, 가장 소외되고 억압받는 계층 등과 같이 '교도소'에 가게 될 위험에 가장 크게 노출된 사회계층을 가리킨다.

2) 이 '취약하다'는 개념은 실업, 직업의 불안정, 여러 가지 다양한 한계상황 등과 같은 온갖 불확실하거나 불안정한 상황에 처해 있는 사람들이 징역형에 처해질 개연성을 훨씬 크게 만들며, 그 이유는 복잡하기 이를 데 없는 메커니즘을 통하여 이루어지는데, 반드시 고의적이거나 의도적인 이유가 있기까지 한 것은 아니다.

중 일부 충성파가 천정부지로 치솟고 있다며 발표한 바로 그 범죄발생 인플레이션 현상에 대해 제대로 대처하지 못한다며 신뢰를 잃어버리고 말았음을 잘 보여주고 있다. 이것은 늑대에게 억압수단을 좀 더 많이 달라고 외치는 담론과 같은 전도효과에 불과하다는 점은 추호의 의심할 여지가 없다. 그리고 이렇게 되면 일탈 범죄행위 신고접수 통계수치의 증가라고 하는 당초 주장들을 보강하는 것 이외의 다른 어떤 것도 만들어내질 못하고 만다. 또한 보다 더 최근에 이루어진 다른 연구에 의하더라도 훨씬 더 커다란 억압조치를 요청하는 일부 카테고리들 사이에 있어서 역할을 제대로 하고 있는가에 대하여 의혹이 훨씬 더 커지는 모습을 잘 보여주고 있다. 이는 신분과 재산을 지켜주는 국가의 역할에 속한다.

그러므로 이 복잡하기 이를 데 없는 현상 속에서 결국 이데올로기와 경제는 서로 중첩을 이루게 된다. 결국 온갖 형사사법제도의 개입에도 불구하고 사회적 불평등은 오히려 강화되는 쪽으로 귀착되고 만다. 그리고 언제나 훨씬 더 많은 국민들이 사회적 불평등 속에 처하게 되며, 그중에서도 없는 자들은 더욱 더 궁핍해지며 더욱 더 많이 감옥에 갇히게 되는 결과를 초래한다. 상황이 이러하기 때문에 상당수 제재들이 차별적으로 동원 활용되고 있다. 만일 유죄 판결이 확정된 사람들 통계를 면밀히 조사해보며 이를 사회계층별 분포와 비교해본다면, 일반 노동자 계층 못지않게 개인택시기사 계층도 유죄 판결을 많이 받았으며, 고위직 회사원과 자유직업인 계층도 더욱 더 증가하고 있음을 주목하게 된다. 그러나 그 어느 계층보다도 노동자계층과 가장 가난한 계층 카테고리에 속하는 사람들이야말로 가장 많이 감옥에 가고 있는 것으로 드러난다.

그러나 아무리 그렇다 하더라도 프랑스는 여전히 그리고 1981년 여름 갑작스러운 감소사태 이후에는 특히나 더욱 더 각국의 재소자 수 순위표에서 비교 가능한 국가군들 중에서 그리고 신고접수 등록된 통계에 있어서 중간 이하에 위치해 있다. 구금된 사람들 통계까지 다루진 않도록 한다.

어쨌든 이러한 관점에서 보면 프랑스는 위 국가군 중에서 악조건 차원에서는 선두를 달리고 있다. 즉 고립화 관행과 실제 혹은 정반대로 무차별적으로 뒤섞어 감방을 배정하는 행태, 아무런 실효성 있는 의지나 호소의 통로도 없이 독단적으로 결정을 내리는 행태, 일부 교도소장들의 터무니없이 과도한 권한, 이러저러한 생필품·의료요원·교수요원·사회생활교관 등의 부족사태가 매우 악명 높다는 점, 이들 요원들의 업무 조건에서 안전 이데올로기가 압도적으로 지배하는 탓에 정작 업무에서 소외당하고 있다는 점 등등의 측면들을 꼽아볼 수 있다.

지금도 사람들이 너무도 자주 루머처럼 말하는 비인도적인 잔인한 폭력 건들은 셈하지 않더라도 그렇다. 형사사법기관은 온통 불투명한 채 암흑 속에 가려져 있다. 이와 같은 불투명한 암흑세계가 유지되는 것은 교정당국과 각급 기업연합회 및 노조연맹들 다수파 측의 묵인과 공모, 그리고 여론 및 대중들 쪽의 무관심 등에 기인한다.

이상과 같은 상황 속에서는 온갖 담론이나 온갖 좋은 의도들조차도 도대체 그다지 먹혀들 수 없다. 정치적으로 단호한 결정을 하지 않는 한– 이 문제에 대해서는 언제나 겁을 먹고 두려움에 떨어온 게 사실이다–, 형사사법기관 측의 기득권논리와 관성 등이 종사자들 측의 '로비'와 어우러져 과거의 부패 상황으로 눈 깜짝 할 사이에 금세 되돌아가 역전되고 만다. 형법과 형벌과 감옥 제도가 전체적으로 앞으로 전진을 하지 못하는 한 그렇게 될 수밖에 없다. 이는 1975년 개혁의 사례를 통해서도 잘 드러나고 있다. 일부 개혁 방안들은 아예 제대로 집행조차 되질 않았으며 다른 개혁방안들도 금세 변질되고 말았다.[3] 1970~80년대를 통하여 재소자의 외출, 조건부 석방 등은 거의 허용조차 하지 않았으며, 이로 인하여 이 시대는 악화일로 그 자체였던 것이다.

감옥의 형벌 집행 분야에 있어서도 숱한 난관들이 여전히 남아 있다. 감옥이란 자체적으로 먹잇감을 만들어내진 못하며 바깥에서 들여보내주는 죄수를 구금하는 것이다. 결국 감옥도 그 정신구조와 실제운영은 변혁하기가 어렵게 되어 있다.

1982년 초, 10년 만에 재소자 수가 줄어든 것을 알게 되었다. 하지만 이는 단지 24시간 동안만 그러하였다. 도대체 어느 나라 어떠한 판사에게서 무장 강도 혐의로 재판을 받은 자임에도 불구하고 그에게 마치 미성년자인 어린이에 대한 석방 해결방안과 같은 판결을 내릴 것이라고 예상할 수 있는 나라를 도대체 상상이라도 해 볼 수 있겠는가?

수많은 미미한 형벌 건들에 대해서는 다른 해결방안을 생각하며 또한 집행할 수 있다고 알려져 있기도 하다. 극히 미미한 건들임에도 불구하고 당사자들에게는 극히 해로운 결과를 초래하기 때문이다. 1981년 10월 21일 회람을 통하여 취한 어느 한 조치는 판사들에게 바로 그와 같은 방향으로 판결에 임하도록 긴급 시달한 바 있다. 그렇지만 이 글을 쓰는 지금(1982년)까지도 당시의 조치가 실효성을 제대로

3) Seyer(M.), *L'application de la réforme penitentiaire de 1975*, Paris: C.N.E.R.P., 1978.

거두었다고 평가할 수 없다. 뿐만 아니라 1975년과 1975년 여러 가지 법률들을 통하여 임시구금 사태를 크게 제한하도록 하였음에도 불구하고 그 성과는 극히 미미할 따름이었다는 점도 잘 알려져 있다. 그리고 사법통제기관 측은 미리 석방해도 좋은 사람들은 미리 석방하도록 함으로써 감옥형을 구형하거나 선고받는 피고인 수를 감소시키도록 하기보다는 오히려 이들을 구금과 통제 속에 가둬 실제로 감옥형을 받게 만드는 결과를 더 선호하고 있는 실정이다.

'교도소 보안 특별경비대' 강화 조치가 취소된 것은 명백하다. 그러나 독방 조치의 관행은 여전히 교도소장의 재량권으로 두고 있으며, 독방 조치에 대해 이를 통제하거나 아니면 재소자 측에서 이의를 제기하거나 항소할 수 있는 아무런 절차도 마련하질 않고 있는 실정이다. 다른 한편 감옥에서 꼬리표 같은 것들은 떼어내도록 하였으며 이는 결코 미미한 것은 아니었다. 하지만 그렇다고 해서 그와 같은 독방을 활용하는 지극히 비난받아 마땅한 독방과 교도소 보안 특별경비대 등의 조치로 되돌아갈 조건 그 자체는 전혀 바뀌질 않았다.

그러므로 형법과 형벌과 감옥 제도를 폐지하는데 이르기까지 우리는 아직도 요원한 실정이다. 심지어 우리는 기존하는 제도를 제대로 개혁하지조차 하질 못하고 있으며 형사사법기관의 활동 그 자체를 줄이도록 하지도 못하고 있는 실정이기도 하다. 그런데 지금 사태와 상황이 이러함에도 불구하고 ......

그런데 이러함에도 불구하고 심층적인 여론조사를 하기 위하여 들이댄 설문 문항들을 가지고 여론조사를 벌이면서, 형법과 형벌과 감옥 제도 전반에 대해서는 전혀 언급도 하지 않은 채, 그리고 더 더군다나 우리나라 감옥제도가 결코 모든 사람들로부터 동의를 받지 못한 채, 어떤 결론을 내리려 하는 것을 보면 정말 경악을 금할 수 없다. 보다 더 많은 사람들을 감옥에 가두기를 원한다기보다는 오히려 심사숙고 끝에 아주 신중하게 활용하기를 바라지, 순전히 억압적 모습의 측면만을 강화하기를 바라는 사람들은 정말 극소수에 불과하다. 그렇지 않은 경우에도 대부분 사람들은 사회를 보호하기 위하여 하는 수 없이 그리고(혹은) 피해자의 복수심을 진정시키거나 누그러뜨리기 위해서는 어쩔 수 없는 너무도 가증스럽게나 정말 무시무시한 경우라고 보이는 경우를 제외하고는, 형사상 기소 그 자체를 아예 하지 않은 채 동원할 수 있는 다른 수단이나 방법이 있는 사람은 제외해야 한다고 생각한다. 이때 말하는 예외적인 경우란 정말 지극히 드문 경우에 국한되어야 한다.

훨씬 더 경악을 금할 수 없게 만들며 그래서 우리들로 하여금 잘 성찰해보도록 만들고 있는 것은, 일반 국민들인 설문대상자에게 일탈 범죄를 만들어내는 자, 통제 규제하는 자, 감소시키며 줄이도록 하는 자 등의 개별적이거나 사회적인 메커니즘에 대하여 어떻게 생각하는가 하고 길더라도 자유롭게 답해주도록 요청하였을 때, 일반 국민들은 형사사법기관 측의 개입은 다른 온갖 수단이 모두 실패하였을 때에나 정말 마지막 의지수단이 되도록 해야 한다고 본다는 점이다. 달리 말하면 일반 국민들은 분쟁과 갈등을 규제하거나 통제 감시하거나 해결하는 다른 해결모델들이 모두 실패하였다는 점이 부각되어 강조될 때에만 비로소 형사사법기관 측에서 움직이도록 해야 한다고 보고 있다. 그리고 형사사법기관 측에서 개입하는 경우에조차도, 잠재적으로 정말 위험하기 짝이 없는 사람을 격리시키는 경우가 아닌 한 형사사법기관 측의 개입이란 실상 아무런 실효성도 없다고 본다.

이상과 같은 형사사법제도 측의 실패상의 실상들은 상상을 초월하며 수용 공간과 능력도 없어서 역기능에 시달리는 형사사법기관 측의 개입 그 자체의 문제점과도 직결된다. 요컨대 아무리 해도 형사사법제도는 필연적으로 실패할 수밖에 없다. 그런데 이러함에도 불구하고 많은 국민들은 '법원 즉 사법' 측이 모순을 거의 혹은 전혀 인정하지 않는 한 그리고 게임의 룰이 반드시 명시적이지는 않는 한, 형법을 활용하는 길만이 행정법원이나 형사법원 같은 '법원 즉 사법'을 남용하는 사태를 막아낼 수 있도록 보장해준다고 생각한다.

법적 관점에서 보면 각기 다른 법원 종류에 따라 그 차이는 매우 명백하게 드러난다. 그러나 실용적이며 실제적인 입장에서 보면 사태와 상황이 그다지 명백하질 않다. 특히 일각에서는 심지어 여러 영역에 걸쳐 형사사법이 마치 행정법원처럼 운영되는 경향이 강하다고 지적하면서 형사사법을 '재형사사법화 즉 다시 형사사법으로 되돌리기'를 해야 한다고 요구하기까지 하고 있다. 다른 의미에서 보면 다양한 '사법 즉 법원' 종류가 있다는 건 단지 병렬적 존재 및 운영을 가리키는 것이 아니라 이미 서로 밀접한 상호관계 속에서 운영되어 왔음을 입증해왔다. 최후 수단으로서만 형사사법기관 측이 개입하겠다고 위협하도록 하는 차원에 그치도록 하게 되면, 이는 마치 경찰기관과 형사법원과 행정법원 측에게 훨씬 더 커다란 운영권을 부여하는 것과 같다. 이는 백화점의 경비업무나 산재사고 통제와 처리 등과 같이 매우 많은 다른 영역들에서 이미 확인이 이루어진 바 있다.

그리고 형사사법제도는 처리대상을 공급받는 측면에서 보면 형사사법기관이 아닌 기관이나 단체에 점점 더욱 더 크게 의존해가고 있다는 점도 주목하게 된다. 당하거나 빼앗긴 피해자들이 형사사법기관 측에게 형사사건을 가지고 온다 할지라도 정작 그것은 동시에 형사처리대상이 되는 건 아니다. 이를 찾아내는 것은 바로 그 경찰 손에 달려 있는 것이다. 그런데 경찰의 경우 일부 지역의 경우 성과가 극히 미미하다. 즉 대물범죄 건의 경우 대략 20% 정도만 사건을 해결할 따름이다. 그런데 바로 이 20%에 해당하는 사건들조차도 많은 사건들은 예컨대 백화점 경비업무 담당부서를 통하여 이미 해결되어지는 것으로 생각된다.

이쯤 해서 다음과 같은 패러독스에 다다르게 된다. 즉 형사사법제도란 법적 정당성이라는 외피 속에 숨어 있지만 형사사법기관의 진정한 운영과 기능과 위상의 논리체계란 실상 사회적 재생산 과정을 통하여 이루어지는데 지나지 않으며, 그렇기 때문에 최악의 사건들에 대해서는 외연과 연장을 요청하며 차악의 사건들에 대해서는 이동과 재배치를 요청하는 것일 따름이라고 알려져 있다.

바로 이 지점에서 루크 훌스만이 제시하는 것과 같은 바로 그 폐지주의가 마치 세게 흔들어대는 힘찬 악수를 하며 등장한다.

루크 훌스만에게는 증거가 관건으로 되어 있다. 필자에게도 바로 그 증거야야말로 여전히 문제로 대두하고 있다.

프랑스에서는 지난 10여 년 동안 사회통제가 암적 존재로 전락한다는 사상과 관념에 대하여 매우 민감하게 반응하면서 온갖 성찰과 논쟁을 벌여왔다. 그간 사회통제기관들은 업무 전산화가 이뤄지지 않았을 때에도 눈에 모습을 드러내지 않은 채 지극히 관료주의적으로 이루어져 있어서 목소리는 낮추면서도 훨씬 더 공포스러운 존재로 성장에 성장을 거듭해왔으며, 응급 상황에서 도움을 주며 지원을 아끼지 않고 처리와 수습을 해준다는 자세를 취해왔다. 즉 프랑스 사회통제기관들은 '분업화'를 통하여 정신의학 기능의 영역으로까지 업무 영역을 확대한다든지, 사회복지 업무를 통하여 가정에 대하여 '규율과 징계' 대상으로 전락시켜버린다든지, 모성보호 및 아동보호에 기여한다며 무분별하며 경솔한 파일 작성과 그 정보화의 위험을 무릅쓴다든지 하는 등등의 비난을 받아왔다.

공개적 논쟁 정도로는 '도대체 통제조차 되지 않는' 이런 사회통제 기능 및 거의 모든 행정명령 등은 법적 수단에 호소하여 권력남용을 비난 규탄하며 이를 고발하며 상반되는 증거를 다시 제출하는 것 외에는 그야말로 아무런 제약을 가할 수단조차 존재하지 않는 형편이다.

그리고 이처럼 법원에 다시 고발하는 경우 이러저러한 사건들에 있어서 형사상 장면은 특권이 부여되어 있는 것처럼 보인다. 이처럼 형사사건의 무대와 장면은 민사사건의 무대와 장면보다 일상적이지 않으며 훨씬 더 제약이 심하다. 형사사건은 불명예와 수치심이 훨씬 더 크며 따라서 세인의 주목을 훨씬 더 많이 받고 여론에 큰 충격을 가한다. 노동자의 권리나 소비자의 권리를 침해하거나 환경보호 분야에 속하는 형사사건인 경우 바로 그와 같은 생생한 사례가 된다. 그리고 결사체 부문이 이런 식으로 권리를 침해당한 경우 결사체들은 이제 민간인 당사자로 등장할 수 있게 된다.

나아가서는, 바로 이상과 똑같이 스포트라이트를 받는 형사사건이 일부 사회계층을 소외로 내모는데 앞장서고 있음을 입증해주고 있다. 예컨대 여성에게 낙태행위에 대해 형사 처벌하는 것을 반대하는 투쟁, 혹은 정반대 의미에서 강간행위에 대하여 범죄로 규정하여 처벌하도록 즉 범죄화를 지지하는 투쟁 등은 실제 자기 몸에 대한 자유로운 처분의 권리를 인식하며 확인하는 수단이었다. 하지만 이런 투쟁에는 원치 않는 결과가 뒤따라왔다.

즉 첫 번째 낙태행위에 대한 형사처벌 반대운동의 경우 의료권력과 행정권력 측의 강화를 가져왔다. 이들은 항상 자신들의 그런 강화조치야말로 은밀한 낙태시술보다 훨씬 낫다고 주장한다. 두 번째 강간행위에 대한 형사처벌 운동의 경우 이 형사처벌은 수많은 여성들에게 오히려 이러저러한 상당히 큰 문제를 초래하고 있다. 요컨대 강간행위를 범죄로 규정하며, 그리고 강간당한 여성을 강간하도록 유혹하는 교사범 아닌 피해자로 인식하도록 하는 것은, 강간범에 대해 20년 징역형을 내림으로써 실제로 당해온 억압에 맞서 싸워오면서 모든 것을 알게 된 이들 여성들에게는 그저 쓰라림만을 안겨주게 되고 마는 것과는 전혀 별개의 문제가 되기 때문이다.

그러므로 역효과가 증폭되기 이전에 과연 형사사건화야말로 유일한 방안인가 하는 점을 반드시 자문해보도록 해야 한다. 즉 사회집단이나 사회계층이 이런 분야에서 직접적으로 대결을 벌이는 사건들이 이들의 이해관계를 명확하게 밝히면 밝힐수록 해당 사건들은 그 수가 더욱 더 극도로 줄어들고 만다. 형사법원의 일상적 업무는 경미한 사안들로 이루어져 있으며, 점점 더 그리고 더욱 더 마치 '가격표'처럼 관료주의적으로 재판이 진행되고 있다. 하지만 형사법원 측은 커다란 충돌이 빚어지는 사건들이란 단지 그 스펙터클한 모습으로 인하여 법정에 군중들을 몰고 올 수 있는 알리바이가 될 따름이라고 치부하고 있다. 그리고는 대결을 벌이는 다른 어떠한 공공장소 못지않게 실효성과 효과가 크다고 쉽게 생각하고 만다.

사실 필자가 살아가고 있는 서양사회에서는 형사사법제도라고 하는 게 일반인들을 상대로 설득을 벌여 말리기 위한 것이 되었든 아니면 피해자를 보호하기 위한 것이 되었든 막론하고, 그게 마치 '필수적'인 것인 양 생각하는 습성에 매우 익숙해져 있다.[4] 그래서 이 형사사법제도를 폐지하자고 상상하며 생각하는 그 자체야말로 진짜로 현실적인 파열과 균열을 불가피하게 만들며 결국 생각과 사상의 사유시스템의 엄청난 변화로 이끌어가게 될 것이라고 생각하는 것이다.

어느 한 시점에 이르게 되면 일부 상당수 사람들은 어떤 하나의 사안의 증거 그리고 특정의 '자연적' 사실관계라고 인식하던 것이 실상은 사회적 메커니즘과 절차를 통하여 구성되어진 것에 불과하다는 사실을 환영해 마지않게 된다. 그러나 이처럼 명백한 사실과 증거가 부차적인 성격에 불과하다는 점을 알게 되면, 필연적으로 지배이데올로기의 주입 절차로부터 벗어나도록 만들고 만다. 이런 벗어남이란 자기 자신과의 싸움을 통해서만 가능하며, 애당초에는 마치 그토록 간절하게 바라마지 않아오던 직관적 통찰력인 것처럼 여기던 것에 대하여 비판적 성찰을 더욱 더 심화시킴으로써만이 가능하다.

루크 훌스만의 폐지주의 사상에 마주 대면하여 챙겨보는 것은 그야말로 필연적으로 균열과 파열을 불러일으키며, 이미 습득한 사상과 관념으로부터 스스로를 해방시켜나가도록 하는 것일 수밖에 없다. 그리고 이때 정작 다음과 같은 측면이야말로 마지막 싸움이면서도 필경은 훨씬 더 어려운 싸움이 될 것이다. 즉 어느 한 사회에서 형사사법제도를 전면적으로 폐지하게 된다면 온갖 도구들과 억압적 통제를

4) 모든 연구 결과들이 보여주는 바에 따르면 그와 같은 목표란 형사사법제도를 활용해 가지고서는 달성하거나 도달하는 게 아예 불가능하거나, 달성하게 된다 해도 설득을 벌여 말리기 위한 당사자에게 시간적으로 극히 제약을 받으며 비용도 엄청나게 과도하게 많이 들어가기 때문에 기껏해야 극히 부분적으로만 그와 같은 목표를 이룰 수 있을 따름이다.

나누어 적재적소에 배치하여 구비하도록 만듦으로써 자체적으로는 목소리를 낮춘 채 소리 없이 자세를 낮추는 척하면서 정작 더욱 더 은밀해지는 이 형사사법제도를 통제 감시하기란 더욱 더 어려운 일이 되고 마는 쪽으로 변화 진화해나갈 것이다.

하지만 모든 것은 투쟁과 불침번 경계 활동의 문제이며, 이와 동일한 추론이 정반대 방향에서 이루어질 수 있기도 하다. 형사사법제도의 존재 그 자체야말로 그러한 도구들의 발전과 실효성을 가능하게 만든다고 하는 점을 이미 여러 차례 회복과 쇄신과 부활을 경험하며 겪어왔기 때문이다.

그러므로 해당 사회에서 형사처벌 기능을 받아들이지 않는 바로 그와 같은 태도야말로, 기존하거나 예상되는 사회통제기구와 도구들을 제대로 인식하여 감시 통제할 수 있도록 이끌어줄 수 있는 것이다. 그러나 그와 동일한 태도는 형법과 형벌과 감옥 제도의 자연과 본성, 역할, 기능 등에 관하여 아주 커다란 투명성을 요구하고 있다. 그리고 루크 훌스만의 이 책은 바로 이 점에 대해서 집중 탐색하고 있다.

3장 스페인어판 발문

-세르지오 폴리토프(1984)*-

본인은 확고하며 장엄하고
하느님이 주신 확신을 가지고
당신에게 징역 3년형을 선고하며
당신은 그중 바닷가에서 3개월을 갇혀 있도록 해야 한다.

-체스터톤*, 『별난 손님들이 모이는 술집』(1905)-

I

1968년 혁명 당시, 젊은이들은 프랑스어로 '반역자들'이라는 신조어를 만들어냈다. '우리는 현실주의자이다. 그렇지만 불가능한 것을 요구한다.' 이것은 다른 무엇보다도 언젠가 올 것으로 약속되어 있는 유토피아, 저 '황금시대'에나 있을 것이라며 남겨둔 그 유토피아, 종말론의 비전을 넘어서서 존재하는 유토피아, 그리고 이 세상이나 저세상 어디엔가 있는 그러한 유토피아에 대하여 적개심을 품은 그러한 항의의 목소리였다. 유토피아란 우리들이 살아가고 있는 사회 속의 구체적인 사람의 희망 없음과 절망을 정당화하며 강조해 마지않는 속성을 가지고 있기 때문이다.

형법과 형벌과 감옥 제도를 폐지하자는 루크 훌스만의 폐지주

---

* Sergio Politoff - 칠레 변호사, 칠레대학, 학위논문 "불법배임론", 이탈리아 로마대학에서 박사후과정(고급공무원 형법과 범죄학 과정에서 최우수 졸업, 논문 "형벌의 주관적 요인 유형에 관한 연구"), 형법교수(칠레대학, 네덜란드 로테르담 에라스무스대학, 탈카대학 등), 그는 남미 형법에 대해 독일의 영향이 지대한 점에 대해 지극히 비판적인 자세를 견지하고 있다. 하지만 그는 칠레에서 독일형법 학풍을 전파한 장본인이라는 말도 맞다. 세르지오 못지않게 건조한 알레산드리(Alessandri)가 자세한 검토를 통하여 이 점을 밝혀낸 바 있다.

* Gilbert Keith Chesterton(1874~1936) - 영국의 비평가·시인·수필가·소설가·단편작가.

의 사상은 어떤 고상하며 장대하고 훌륭한 미래를 꿈꾸는 사상이 전혀 아니다. 루크 훌스만은 다음과 같이 말한다. '폐지주의 관점은 유토피아처럼 저 멀리 있는 것처럼 보이지만, 실상은 그게 아니라, 마치 공정성이야말로 긴급하게 요청되는 것처럼 논리적 필연일 뿐만 아니라 그와 동시에 현실적 자세로 다가와 제시되고 있습니다.'

폐지주의가 현실적 자세라니요? 범죄와 처벌에 대한 전통적 해석틀을 견지하는 것으로는 충분치 않다. 즐라타릭(Bogdan Zlataric, 크로아티아 형법학자)에 따르면 자본주의 및 사회주의에서도 그와 같은 전통적 형사사법과 형벌제도의 해석틀에 대하여 도전해 들어가진 않는다. 대신 그는 이를 미래의 폐지주의 신념과 연결하고 있다.[5)]

현대 폐지주의가 성급하게 도전하고 나선 것은 문명의 진보란 범죄학을 통하여 형법에 삼켜지고 말 것이라며 저돌적인 시대를 신뢰하지 못하기 때문이다. 그리고 이는 루이스 지메네즈(Luis Jiménez de Asúa)[*]가 예견한 바대로 계급이 소멸하면 국가도 깊은 잠에 빠져 사라지고 말며 따라서 억압도 함께 사라질 것이라고 본 고전적인 마르크스주의의 예상도 맞아떨어지질 않았기 때문이다. 폐지주의 시각에 따르면 합법화와 비범죄화 등과 같이, '그동안 에스칼레이트 되어 온' 억압기관을 해체하며 '에스칼레이트 과정을 역전시키는 과정'이야말로 오늘날 풀어야 할 긴급한 과제가 되고 있다.

---

5) Bogdan Zlataric, *Kriminalpolitische Tendenzen einiger ozialistischer Länder*, ZStW 82 (1970). pp. 202 y ss.

* 루이스 지메네즈(Luis Jiménez de Asúa : 1889~1970 스페인 마드리드에서 태어나 아르헨티나 부에노스아이레스에서 사망) - 법학자, 스페인 정치가, 스페인 의회 부의장과 국제연맹대사 역임, 프랑코 독재 시절 아르헨티나에 망명하여 망명정부 활동, 마드리드 센트럴 대학 형법교수, 1926년 프랑코 독재에 항의하다 차파리나스 섬에 투옥됨, 이후 스페인 사회당 소속으로 의회에 진출하여 제2공화국 헌법 개정 주도, 형법연구소장으로서 1932년 형법 기초, 1939년 아르헨티나 망명, 아르헨티나에서 형법학자로서 활동하며 남미 형법학의 대부가 됨.

이런 의미에서 보면 아무리 도그마로 점철된 전통적 감옥이며 혹은 범죄학이라 할지라도 그리고 단호한 해석이거나 아니더라도 빛나는 미래에 대한 약속이 없다 해도, 형사사법 및 감옥 제도에 대한 루크 훌스만의 해석은 지지를 받지 못하며 정당성도 없다. 그러나 아비네리(Shlomo Avineri)*가 지적한 것처럼 하나의 해석이란 것은 해석행위를 통하여 해석의 대상을 변화시키며 해석의 주체는 대상의 변화까지 해석해내야 한다.[6] 루크 훌스만은 진보적인 탈신비화(허위를 벗겨내기)를 통하여 전환과 개종을 하기에 이르렀으며, 이 대목은 이 책의 제1부에서 자클린느와 인터뷰를 통하여 아주 매혹적으로 묘사되고 있다. 이 책은 국가 관료기구 속에서 교회제도가 재생산되고 있는데 대한 비판서라는 점에서, 루크 훌스만이 형사사법에 대해 일관되게 반대하는 입장으로 이끌어가고 있다. 루크 훌스만이 보기에 형사사법이란 '최후심판 신학'을 그대로 되풀이하고 있는 것에 불과하다.

II

마르크스는 헤겔변증법 중에서 신비한 겉껍질을 벗겨내고 대신 '핵심 이성'만을 간직하려고 애를 썼다. 그럼에도 불구하고 토대의 측면에서 게르만국가 쪽에서 형사상 책임을 져야만 하는 것이라면, 사회적 정치적 제도의 차이에도 불구하고 일탈 범죄에 대해서는 처벌과 고통을 가함으로써 인식할 수 있도록 해야 한다는 헤겔주의 원

---

* 아비네리(Shlomo Avineri : 1933~ 폴란드 태생) 예루살렘 히브리대학 정치학교수, 마르크스, 헤겔, 초기 시오니즘 등의 정치철학과 중동문제와 구소련 붕괴 등에 관한 저작이 있다. 부다페스트 중앙유럽대학 방문교수 및 독일 뮌헨 응용정책연구소 펠로우를 맡고 있다.

6) Shlomo Avineri. "Karl Marx-hundert Jahre danach", en *Dialektik 6. Karl Marx. Philosophie Wissenschaft, Politik*, Pahl-Rugenstein, Colonia, 1983, p. 11.

칙을 재생산하고 있음을 주목해야 한다. 베를린 훔볼트 대학 존 루카치 교수는 다음과 같이 쓰고 있다. "유죄라고 하는 게 있다고 보는 인식론은 그와 동시에 인간이란 존엄하다고 인식하며 인간을 존중하는 것을 가리킨다. ...... 이는 스스로 결정할 수 있는 존재와 같은 사람의 고결한 인품을 가리킨다."[7) "진짜 형사상 유죄라고 하는 게 있어서 정말 이것이야말로 개개인의 형사상 범죄에 대한 책임을 묻는 출발점으로 받아들인다면, 형법은 곧 법과 사법의 사회적 의미 및 '윤리적 고결함을 획득'하는 것이 된다."[8)]

이처럼 이전의 것들은 마르크스주의의 '우주생성론'에서 나왔다. 그러나 헤겔의 그림자를 멈추도록 하기 위하여 '기독교신학' 역시 사라져야 한다. 아서 카우프만(Arthur Kaufmann[*])은 이렇게 쓰고 있다. "공동체뿐만 아니라 일탈범죄자 역시 똑같이 처벌받아야 하는 것인가?"[9)] 만일 죄가 있지만 형벌을 통해서도 정화할 가능성이 없다면, 그리고 그와 더불어 윤리적 자유를 회복할 가능성이 없다고 한다면, 수탁을 받은 누군가는 자신의 행위에 대해 책임을 질 수 있는 사람으로 취급하여 처우할 수는 없다고 본다.

원칙에 입각해 있으면서도 때로 상충되는 가치관과 심지어 적대적이기까지 하는 온갖 종류의 여러 가지 다른 사회들이라고 하는 게, 유죄에 대해 "법에 반하기로 자발적으로 결정"하였고 질책한다는

---

7) John Lekschas, "Zu einigen Grundfragen der Schuld, insbesondere zum Entscheidungsbegriff", en *Neue Justiz*, vol. 9 (1973). p. 254.

8) *Ibidem*.

* 아서 카우프만(Arthur Kaufmann, 1923~2001) 하이델베르그 대학, 1948년 라드부르흐 지도로 박사학위 취득, 1960년 자르브뤼켄 대학 교수, 1969년 뮌헨대학 법철학교수, 1980년 이후 바이에른 학술원 회원, 1991년 이후 세계 법과 사회철학회 명예회장.

9) Arthur Kaufmann, *Das Schuldprinzip*, Heidelberg, 1976, p. 116.

윤리적 의미에서 모두가 일치한다고 도대체 설명할 수 있는 것인가?

1941년 출간된 한스 벨첼(Hans Welzel)*의 저서에 따르면, 캐비닛 바깥 외부세계의 4면이 모두 불에 탈 때, 유죄란 이러저러한 가치관의 의미에서 우리의 충동과 욕구를 어느 한 방향으로 향하도록 이끌어주지 않은 죄로 이루어져 있다고 본다. 말하자면 우리에게 법을 통하여 강제하는 의무와 과제를 따르도록 해야 한다는 것이다. 벨첼은 동물이 본능에 따라 하는 맹목적인 활동이라고 하는 것과 사람이 개개인을 초월하는 질서 즉 역사의 담지자와 같은 도시공동체의 강제적인 합의를 따르는 것, 이 둘을 비교하고 있다.[10)]

나치체제 속의 법조인들은 일탈 범죄자에게 유죄가 있다며 처벌을 가할 때 이 처벌을 존중하며 감수하도록 해야 하는 근거로서 계속해서 헤겔을 읊조렸다. 야스퍼스(Jaspers)는 이를 '다른 사람의 불행 앞에 선 맹목성' 및 '마음 속 환타지의 없음 즉 부재'라고 갈파한 바 있다.[11)] 그러나 이제 우리들에게 관심을 갖도록 강조해마지않는 것은, 법적 질서에 구체화된 바대로 일탈범죄자 편에 대하여 비난하며 유죄로 인식하는 가치체계란 한층 더 고양된 윤리의 주체로서 국가의 지극히 간단명료해 마지않는 '정치적 전술'에 불과하다는 점이다.

법학자 엥기쉬(Engisch)는 1963년 다음과 같이 쓰고 있다. "우리는 유죄와 책임 개념을 충족시킬 수 있어야 한다. 국가형사사법의

---

* 한스 벨첼(Hans Welzel : 1904~1977) 독일의 형법학자·법철학자. 목적적 행위론의 주창자. 위법성에 관하여는 고의·과실과 같은 주관적 요소까지도 위법성의 요소로 보는 인적 위법관을 취한다. 철학적으로는 하르트만의 영향이 크며, 법사상사 연구에서도 업적을 남겼다.

10) Hans Welzel, "Personlichkeit und Schuld", en *Zeitschrift für die gesamte Strafrechtswissenschaft*, 1941, tomo 60.

11) Karl Jaspers, *Die Schuldfrage. Für Volkermord gilt es keine Verjahrung*, Piper, Munich, 1979.

힘을 유지하기 위해서는 유죄와 책임 개념들을 정당화해야 하며 국가 형사사법 조치 역시 합리적이며 필수적인 것이라는 정당성을 확보하도록 해야 한다.” 하지만 이와 같은 법학자의 충족은 오늘날에 이르러서는 이제 더 이상 가능하지 않다.[12)]

국가라고 하는 것 즉 국가 위에 있는 하느님 나라의 행진은 그 모든 형이상학적 위신을 상실하고 만 것이다. 필자라면 사람됨에 대하여 다음과 같이 말하고자 한다. ‘아우슈비츠 대학살 사태 이후’, 국가의 폭력을 지지하는 연설을 하는 순간 곧바로 사람들은 모두 긴급하게 ‘역사의 도시들을 걸머지게 됨’으로 인하여 어깨를 움츠리고 마는 건 너무도 당연하다. 인권에 대한 비명소리는 우리 시대 최대의 화두로서 그저 우발적인 게 아니다.

제2차 세계대전을 일으키며 유태인 절멸과 학살 현실을 정당화하기 위하여 이상과 같은 거대한 변명이라고 하는 것들이 갑자기 돌출되어 나왔던 것만은 아니라는 건 확실하다. 이를 되돌려 의식하며 성숙시키도록 하는 데에는 여러 해에 걸친 상당히 오랜 세월이 걸렸다.

형법 분야에서 교수들은 마치 아무런 일도 없었던 양 형벌과 유죄 등에 관한 저서들을 재편집 출간하였다. 1971년 모라크(Reinhart Maurach)[*] 에 있어서도 그런 형법 책들이 읽히고 있었으며 ‘장대하며 지엄한 속죄 형벌이란 결국 유죄에 대한 응답일 뿐 공리주의적 목적과는 아무런 관계도 없다’고 서술하고 있을 지경에까지 와

12) Karl Engisch, *Die Lehre von der Willensfreikeit in der strafrechtpkilosophiscken Doktrin der Gegenwart*, Walter de Gruyter, Berlín, 1963, p. 65.

* 라인하르트 모라크(1902~1976). 독일 법학자, 동유럽연구소(폴란드 브라슬로 소재)에서 법학과 정치학 공부, 쾨니스베르그대학에서 동유럽법연구소 설립, 러시아법과 형법 연구. 1948 뮌헨대학 교수. 1957년 뮌헨대학 동방연구소 설립 운영.

있다.[13]

물론 '목적을 앞세우는 폐하'의 진주란 마치 훨씬 더 최근의 논쟁에서 마치 '화석'처럼 보이고 있는 실정이다.[14] 그러나 이처럼 국왕이 없거나 국왕을 거부하는데 따른 비극과 패러독스란, '예방적' 형사정책을 실용적으로 판단하는 윤리적 토대를 대치하고자 열망하는 사람들을 방해하며, 이들로 하여금 폭력을 통한 사회통제방법으로 환원하게 만들고 만다. 왜냐하면 추가적인 절차를 진행하지 않은 채 형틀에 끼워 넣고 보는 식의 형사사법제도란 정작 공정성이 없을 뿐만 아니라 실효성도 없기 때문이다. 이상과 같은 사실은 결국 유죄론을 비판하는 측이 곧 형법의 해체를 꾀하는 것에 불과하다고 공언하는 법학자들이 옛날부터 없었던 게 아님을 아주 잘 보여주고 있다.

1948년 폴 레이발드(Paul Reiwald)*가 그의 아름다운 저서 『사회와 범죄』(*Die Gesellschaft und ihre Verbrecher*)를 출간한 바 있다. 이 책은 형사사법제도 및 모든 형벌권 등의 폐지를 찬양해마지않고 있다. 하지만 당시엔 이렇게 책을 내면서까지 폐지주의를 옹호하는 것은 사치나 낭비로 여겨질 만큼 불필요한 일로 여겨졌을 정도

13) Reinhart Maurach. *Deutsches Strafreclzt*. Allgemeiner Teil. Karlsruhe, 1971

14) Winfried Hassemer. "Satrafziele im sozialwicsenschaflich orientierten Strafrecht", en: Hassemer-Lüderssen-Naucke, *Fortsckritte im Strafrecht durch die Sozialwissenschaften?*, C. F. Müller, Heilderberg, 1983, p. 40.

* 폴 레이발트(Paul Reiwald : 1895~ 1951) 형법에 정신분석이론을 도입하는데 앞선 영미권과 달리 유럽대륙 특히 독일어권에서 이 분야의 가장 발군의 선구적 학자. 첫저서인 『모아빗』(Moabit)은 베를린 교도소 이름을 딴 것이다. 그는 유태인, 사회주의자, 인권연맹 회원으로서, 히틀러의 권력 장악 직후 독일을 탈출하였다. 1933년 벨기에에서 시온주의당 총서기를 역임하였으며, 1939년 제네바를 거쳐 1944년 제네바대학 사강사가 되었고 1951년 쮜리히대학에서 범죄심리학을 강의하였다. 그의 테제는 '사회가 범죄자를 필요로 하기 때문에 범죄자가 있는 것이며, 사회가 범죄자를 필요로 하는 이유는 사회적으로 심리적 필요를 충족시켜야 하기 때문이다'라고 하는 것이었다. 프로이트에게 큰 빚을 지고 있으며 프로이트처럼 엄청난 비난을 불러일으켰다.

다. 그는 불가능한 것을 지향하는 변화에 반대한다고 주장하는 '구식 전술'에 대해 이미 반기를 들고 나섰던 것이다. 그는 다음과 같이 쓰고 있다. 즉 '수천 년에 걸쳐 쌓아온 경험'이 있기 때문에 형법에서 '감정과 정서의 위력'에 의존하는 그와 같은 구식 전술은 매우 손쉬운 것이다.[15] 그는 다음과 같이 덧붙이고 있다. 즉 형법의 실효성에 대해 더욱 더 깊이 파고들어 따져보아야 하며 그 이유는 형벌의 고통을 가하기 위해서가 아니라 도대체 어디에 형벌을 가해야 하는가를 규명해야 하기 때문이다.[16]

형사사법과 형벌 폐지주의 논쟁이 이뤄지기에는 조건들 자체가 제대로 마련되지 않았던 것이다. 유엔에서는 인권침해 혐의로 고소 고발하는 건에 대한 논의 가능성 그 자체를 공식 거부한 바 있다. 정통 마르크스주의는 여전히 '가차 없는 역사의 법칙'이 지배하도록 하기 위하여 노력해왔다. 형사사법과 형벌 폐지주의 사상의 실현과 그 정당성을 절멸시키도록 하는 과정에서 냉전시대는 그야말로 엄청난 맹위를 떨쳤다.

오늘날 상황은 매우 다양하다. 모든 국가에서 국가 앞에서 사람과 개인의 의무가 무엇인가가 문제로 대두하고 있으며, 레이발드가 그렇게 했던 이후 비폭력과 참여를 정당화하고 있는 추세이다.[17]

이런 이유로 자파로니(Eugene Raul Zaffaroni)[*]가 다음과 같이

---

15) Paul Reiwald, *Die Gesellschaft* und *ihre Verbrecher*, Pan-Verlag, Zürich, 194

16) *Ibid*. p. 310.

17) *Ibid*.

* 유진 라울 자파로니(Eugenio Raúl Zaffaroni : 1940~) 아르헨티나 판사, 1964년 리토랄대학 법사회과학 박사, 2003년 대법원판사. 부에노스아이레스대학 법과교수, 국제형법학회 부회장, 공공정책연구소장, OEA, 막스플랑크 재단 펠로우십. 그는 개인의 권리 우선주의자로서 비판범죄학에 근접하는 입장을 견지하며 또한 마약과의 전쟁 정책에 대해 비판적이다.

쓰고 있는 것은 아주 정확한 지적이다. "우리는 처음엔 루크 홀스만이 이 책의 저자인 줄 모르고 있으면서도 이 책을 그토록 고대해 마지않았습니다."[18] 이에 덧붙여 자파로니는 루크 홀스만의 이 책이 범죄 정책에 관한 책을 표방하는 듯하지만 실상은 생태주의 이데올로기를 지향하는 책이라고 지적하고 있다.

루크 홀스만이 이 책을 쓴 것은 시기적으로 권위주의 반대 논쟁이 전세계를 뜨겁게 달구며 확산되던 때와 일치한다. 당시는 시대적으로 불가능한 것이 곧 현실이 되도록 요구해마지않던 때였던 것이다.

III

형사사법제도 폐지주의 논쟁에서 폐지주의는 이제 그 경계선 부근에 있는 유토피아 영역을 벗어나 있으며, 참여민주주의를 통하여 현실화되고 있을 정도에까지 와 있고, 발전 정도가 다양한 탈제도화론 및 정치적 물음 등에서와 같이 훨씬 더 풍부해진 틀 속에 어엿하게 자리 잡게 되었다. 이런 의미에서 감옥제도에 대한 푸코의 성찰은 폐지주의에 있어서도 국가의 '징치적 진술'의 몫과 같은 형벌권 및 형법의 행사에 맞닿아 있다.[19]

폐지주의 시각은 말하자면 사형제 폐지운동, 감옥 폐지운동, '고통'의 폐지운동 등과 같은 '수단방법'과 분리되도록 해서는 안 된다.[20] 그 이유는 루크 홀스만이 주장하는 것과 같이 폐지주의란 형사사법제도에 대해 조치를 취하며 행동하는 것을 포괄적으로 인식하는 하

18) Eugenio Raul Zaffaroni, "El abolicionismo penal de Louk Hulsman. (Aproximación a algunas observaciones al reciente realismo penal verde)".

19) Michel Foucault, *Surveiller et punir. Naissance de la prison*, Gallimard, 1975, p 28.

20) Cf. Hulsman, *Methode en object in de rechtswetenschap*, Erasmus Universiteit Rotterdam, Contactcommissie CIF - JF, 1983, p. 9.

나의 방법이기 때문이다.

형사사법제도는 전통적으로 형사사법제도의 경쟁상대에 비하여 문제 해결 역량이 크게 뒤지거나 아예 무능하며 무력하다는 사실을 경험적으로 입증해냄으로써, 형법의 정당성을 구출하는 노력은 그야말로 아무런 쓸모도 없는 것이 되고 말았다. '칸트여 헤겔이여 안녕 굿바이!'와 같이 전통적 이데올로기에 위기가 닥치기 훨씬 이전부터 프로이트의 심층심리학에 정당성의 토대를 마련하고자 희망하여왔다. 요컨대 '고통'을 가로질러 우리는 동요하는 선량한 시민들의 슈퍼에고를 보강하고자 노력해왔던 것이다. 엥기쉬(Karl Engisch*)에 따르면 자신은 법학자로서 국가에게 형사사법의 힘을 갖고 있는 게 정당함을 입증하는 훌륭한 사명을 수행하고 있다고 밝히고 있다.

그러나 그토록 좋은 그리고 훌륭한 양심이란 이미 불가능한 것이 되고 말았다. 라드부르흐(Radbruch*)가 훌륭하며 좋은 법조인이말로 '나쁜 양심'을 가졌다고 지적한 점을 유념해두도록 하자.[21] '나쁜 양심이나 사명'이란 곧 철학자의 수중에서 그리고 '정치적 전술이나 농

---

* 칼 엥기쉬(Karl Engisch : 1899~1990) 뮌헨에서 법학공부, 막스 베버와 함께 공부함. 형법 및 법철학자. 그가 내적 체계성(논리적인 무모순과 목적론적 부합성)과 외적 체계성(법률의 구조)으로 구분한 이래 이 체계성 개념이 일반화되었다.

* 라드브루흐(Gustav Radbruch : 1878~1949) 독일 법학자, 법철학자, 신칸트주의에 따른 법상대주의 주창자, 바이마르공화국 당시 사민당 소속으로 법무부장관(1921~22; 23) 역임하였으며 당시 사민당 소속, 여성에게 재판받을 권리를 부여하였다. 그러나 나치 지배에 따라 후기에는 상대주의를 포기하고 자연법철학에 경도되었다. 법이란 정의, 공리성, 안전 등의 삼각구조로 이루어진다고 보았다. 독일의 법실증주의 전통에 입각하여 히틀러가 쿠데타 아닌 선거를 통하여 권력을 장악하는 계기를 마련해 주었다는 비판을 받으며, 반면 라드부르흐가 후기에 자연법 사상으로 돌아선 것은 독재, 무소불위의 국가권력, 민권침해 등에 대항하기 위한 안전장치라는 측면을 가지고 있다.

21) Cit. por Alessandro Baratta, "Criminologia e dogmatica penale. Passato e futuro del modello integrato di scienza penalistica", en *La questione criminale*, Bolonia, mayo-agosto de 1979, p. 171.

단' 등을 통하여 소박한 사람을 고통과 곤궁에 빠트리는 것과 연결되며, 달리 말하면 거꾸로 사건들이나 '문제상황들'에 대한 국가의 억압활동들을 해체하는 일을 도와줄 수 있다.

형사사법제도를 비판하는 측에서는 각종 형법전, 법원과 경찰측의 활동, 감옥, 기타 업무와 제도 등이 금세 관료주의 기구로 변질되고 말면서, 내부적으로는 범죄를 다루며 범죄를 치료한다며 온갖 사건들로부터 억류자들을 가능한 한 많이 만들어내려는 논리구조 속에 빠진다고 본다. 그래서 형사사법제도를 비판하는 측에서는 전통적 범죄정책 혹은 형사정책 수단들을 적용하는, 특히 자유를 박탈하는 영역을 확대하는 쪽과 방향이 아니라, 거꾸로 폐지주의 관점에서 그와 같은 전통적 형사정책 수단과 자유박탈 영역을 급격하게 축소하며 폐지하고자 하는 쪽과 방향으로 나아가야만 한다고 본다.

따라서 지금까지 형벌에 처하던 행위들을 비범죄화하는 조치들이 취해질 수 있으며 이는 루크 훌스만이 주도한 바로 그 유럽이사회 측의 『비범죄화 보고서』가 잘 설명해주고 있는 바와 같다.[22] 즉 형벌을 가하는 대상에 불과하던 어떤 하나의 행위라고 하는 게 폐지주의 및 비범죄화 조치가 취해지는 미래에 가게 되면 거꾸로 정당한 권리의 행사로 평가받게 되기에 이르며, 국가가 정한 법과 다른 개념 및 이러저러한 사람의 권리들이라고 하는 게 유형과 케이스에 따라서는 국가가 '중립적인 자세'를 취하게 된다. 이때 국가의 잠재적인 경쟁상대가 명백히 드러나지만 마치 국가는 언제나 '치료하려다 필경 병을 더 키우고 만다.'는 말처럼 단지 국가가 일체 개입하지 않는 방향을 더

22) Cf. *Rapport sur la Décrirninalisation*. Comité Européen pour les problèmes criminels. Comité restreint d'experts sur la décriminalisation, Estrasburgo, 1979, pp. 3 y ss.

선호하게 되는 지점에 이르게 된다. 그렇지 않더라도 형사사법제도가 애써 찾아내려하는 대처 형식들에 대하여 한낱 대체 해결방안에 머물게 된다.

IV

폐지주의 사상가들도 물론 여러 가지 문제점을 안고 있다. 하지만 이 문제는 이러저러한 특정 이데올로기 연루와는 무관하다. 왜냐하면 토머스 마티센(Mathiesen), 아르노 플라크(Arno Plack*), 닐스 크리스티(Christie), 루크 훌스만(Hulsman) 등과 같은 폐지주의 사상가들은 이데올로기의 스펙트럼이 네오마르크시즘에서 자유주의에 이르기까지, 그리고 휴머니즘에서 안티휴머니즘 그리고 푸코의 방식에 이르기까지 그 폭이 매우 광범위하기 때문이다.[23] 뿐만 아니라 각 사상가의 폐지주의가 제시하는 방법론과 전략도 흔히는 너무도 다양하다.

처음 물음은 폐지주의가 보편적 타당성이 있느냐 여부에 대해서였다. 이 책의 저자 루크 훌스만은 이 점에 대해 매우 신중한 모습이다. 루크 훌스만은 산업사회와 일부 전통사회 등과 같이 현실적으

---

* 아르노 플라크(Arno Plack : 1930~) 독일의 철학자 및 작가, 1962년 막스 쉘러의 물질적 가치윤리를 주제로 박사학위 받음(뮌헨 루드비히-막시밀리안스대학), 각종 언론사 정치비평가로 활동(1954~66), 하이델베르그에 거주하며 프리랜서 작가로 활동.

23) Vid. T. Mathiesen, *The Politics of Abolition*, Wiley, Nueva York, 1974; N. Chnstie, “Conflict as Property”, en *The British Journal of Criminology*. vol. 17, n: 1. *Limits to Pain*, Oslo, 1981; Arno Plack, *Plädoyer für die Abschaffung des Strafrecht*, Munich, 1974; L.H.C. Hulsman. “Een abolitionistisch (afschaffend) perpectief op het strafrechtelijk systeem”, en *Problernatiek van de Strafrechtspraak, Nederlands Gesprek Centrum*, Boch & Keuning N. V., Baarn, 1979. Vid. asimismo Helmut Ostermeyer, *Die bestrafte Gesellchaft*, Munich-Viena, 1975. Cfr. también Louk Hulsman, *Abolire il sistema penale?*, y Pio Marconi, “La strategia abolizionista di Louk Hulsman”, en *Dei delitti e delle pene*, 1983.

로 존재하는 증거들에 바탕을 두고 폐지주의 입장을 차근차근 밝혀 나가고 있다. 루크 홀스만은 네덜란드에서는 문화적 틀 특히 사법제도 영역에서 자리 잡고 있는 관용과 양식을 갖춘 자세야말로, 형사사법제도 그 자체가 다른 나라에서 만연해 있는 것과 같은 도그마티즘과 엄격함에 별로 물들지 않도록 해주었다고 지적하고 있다. 즉 네덜란드는 감옥형을 최소화하고 있으며 이 감옥형 최소주의 원칙은 법적으로 심지어는 가장 중대한 범죄 유형에 대해서까지 적용되고 있다. 이는 기회의 평등 차원에서 그러하며 최근에는 이에 덧붙여 어떠한 범죄라도 그리고 어떠한 형이 내려지더라도 과중한 벌금 같은 금전적 고통에 대해서까지도 이 최소주의를 적용하고 있으며 특별사면조치도 더욱 더 많이 실시하고 있다.

프란츠 파농의 저서 『대지의 저주받은 자들』의 서문을 쓴 사르트르는 제3세계 사람들에 대하여 파리, 런던, 암스테르담 등지에서 '만신들이여! 형제들이여!'라는 말이 반복되고 있다고 지적하고 있다. 그런데 과연 제3세계 '주변부'에서 형사사법제도와 형벌 폐지라는 말을 되풀이하는 게 과연 정당하며 맞는 것일까? 볼프강 실트(Wolfgang Schild)*는 '산업국가 차원에서부터 의당 누려야 할 인권이 있는' 발전도상국가들에 이르기까지 편차가 너무 크기 때문에 제대로 된 '처방을 내리기란' 적합하지 않다고 쓰고 있다.[24)]

정말 일각에서는 역사의 '가차 없는 법칙'에 따라 권위주의 독

---

* 볼프강 쉴트(Wolfgang Schild : 1946~) 비엔나 출생, 독일 법조인. 법사학자. 형법과 법철학. 기호와 마녀 연구로 명성 얻음. 로텐부르그 중세범죄박물관 학예보좌관으로서 정조대 등 전시브로셔 제작.

24) Wolfgang Schild, "Systematische Uberlegungen zur Fundierung und Konkretisierung der Menschenrechte", en *Menschenrechte, Aspekte ihrer Begründung und Verwiklichung*, Johannes Schwartlander (Hrsg.), Tubinga, 1978.

재에 내몰려 있는 가난한 국가들에 있어서조차도 자유를 허용하는 게 사치품은 아니라고 본다.

이때 사람들은 절대적인 허장성세라는 존재론적 혹은 윤리적 자기확증이라는 시각에서 이 편 혹은 저 편에 대해 '투표'를 하지는 않는다. 그러나 결국 사람들은 권위주의 독재 및 마키아벨리즘에 대해 압도적 지지를 보냈으며 그러나 유토피아를 향해서는 단 1밀리미터조차도 앞으로 더 다가가질 못하였다. 아우슈비츠 대학살이 강제하는 가치체계의 위계구조란 인권의 보편성을 옹호해 마지않는다. 뿐만 아니라 부자 국가들의 가치체계는 이제 '다 쓰고 내다버려야 하는' 것쯤으로 생각하면서 제3세계 측은 이를 거부해야 한다고 관념화하거나 이상화하는 일 역시 거부하게 하고 있다.

다른 한편, 폐지주의 시각은 토착적 전통과 대립되지는 않는다. 히스패닉 중남미의 경우 유럽의 온갖 법제와 조약들을 충실하게 모방하며 전문가들은 유럽을 본뜨고 있고, 오히려 훨씬 더 많은 학자들이 순진한 척하며 이탈리아와 독일 쪽의 도그마틱한 감옥제도를 열심히 공부하며 본뜨고 있다.

결국 폐지주의 시각은 우리의 소외를 담보하는 기관과 제도의 장치들을 해체하는 것으로부터 시작함을 뜻한다. 그렇게 해야 하는 것은 공허함 속에 빠지지 않기 위해서이다. 그러나 자신의 현실로부터 비롯되는 분쟁과 갈등에 대한 해결방안들을 함께 찾아내도록 해야 한다. 이때 정도의 차이는 있지만 가능한 한 유엔이 승인한 토착국가의 자기결정 원칙을 적용해야 한다.[25]

25) Cf. Gladys Yrureta, *El indígena ante la ley penal*, Caracas, 1981, pp. 118 y ss

루크 훌스만이 유럽 형사사법제도에 대해 비판한 여러 가지 사항들이 제3세계 주변부 세계에서는 오히려 거꾸로 훨씬 더 남용되는 형태로 선호되는 실정을 직시해야 한다. 이에 덧붙여, 군부독재의 트라우마가 남아 있어서 권위의 품격을 추상적으로 높이려는 말들을 전혀 하지 못하게 만들고 있다는 점도 새겨들어야 한다.[26)]

제3세계의 특성상 폐지주의의 토대와 관련하여 훨씬 더 중요한 사항은 형사상 억압제도를 교묘하게 빠져나가고 마는 분쟁과 갈등에 접근하여 이를 풀어가는 전략과 해법들을 정교하게 가다듬는 일에 매진하도록 하는 점이다. 그런데 이는 처음부터 실효성 있는 형사사법제도를 담보해야 하는 문제이기도 하다. 자파로니는 형사사법제도의 전면 폐지가 몰고 올 위험과 관련하여 '여전히 계속해서 보존해야 하는 인간의 존엄성을 제대로 고려하지 않을 위험성'에 대해여 지적하고 있다.[27)] 끌로드 포게롱 역시 '분리와 억압적 통제의 각종 도구들'에 대하여 지적하고 있다. 이런 도구들이야말로 사람들 기를 꺾어버리며 통제하기도 훨씬 더 어렵고 폐지되어 사라진 형사사법제도를 대신하여 새롭게 들어서게 되고 말 것이라고 본다.[28)]

형사사법제도의 폐지 대안은 심리치료관리, 의료치료, 잘못의 시정, 재교육 등과 같은 사회통제장치들을 만들어내는 것일 수밖에 없으며, 이 경우 필경 '위험'이나 문맥에 따라 '사회질서 위해요소' 등

26) Sergio Politoff, *Democracia y descriminalización*, Cuadernos ESIN, Ediciones INC, Rotterdarn, n: 24 (1983), pp. 17 y ss.

27) Zaffaroni, op. cit.

28) Claude Faugeron, "Postface II", en: Louk Hulsman y Jacquelinc Bernat de Célis, *Peines perdues, Le systeme pénal en question*, Éditions du Centurion, París, 1982, pp. 173 y ss. 이 글은 이 책 발문과 해설에 번역 수록하였다.

에 바탕을 두어야 하는 것이 되기 십상이다. 하지만 이렇게 되면 이런 자유가 가져오는 결과나 영향이란 여전히 더욱 더 안 좋은 것이 될 수 있다는 점은 명백하다.

계속해서 식별하려고 제재를 가리키는 전문용어들을 바꾸어서는 안 된다. 필자가 보기에 폐지주의 전략은 실효성 있는 사회통제의 모델이나 기준이 아닌 사람의 존엄성과 자유의 확대 및 고통과 낙인찍기와 오명 뒤집어씌우기가 아무런 쓸모도 없도록 만드는 것들에 토대를 두도록 해야 한다. 그래야만 문제 상황을 풀어내기 위한 대안이라는 게, 그처럼 사람의 존엄성과 자유를 인정하며 진전시키도록 하는 한에 있어서만 경쟁력을 갖게 된다. 이런 의미에서 다음과 같은 원칙이 필요하다. 즉 '죄가 없으면 형벌 고통이 없다.'는 원칙을 견지해야 하지만 이는 물론 연옥 형벌의 토대로서 유죄와 혼동해서는 안 된다. 여기에는 형벌 고통이 존재는 하지만 이러저러한 주체의 참여 없이는 시행하여 보급하지 않겠다는 보장책을 함께 갖추어야 한다.

위대한 폐지주의 혁명은 갑자기 충격을 가해 일순간 감옥 문을 모두 닫아버려 폐쇄해버리며 형법전을 모두 유물 박물관으로 보내버리는 것을 뜻하는 건 물론 아니다. 폐지주의는 곧 각각의 분쟁과 갈등의 구체성들을 인식하는 경로들을 통하여 형사사법제도의 세상을 붕괴시키며 형사사법제도를 해체하는 것을 뜻한다. 우리들이 본 바에 따르면 이는 국가의 형사사법 권한은 도저히 대체할 해결방안이 없는 경우 이러저러한 형태로 존속은 하지만, 명백하며 투명하게 해야 하며, 형사사법에 있어서 일체의 형이상학적 알리바이란 인정해서는 안 되고, 자유의 박탈은 '정치적 전술상 필요한 것으로 판단된' 경우에 한

하도록 하며, 시민과 여론에 대해 열린 자세를 갖도록 하고, '나쁜 의도와 양심'을 가지고 당당하며 공개적으로 논쟁하도록 해야 한다.

4장 국가란 위험천만하다

-닐스 크리스티(2001)-

위험이야말로 범죄학이 다루는 중심 주제 중 하나이다. 남녀를 불문하고 위험한 사람을 다룬다. 보통 사람들에게 보이지 않도록 숨어 있는 위험한 사람을 생생하게 혹은 그 그림자나마 찾아내어 보여준다. 이런 위험한 사람을 찾아내며, 이들을 변화시켜, 명확하게 위험을 무력화시키도록 하고, 또한 위험한 사람들의 여러 가지 현상을 설명하며 이해하기 위하여 수많은 에너지와 지적 노력이 소진될 정도로 경주되어 왔다.

세계는 위험한 국가들로 가득하다는 건 그야말로 유쾌한 시각이며 일종의 진통제와 같다. 다른 나라에 대해서는 위험하다니! 하지만 그럼에도 불구하고 그 국가도 자기 나라의 시민들에 대해서는 그야말로 위험하기 짝이 없다고 보는 게 필자의 시각이다.

1. 폭력으로 인한 죽음

-러시아-

필자는 몇 주 만에 모스크바에서 나의 나라인 노르웨이의 조그만 도시에 있는 집에 돌아와 정상적 생활을 영위하게 되었으며, 그간 오래 동안 묵혀 두었던, 위험한 사람들을 주제로 한 이 글을 쓰고 있다. 하지만 나는 일을 계획대로 세워 집중하기 힘든 몇 가지 문제들에 봉착해 있다. 모스크바에는 '모범적 감옥 생활'을 논의하기 위하여 다녀왔다. 이미 나는 그 모스크바에 다녀왔으며 따라서 그곳 상황을 잘 알고 있다. 1백 만 명 정도가 감옥에 갇혀 있으며, 이는 10만 명 당 685명꼴이다. 미국과 감옥인구 비율이 상당히 비슷하다. 이는 스칸디나비아 국가들에 비해서는 열 배, 서구 유럽 국가들에 비해서는 8배 정도 되는 매우 높은 수치이다.

신기하게 다른 점은 기근이다. 지난 해 즉 2000년 여름 경제 위기로 인하여 러시아는 자본이 동이 났다. 지금 러시아는 감옥에 구금한 죄수들에게 매일 2/3 루블을 쓰고 있는 실정이다. 이 금액은 의료비를 포함한 것이다. 현재 20루블이 1달러에 해당한다. 서구 유럽이 60년 전 일어났던 대학살을 걱정하고 있는 지금 러시아와 동유럽은 재난을 겪고 있다. 그러면서도 침묵하고 있다. 그런데도 서구 유럽은 이에 대해 전혀 중대경고를 보내질 않고 있다. 적어도 같은 차원에서 다른 또 하나의 신기한 점은 결핵이다. 1백만 명에 달하는 죄수 중에서 9만 2천 명 정도가 결핵을 앓고 있다. 일부는 약간의 치료도 받지만 제대로는 아니다. 강한 내성을 지닌 결핵균을 지니고 앓고 있는 죄수가 2만 명에 달한다. 결국 러시아에서 유죄 확정 판결이란 곧 결핵에 걸려 죽을 위험이 매우 높음을 가리킨다. 화머(Farmer 1998)는 이를 '내성결핵형'이라고 명명한 바 있다. 판결을 받기 이전에 감옥에 투옥되어 있는 사태는 특히 더 위험하다. '모스크바 감옥개혁운동센터' 측이 펴낸 보고서(1998)는 구금되어 판결을 기다리고 있는 사람들의 생활상을 잘 보여준다. 러시아에서는 이들을 '시조'(SIZO, 우리나라 검찰이 운영하는 구치소에 해당함)라고 부른다.

'시조'의 수용밀도는 대단히 높아서 1평방미터당 1명, 일부 감방의 경우 1평방미터당 2명씩이나 수용되어 있다. 이들은 잠자는 것조차도 교대로 자야만 한다. 나아가 앉아있을 공간조차 이들 죄수에겐 부족할 지경이다. '시조'의 감방조건은 극도로 나빠서 산소가 부족하며 습기가 엄청나고 악취가 엄청난 건 두말 할 필요가 없다. 수많은 죄수들이 매를 맞는 징벌을 당하고 있으며 운동부족으로 인하여 다리가 퉁퉁 부었다. 옴이 올라 피부병을 앓는 죄수도 엄청나다. 이들의 몸은 땀이 나도 이를 말려 습기를 막을 방도가 없다. 창문이 있어도 거기엔 육중한 창살들로 가로막혀 있어서 햇빛은 실제로는 거의 들어오질 않는 실정이다. 벽에 끈으로 매단 형태의 침대 두세 개가 있다. 열 명이 수용된 감방이든 백 명이 수용된 감방이든 모든 감방은 싱크대와 캐비닛은 단 하나씩만 비치되어 있다.

필자는 개인적으로 악취가 지독한 그런 감방에 가보지 않았더라면 이런 상황을 믿지 않았을 것이다. 필자는 결핵에 관한 정보만 도움을 받았다. 그것도 전체적인 통계 등에 대해서만 도움을 받은 것이다. 감방은 폐쇄되어 있으며 공기가 통하질 않고 감방 하나에 1백 명 이상이 수용된 경우도 다반사이다. 질병이 다른 사람에 옮는 것은 불가피한 것이다. 따라서 서구 유럽 측에서 보았을 때 러시아가 사형제를 폐지시키도록 하는데 성공한 것은 그리 편안한 느낌이 될 수 없다.*

* '시조'에는 재판을 통해 확정판결이 나지 않은 상황에서 5년씩 갇혀 있으면서 재판을 기다려야 하는 경우가 다반사로 되어 있으며, 결핵, HIV, 에이즈, 마약 등이 난무하여 'SIZO'에 갇히는 건 곧 사형선고나 다름없는 것으로 받아들여질 정도이다. '시조'의 실태와 유럽연합 측의 개혁요구 등에 밀려 러시아정부가 '시조' 개혁을 추진하는 상황에 대해서는 아래 BBC 인터넷뉴스 기사를 참조하면 된다. 이 기사는 러시아 감옥의 참상을 외국 기자의 시각에서 나름대로 잘 포착하고 있다. 이 기사는 모스크바에서 남쪽은 1백마일 떨어진 감옥에는 감자 한 포대를 훔친 혐의로 3년형을 선고받고 복역하다 결핵에 걸려 생명이 위태로운 사람의 사례도 소개하고 이와 유사한 사람이 수천 명에 달한다고 지적하고 있으며, 유럽연합 압력으로 러시아가 감옥과 '시조' 개혁을 추진하는 과정이 잘 묘사되고 있다. Rob Parsons, "Ray of hope enters Russian prisons", 2003년 7월 4일 BBC 뉴스. www.bbc.co.uk.

러시아와 인접 국가들의 경우 사형집행을 대기하는 사형수들에 대해 사형집행을 중단하지 않는다면 EC 회원국으로 받아들이지 않기로 되어 있다. 하지만 러시아는 이런 압력에도 굴하지 않아왔었다. 하지만 오늘날 러시아는 사형집행을 전혀 하지 않고 있다. 요컨대 러시아는 사형제를 종식했으며, 이에 관한 한 EC 회원국 자격은 충분히 갖추기에 이르렀다.

-미국-

미국도 소련과 비슷한 재소자 비율을 유지하고 있다. 일부 경우엔 미국도 하나의 감방에 60~80명을 수용하고 있어서 매우 비좁고 타이트하다. 그러나 미국은 러시아와는 또 다른 극단적 형태의 문제점을 안고 있다. 전자관리형 맥시맥시(maximum-maximum security, 약칭 Maxi-Maxi) 감옥을 말한다. 이는 그야말로 최고 수준의 고립화를 이룩하고 있는 감옥형태이기 때문이다. 개인별로 샤워기가 있는 방을 쓰며 말릴 수 있고 신선한 공기가 들어오는 발코니가 날려 있으며 운동도 하게하고 음식도 훨씬 더 충분히 제공된다. 그런데 이 모든 건 다른 누구와도 철저히 차단된 전면적인 고립 속에서 이루어지고 있는 것이다. 실제로 죄수 1명에게 1평방미터 공간을 배정하도록 규정한 시스템으로는 강간을 막을 수 없었다. 그러나 이 시스템을 종식시킨 이후 대신 도입된 제도는 다른 누구와도 사람과는 일체 접촉하지 못하도록 완전 격리하도록 강요한 것이 되고 말았다. 바로 이 미국의 맥시맥시 감옥형태에서 폭력의 경제가 달리 나타남을 주목하게 된다. 물리적 고통의 수준은 낮아진 반면, 정신적 고통은 극도로 증폭되고 있는 것이다. 죽음이란 미국 감옥의 현실과는 거리가 아주 먼 것이지만 여전히 미국 감옥 역시 또 다른 형태의 죽음에 직면해 있는 건 전혀 다름이 없다. 미국 감옥에서 죽음이란 러시아에 비해 단지 연장되어졌을 따름이다. 종신형이란 감옥에서 산다는 것을 가리킨다. 미국 감옥 역시 형태는 다르지만 러시아의 '시조'처럼 점점 더 조금씩 조금씩 죽음의 제도로 변모해가고 있다. 미국 감옥에 갇힌 사람은 빨리 죽는다. 다만 러시아 감옥보다는 조금 템포가 느릴 따름이다. 게다가 확실한 것은 미국 시스템은 자발적으로 죽게도 만들고 있다는 점을 주목해야 한다. 즉 1977년 5백 명에 대해 사형이 집행되었으며 3천 명 이상이 사형집행을 해주도록 대기하고 있는 실정인 것이다. 미국은 EC 가입을 요청하진 않고 있다는 점을 실수로 망각한다면, 서구 유럽 측은 미국에 대해서도 상당수 정책적인 사형제도 시행을 중단하도록 압박을 가할 수 있을 텐데 ......

-맥시맥시감옥*-

뉴욕주 교정청은 무결점 감옥 제도를 자랑하게 되었다. 다루기 힘든 재소자는 골라내어 잘못을 깨닫도록 하기 위해 고도의 보안시설이 갖춰진 독방에 하루 23시간 격리 수용할 수 있기 때문이다. 그러나 이 방안은 지난 주 리모델링한 사우스포트교도소 재소자들이 폭동을 일으켜 3명의 간수를 26시간 동안 볼모로 잡는 등 결국 긁어 부스럼을 만들어 역효과를 낸 형국이 되고 말았다. 물론 볼모는 재소자

* 이 부분은 닐스 크리스티의 글이 아니라, 다음 신문기사를 요약 소개한 것이다. 뉴욕타임즈 1991년 6월 2일자 기사 "The Region; Uprising Challenges 'Maxi-Maxi' Prison Idea."

재심사를 조건으로 안전하게 풀려나긴 했다. 뉴욕주 사우스포트교도소가 연방교정청 등이 성공작이라고 본 시범 교도소 형태로 다시 문을 연 것은 사건이 발생하기 5개월 전인 1991년 초였다. 하지만 인권변호사 및 재소자 인권을 위한 시민단체 측은 향후 이런 사태가 폭발적으로 나타나는 전주곡이라고 비판하였다. 우리나라 참여연대에 해당하는 미국의 ACLU 측의 재소자 인권부서인 전국교도소개혁팀의 에드워드 코렌 변호사는 당시 '사람을 짐승처럼 다루면 사람은 짐승처럼 행동하기 마련'이라고 지적한 바 있다.

교도소 내의 은어로 이 새로운 교도소는 '맥시맥시' 감옥 혹은 '막장' 감옥이라고 불리고 있다. 이 감옥은 주로 복역 중 살인이나 폭행을 저지르거나 마약밀매나 탈옥을 시도한 다루기 힘든 죄수들을 다스리기 위하여 마련되었다. 1934~63년 동안 수천 명에 달하는 연방교도소 재소자들이 여기에 해당되는 것으로 분류되어 샌프란시스코 알카트라즈 섬의 교도소 독방에 수용된 바 있다. 알카트라즈교도소가 경제적인 이유로 폐쇄된 이후 연방교정당국은 가혹한 처우방식에서 심리, 교육, 직업교육 등과 같은 방식으로 전환하였다. 1983년 전국적으로 재소자 폭력이 급증하자 연방교정청은 알타크라즈교도소 방식을 일리노이주 마리온교도소 방식으로 바꾸기에 이른 것이다. 무기수 435명을 수용하는 이 마리온교도소에서 평균적인 재소자는 형기가 40년이며 5년 정도씩은 독방살이를 한 것으로 나타난다. 죄수들은 하루 23시간 동안 독방에 갇혀 있으며 손과 발에 수갑이 채워져 있고 오로지 1시간 정도만 조그만 새장 같은 좁은 공간에 나와 곤봉으로 무장한 간수의 감독 아래 걷는 운동만을 할 수 있을 따름이다. 식사는 감방 문에 나 있는 구멍을 통해 넣어주며, 오로지 간수만 지켜보는 가운데 일주일에 샤워 3회, 10분간 전화통화 등만 할 수 있다.

연방교정청 그레고리 보그단 대변인은 이 제도가 잘 먹혀들고 있다고 평가하면서 정확한 통계치는 없지만 지난 8년 동안 66개에 달하는 연방교도소에서 위험이 크게 감소했다고 밝혔다. 그에 따르면 골칫거리 재소자를 마리온교도소로 보낸 덕분이라고 보면서, 다른 교도소에서 재소자들에게 마리온교도소로 이감시키겠다고 위협하는 것만으로도 다루기 힘든 재소자들에게 억제효과가 나타난다고 지적하였다. 연방교도소는 전체적으로 수용인원을 62% 초과할 정도로 과밀하지만 그 덕분에 각주 교도소들이 겪고 있는 혼란스러운 문제를 잘 피해나가고 있다고 한다. 마리온 연방교도소 방식은 각주들 차원에서 오클라호마주의 맥알레스터교도소(1985), 캘리포니아주의 펠리칸베이교도소와 볼티모어교도소(1989), 그리고 마침내 뉴욕주의 사우스포트교도소(1991)에서까지 채택되기에 이른 것이다.

이들 주의 교도소 방식은 마리온연방교도소와 유사하다. 즉 죄수들은 하루 22~23시간 독방에 가둔다. 사우스포트교도소에서 앞서 언급한 간수볼모 사건은 여가시간 동안 발목에 수갑을 채우지 않은 채 걷던 여러 재소자들이 몇 명의 간수들을 제압하면서 발생하였다. 교도소를 감시하는 뉴욕의 한 시민단체 대표인 로버트 간지씨는 맥시맥시감옥이 잘못된 것이라고 주장하고 있다. 그는 일부 재소자들에 대해 단지 고충을 공공연하게 말한다는 이유만으로 독방에 가둔다며 우려를 금치 못한다고 말하였다. '징벌독방을 한 곳에 집중시키면 더 큰 문제가 생길 가능성이 큽니다.'

반면 맥알레스터교도소 부소장인 보비 분씨는 수백 명이 평균 14개월 정도씩을 보낸 후 거쳐 나갔지만 그와 같은 징벌을 다시 받은 재소자는 없었다며 이 제도를 높이 평가했다. 하루 종일 독방에 갇히는 징벌을 다시는 받고 싶어 하질 않기 때문이라는 것이다. 미국 전역에는 70만 명 이상의 재소자들이 있으며 고질적인 재소자 폭력 때문에 더욱 더 많은 주들이 맥시맥시감옥 방식을 채택해나가고 있다. 미국 각주의 교도소직원협의회 2만 5천여 직원을 대표하는 로버트 레빈슨 위원장은 맥시맥시 감옥 1개만 있어도 나머지 교도소들이 모두 조용해질 수 있다면 대성공이라며 아직은 이 맥시맥시감옥보다 더 나은 방안은 없는 것으로 알고 있다고 밝히고 있는 실정이다.

한편 2009년 1월 영국 런던의 킹스칼리지대학 국제수감시설연구센터(ICPS)가 각국의 데이터를 종합하여 발표한 바에 따르면, 우리나라는 2008년 6년 30일 총 재소자수 47,097명으로서 10만 명당 97명비율인 반면, 미국은 2007년 12월 31일 기준 재소자수 2,293,157명으로 10만 명당 756명으로 세계적으로 확고부동한 1위를 지키고 있다. 임의로 선정한 주요국가의 10만 명당 감옥인구는 다음과 같다(전세계 217개 국가 및 국가군에 관한 자료. 순위-나라이름-10만명당 감옥인구).

1위 미국 756명, 2위 러시아 626명, 3위 르완다 604명, 5위 쿠바 531명, 28위 이스라엘 326명, 38위 대만 277명, 53위 브라질 227명, 56위 이란 222명, 86위 아르헨티나 156명, 89위 영국 151명, 105위 호주 129명, 115위 중국 119명, 132위 네덜란드 100명, 135위 한국 97명, 136위 프랑스 96명, 144위 이탈리아 92명, 145위 독일 89명, 153위 북아일랜드 82명, 161위 스위스 76명, 162위 스웨덴 74명, 167위 노르웨이 69명, 176위 핀란드 64명, 177위 덴마크 63명, 177위 일본 63명, 209위 나이지리아 28명, 217위 리히텐시타인 20명.

한편, '감옥왕국'의 오명을 안고 있는 미국은 성인 99명 중 1명이 재소자로 되어 있다. 이는 미국의 성인 수감자 비율로는 사상 처음으로 1%를 넘어섰음을 뜻한다. 흑인은 백인의 4배, 히스패닉의 2.5배가 갇혀 있다. 미국의 성인 수감자는 약 231만 9천 명, 이는 중국의 154만 명, 러시아의 84만 명, 인도의 31만 명에 비해 월등히 높은 수치다. 미국의 이런 수감자 급증과 고공행진은 1980년대 중반이후 연방정부와 주정부의 엄격한 법질서정책 집행 결과이다. 특히 소수자들이 직접적인 피해를 본 것으로 나타났다. 그러나 현재 감옥에 있거나 수감 후 가석방, 혹은 집행 유예상태인 사람까지 포함하면 미국 성인의 730만 명으로 급증하며, 이는 인구 31명 중 1명꼴이다. 미국 50개 주는 2008년 교도소와 구치소 운영 등 교정비용으로 490억 달러가 넘는 돈을 지출했으며 이는 전체 주정부 예산의 7%에 해당한다. 2005년 기준으로 재소자 1명당 평균 2만 3천 8백여 달러가 들었다(http://www.pewcenteronthestates.org/news_room_detail.aspx?id=35912). 최근 이른바 "잃어버린 10년 동안" 감옥인구가 감소세를 거듭해온 우리나라도 이명박 정부 들어서서 급증 추세를 보일 것으로 전망되기도 한다.

2. 문제점

이제 독자 여러분이 필자의 접근방법을 둘러보면 금세 눈치를 채고 명확히 알게 되었을 것이다. 요컨대 위험한 사람들을 그린 그림은 위험한 국가들을 그린 그림과 함께 보도록 해야 한다. 그런데 국제정치에서 말하는 위험한 국가 이미지란 실로 진부하기 짝이 없다. 그러나 러시아와 미국 말고 다른 국가들이 저지르는 위험에 대해서도 논의해보아야 한다. 이 자리에서 필자는 이 점에 관한 한 나 자신을 전혀 신경 쓰질 않는다. 필자의 논점은 범죄학의 검증에 대해서이다. 필자는 살아 움직이는 시민과 사람들에 대하여 국가가 취하는 형사적 접근방법이 안고 있는 위험에 관심을 기울이고자 한다. 필자는 국가를 마치 잠재적으로 위험한 몸인 것처럼 바라본다. 우리는 어떤 종류의 국가가 그 나라 시민과 사람들에게 위험한지, 그리고 국가의 위험은 어떻게 다양한 종류로 이루어져 있는지, 그리고 가능하다면 국가마다 위험을 바라보는 관점이나 시각이 어떻게 다른지, 또한 이 역시 가능하다면 바로 이 위험한 국가를 도대체 어떻게 감시 통제할 수 있는 것인지, 마지막으로 그토록 필수적으로 필요한 것이라면 그런 위험한 국가를 어떻게 개혁 혹은 바꾸어나갈 수 있는지 등등에 대해 알아내도록 해야 한다.

이상과 같은 방법으로 분석의 중점을 형법에 바탕을 두고 활용해보노록 하자. 형법이란 고통의 배분에 관한 것이다. 그런데 고통이란 반드시 다른 원치 않는 현상들과 충돌하는 것으로서 개념규정을 내릴 수 있다. 그러나 우리는 원치 않는 행위에 대하여 다른 어떤 사람들은 형법과는 다른 반응을 보이기도 한다는 점도 잘 알고 있다. 그리고 또한 우리는 현대국가에 있어서 형벌의 양과 형태가 나라마다 정말 매우 다양하다는 것도 알고 있다. 이런 차이는 범죄의 차이로 인한 것이라고 설명할 수 없다. 그러므로 필자는 필자의 접근방법을 명확히 밝혀보기 위하여 일단 '형벌의 효과' 문제는 무시하기로 하며, 자기 나라의 시민과 사람들에 대하여 고통을 만들어 안겨주는 도구로서 형사사법제도에 집중하여 살펴보기로 한다.

3. 국가별 형사사법제도 평가 변수

어떤 국가가 그 나라의 시민과 사람들에게 가하는 피해 정도를 묘사하고 측정하는데 유용한 일반 카테고리 5개를 다음과 같이 제시하도록 한다.

형사사법제도 척도

'괴로움'이란 '고통'을 생각과 판단을 거쳐서 신중하게 사용한 결과를 뜻한다. 따라서 큰 행위는 그토록 간절하게 바라마지않는 일부 형법에 따르도록 하는 게 합리적이다. 우리는 시민과 사람들에게 상당한 위험을 나타내는 척도로 되돌아가 보자. 이는 보다 작은 행위를 나타내는 것과 편차를 표시한다. 다른 기본적인 모습은 '괴로움'에 연결되어 동원되는 행위의 크기를 상당히 크게 통제하는 것이다. 국가는 시민과 사람들 삶과 운명 속에서 형벌을 당하도록 개입한다. 그게 아니라면 어느 한 국가란 '괴로움'을 동원하여 사용하는데 제한적인 모습과 태도를 가지고 있는 것일까? 이는 매년 재소자 수나 징수하는 벌금 액수로 측정할 수 있다. 다른 가능한 척도로는 형사사법구조 종사자들이 시민 및 사람들과 접촉하는 전체 빈도수가 있다. 또 다른 접근방법으로는 모든 형사사법기관 내에서 일하는 종사자 수가 있으며, 이 변수를 그 지위, 업무, 총비용 등의 측면에서 보건의료기관, 사회복지기관, 문화시설분야 등등과 비교해보도록 하는 방법이 있다. 어떤 국가는 형법 영역이 지배하는 반면, 다른 나라는 다른 영역이 지배하고 있음을 나타낼 것이다. 이 모든 지침들은 시기마다 어느 정도 변화가 가해질 수 있다. '장기간 추세'에 관한 평생연구가 수행될 수 있다. 보다 더 커다란 고통은 작은 제도와 기관들 아닌 커다란 제도와 기관들에서 더 많이 만들어내게 된다.

이 제도에서 독자 여러분 스스로 훨씬 더 많은 사람들이 고통을 만들어내는 것으로 인식하게 되는 것은 지극히 간단한 이치에 속한다. (닐스 크리스티 1981) 따라서 커다란 차원의 어느 한 형사사법제도란 조그만 차원의 전국적 인구 전체에 대해 훨씬 더 위험하다. 러시아는 1백만여 명, 미국은 170여만 명으로서 두 나라 모두 성인인구의 1%에 육박하는 사람들이 감옥에 갇혀있다. 그중 많은 비율이 남성이며 상대적으로 청소년들이 훨씬 더 많다. 미국의 경우 흑인과 히스패닉계의 20%가 감옥에 갇혀 있다. 워싱턴시나 볼티모어시에 사는 18~30세 연령대 유색인종 남성의 경우 절반 이상은 감옥에 있거나 가석방되었거나 보호관찰 중에 있다. 바꿔 말하여 여러분이 미국에서 이들 카테고리 중 어느 하나에 속해 있다고 한다면 여러분은 국가로부터 형벌을 받을 위험이 매우 크다는 것을 뜻한다. 똑같은 지적이 러시아에도 적용된다. 여러분이 구소련의 동유럽 지역공화국 출신이라면 감옥에 갇히게 될 위험은 아주 크게 증가한다.

형사처벌제도란 실제 감옥에 갇히는 것에만 국한되는 건 아니다. 많은 나라에서 보호관찰이나 구두선서 조건부 가석방 제도가 매우 중요한 형벌수단이 되고 있는 추세이다. 오늘날 미국은 4백 만 명 정도가 감옥인구라고 포함시켜 말할 수 있다. 미국의 성인남성 중 젊은 층을 보면 당장 전체의 10%가 형사처벌기관에서 처벌을 받고 있는 것으로 나타난다. (닐스 크리스티 1998)

이런 현상의 본질은 간접적으로 그 중요성이 매우 크다. 죄수의 주변 사람들은 고통과 수치심의 상당 부분을 같이 나누어야 하며, 죄수의 남편이나 파트너 등은 짝을 잃거나 새로이 짝을 찾는데 커다란 어려움을 겪어야만 한다는 점에서도 아주 커다란 고통을 당하고 있다. 워싱턴시나 볼티모어시의 유색인종 젊은 여성인 경우 마치 전쟁에 준하는 상황이 조성되어 있다. 즉 이들 카테고리에 속하는 여성들은 배우자감이 극심하게 부족한 세상을 살아나가야만 하기 때문이다. 더군다나 배우자로 얻을 수 있는 남성들이 있다고는 해도 이들은 그다지 바람직하지 못한 조건을 가지고 있을 수밖에 없다.

왜냐하면 과거 감옥을 다녀온 경력이 있어서 그렇게 죄수생활을 하는 동안 습득한 내면화된 가치관과 습성 등으로 입은 손상과 피해로 인하여 일반 사회 속의 노동시장에 나와서도 계속해서 커다란 어려움에 봉착할 수밖에 없으며, 감옥생활 동안 당한 건강문제로 인하여 계속해서 건강상 어려움을 당할 수밖에 없기 때문이다. 건강상 어려움의 경우 러시아에서 감옥생활을 중단한 엄청난 수의 석방자들에게 압도적으로 많다. 이들은 여러 가지 내성 결핵균에 걸린 채 집에 돌아오며, 감옥에서는 그렇게 내성결핵에 걸리면 어쩔 수 없이 집에 돌려보낸다.

이런 현상의 본질은 감옥이 방대하면 방대할수록 사람과 사람 사이의 관계에 있어서도 보다 더 엄청난 문제와 어려움들을 초래할 수밖에 없다고 하는 의미에 있어서도 매우 중요하다. 통상 죄수가 50~100명이며 아무리 커도 350명밖에 안 되는 노르웨이 감옥과 같이 소규모 감옥의 경우 통상적인 만남이나 상호작용을 최소 수준에서 유지할 수 있다. 죄수나 간수가 아닌 다른 사람을 주시하지 않도록 하는 게 어렵긴 하지만 가능은 하다. 반면 대규모 감옥 제도의 경우

괴물과 같은 것들을 만들어낼 가능성이 매우 크다. 대규모 감옥에서 재소자들은 품위가 훼손되며 퇴행적인 조건 속에서 살아나가야 하며 죄수들이 너무 많아서 간수들에겐 여러 가지 측면들에 걸쳐 혹은 모두가 같다고 치부하며 단지 처리해나가야 하는 일개 대상에 불과하다. 그렇지 않다고 하더라도 죄수들은 온갖 전자적 도구들을 총동원하여 간수들로부터 완전히 분리된 상황으로 내몰려야 한다. 이처럼 대규모 감옥은 마치 과거 시절에나 있었던 강제수용소와 매우 흡사한 그런 조건 속으로 빠져들 수밖에 없다.

팽창을 막기 위한 통제

뿐만 아니라 감옥이나 교도소란 달리 보면 일반 사회와 단절 고립되어 있다. 교도소 제도는 일종의 국가 안의 국가로 화해 있다. 감옥은 점점 더 규모가 커지고 있으며 그리고 사회에 있어서도 중요한 것이 되어 가고 있으며, 그럼에도 불구하고 통제를 받지 않는 기관이 되어 가고 있다. 캘리포니아 연방교도소가 한 예이다. 교도소 제도가 양대 정당의 정치인들에게 제공하는 경제적 기여도는 매우 뚜렷한 것이어서 교도소 제도는 대규모화를 거듭해나고 있는 실정이다. 그러나 필자가 밝힌 것처럼 그리고 '감옥산업 복합체'라는 슐로서의 논문이 제시하는 바와 같이, 캘리포니아만 그런 게 아니다(Nils Christie, *Crime control as industry*, 1996; Schlosser, "The prison industrial complex", 1998). 슐로서는 미국 뉴욕주의 실태에 대해 다음과 같이 밝히고 있다.

"교도소를 짓는 데에만 해도 15억 달러 이상을 투입한 이후에도 오늘날 뉴욕주 북부 지역에 위치한 교도소들에만 해도 연간 약 4억 2천 5백만 달러를 교도소 직원 인건비와 운영비로 쓰고 있다. 이는 주민 1인당 연간 교부지원금이 1천 달러 이상 지출하는 것과 같음을 뜻한다. 감옥으로 인한 경제적 충격 효과는 재정지원 및 서비스 제공에 그치지 않는다. 감옥은 고도의 집약적인 일자리를 상시적으로 제공하고 있다. 감옥산업은 경제침체나 경기후퇴 검증을 받게 되는데, 그런 때일수록 더욱 더 팽창일로를 달리고 있으며, 그렇다고 환경을 오염시키거나 윤리 측면에서 타락하는 것도 아니다. 따라서 환경보호론자들 저지운동으로 인하여 다른 발전 수단이 없는 농촌지역일수록 감옥산업은 매우 중요한 경제요소가 되고 있다. 감옥은 경제적으로 불확실한 시대일수록 이들 지역에 안정성과 확실성을 가져다주었다."

정치권은 이런 유형의 압박 요인에 저항하기란 실로 어렵기 때문에 감옥산업의 끝없는 질주란 계속될 가능성이 매우 크다. 판사는 물론 검사도 4년마다 선거에 출마하여 이를 거쳐야만 하는 미국의 사법제도란 안정성에 있어서 훨씬 더 커다란 취약점을 가지고 있다. 왜냐하면 이런 제도에서 판사와 검사 두 집단은 온갖 종류의 윤리적 양심의 가책을 받아가며 공직을 유지해야 하며 독립성 유지를 위하여 일종의 교양 있는 대우를 받아야 하기 때문이다. 뿐만 아니라 보호관찰처분을 내린 전권 혹은 재량권을 행사하는 위원회 형태로 감옥에 뒷문을 두고 운영하는 제도란 감옥 성장에 대한 통제권도 틀어쥐고 있는 셈이다. 러시아 감옥제도는 사면제도가 구금하는 죄수의 수를 통제할 가능성이 그다지 많지 않는 그러한 제도를 운영하고 있는 사례에 속한다. 그러나 러시아에서도 범죄란 언론에게 단골 논란거리 내지는 쟁점이 되기는 마찬가지이다. 과거 짜르 체제라면 사면을 허가했을 것이다. 그러나 최근 두마(Duma) 즉 러시아 의회 측은 4개월 동안 10만 명에 달하는 죄수 사면 석방 방안을 두고 토론에 토론을 거듭하였으며, 심지어 이들을 수용할 감방이 부족하다는 파국상황에 직면하기까지 하였음에도 불구하고 사면 석방 방안의 결론에 이르지는 못하였다. 사면 조치란 유권자들에게는 인기가 없기 때문이다.

형사절차 속에서 삶의 질

막바지에 다다른 우리는 물리적 긴급사태라는 쟁점 문제에 이른다. 감옥에 갇히면 생명이 위험해지는 건가? 이런 위험은 모든 감옥에 적용되는가 아니면 일부 감옥에만 적용되는 말인가? 그리고 그와 같이 위험이 초래되는 이유는 외부요인으로 인한 것인가 아니면 고의적인 것은 아닌 것인가, 그것도 아니면 우리가 흔히 주목하게 되는 것처럼 간수와 혹은 같은 재소자끼리 야기되는 폭력사태 때문인가? 그리고 더욱 더 나아가 보자. 이런 폭력은 교도소 생활에서 의도하지 않은 결과 혹은 감옥이라는 기관에서 발생한 바람직하지 않은 결과일 따름인가, 아니면 고통을 극대화하거나 정보나 자백을 얻어내기 위한 강요 차원에서 행하여진, 의도적이며 계획적으로 저질러진 것인가? 감옥이나 감옥 아류 기관에서 사망한 이들의 매년 기일은 어떻게 지켜나가고 있기는 하는가? 감옥 바깥에 있는 이들이 죽은 기일 지내기와는 어떻게 다른가?

다음과 같은 물음은 감옥생활의 질에 대해 매우 큰 중요한 의미를 갖는다. 감옥은 누가 운영하는가? 형사사법기관 직원들인가 아니면 죄수들인가? 그리고 감옥의 관리운영을 감옥이라는 테러기관에서 징집병이나 다름없는 죄수들이 담당하는가 아니면, 아니면 이른바 더럽혀지지 않은 다른 순결한 기관이 담당하는가, 그것도 아니라면 최소한도의 상호이익을 갖는 기관이 담당하는 것인가? 감옥이란 과연 기관으로서 존중심을 유지할 수 있는가, 아니면 이들 중 다수는 깊은 상처를 받았으나마 자유롭게 되어 우리들을 계승한다고 시인한 죄수들에 대한 존중심을 과연 유지할 수 있는가? 그리고 간수들은 아예 외부에 총좌나 포좌를 설치한 곳에나 배치되는 정도인가 아니면 날이면 날마다 죄수들과 뒤섞여 직접 죄수들을 자극하며 감정을 부채질하여 두 부류가 모두 비교적 공통된 사람들이 됨으로써 서로 부딪쳐나가도록 하고 있는가? 감옥 업무는 전체적으로 군사시스템으로 되어있는가, 그리고 내무부 소속인가 아니면 법무부 소속으로 되어 있는가? 감옥 시스템은 법무부에 접근하면 할수록 훨씬 더 커다란 문민의 높은 질을 갖게 된다고 보는 게 합리적인 가정이 될 것이다. 러시아 감옥 제도는 최근에 와서야 비로소 내무부 소속에서 법무부 소속으로 바뀌었다. 이로부터 약간의 희망을 바라보게 된다. 많은 나라들이 감옥 내부에 내무부나 법무부 직원을 배치하고도 바깥쪽 주변에는 여전히 군대 기관을 배치하고 있다. 이렇게 다양한 형태로 간수와 요원과 군대 등을 배치하였을 때 이것이 죄수들의 감옥생활 및 건강상태에 미치는 영향은 어떻게 다르게 나타나는가?

형사사법제도의 투명성

그리고 속속들이 잘 아는 사이에서 벌어진 가정폭력사건의 경우 가족으로부터 격리시키도록 해야 하는 죄 이상의 것을 공통적으로 경험한다. 남자는 거의 언제나 가장이라고 주장하면서 아내를 집안에 가둬두고자 하며 다른 식구나 친구들과 만나지 못하도록 간섭하고 허용이 되는 행위들에 대한 규정들을 만드는 가족제도를 꾸려나간다. 남편에게 갑작스럽게 펑크 나게 만들면 이웃에게 혼란에 빠트려 피해를 주므로 천천히 펑크 나게 해야 된다.

형사처벌제도 역시 흔히 그러한 남편과 똑같다. 형사사법기관들은 마치 물길을 꽉 막아놓은 봇둑과 같으며, 내부에서 바깥으로 물리적으로나 말을 통해서나 서신을 통해서나 전혀 전달할 출구를 막아놓고 있는 것과 같다. 그러나 형사사법기관 역시 다른 차원에서 보면 바깥쪽과 통할 수 있는 봇둑이기도 하다. 즉 감옥 방문 혹은 방문단이라고 하는 게 있다. 그러나 우선권이 있는 이들은 방문하더라도 통제를 받아야 하고, 이들 방문단이 죄수들과 아무리 가까운 사이라 해도 방문을 마치고 바깥에 나가면 이들이 구치될 수도 있기 때문이다. 그리고 언론인, 인권단체 인사들, 기타 이러저러한 유형의 반체제 인사들 등도 똑같다고 말할 수 있다. 통상 감옥은 일반 사람과 시민들은 잘 알아볼 수 없게끔 외진 곳에 짓는다. 그러므로 특별히 위험천만의 죄수들을 수용하는데 명성이 있는 감옥일수록 더욱 그러하다. "우리도 불쾌해요. 하지만 긴급사태 발생 시 이 감옥이나 이 지역에 연결되는 길목은 봉쇄하기가 아주 쉽지요." 이런 점에서 민영감옥이란 감옥 내부에서 일어나는 모든 일들은 기업비밀이라는 입장을 고수한다지만 세부적인 면에서 보면 문제를 초래할 수 있다.

민주적 책임성 문제를 평가할 때 일부 쟁점들이 본질적인 것으로 드러난다. 특히 죄수들이 과연 항의할 수 있는가, 만일 죄수들도 항의할 수 있다면 누구에게 항의해야 하는가? 서신을 검열하게 되는가?

해당 특정 교도소나 감옥제도 전반에 대해서도 '시민 측의 대변자 혹은 옹호자' 제도라는 게 과연 있는가? 외부 세계와는 어떤 형태로 접촉이 이루어지고 있는가? 죄수들은 누가 감옥의 대표자 혹은 감옥기관 직원인지 알고 있는가, 그리고 이들은 구별되는 뺏지 같은 걸 달고는 있는가?

여기에 덧붙여 말하면 감옥은 폐쇄적이면 폐쇄적일수록 재소자들에게 더욱 더 위험하다는 점은 명확하다. 감옥이란 개념상 죄수들은 감옥직원과 죄수간 차이를 명확하게 하는 기관이다. 둘 사이가 이렇게 격리되는 정도가 크면 클수록 감옥직원의 권한은 사용하는데 제약이 더욱 더 약해지고 만다. 따라서 감옥제도와 각 교도소를 해당 지역별 시민사회 측 대변자(일종의 감옥옴부즈맨), 기자와 언론인, 인권단체인사, 대학의 교수와 대학생, 평범한 보통사람들로 이루어진 방문조사단 등등에게 개방하도록 하는 것이야말로 지극히 중요하다. 감옥 내 폭력사건들은 도대체 얼마나 자주 일어나는가? 가장 눈에 잘 띄면 띌수록 그러므로 가장 취약한 폭력사건이면 그럴수록 결국 죄 중에서도 집안의 다른 식구를 더욱 더 보호하려는 가장 큰 죄일 가능성이 크다.

문명 혹은 교양 수준

저 멀리까지 노출되도록 되어 있는 몫이나 운명이란 '문명'이라는 말로 요약할 수 있다. 그러나 끈기를 가지고 여러 가지 뜻을 가지는 이 말을 잘 따져보도록 하지 않으면 안 된다. 옥스퍼드사전(*Oxford Dictionary*, 1973)은 문명이라는 말의 뜻을 스무 개로 제시한 바 있다. 그중 열두 번째로 간명하게 제시한 '다른 사람들에 대하여 예절바르거나 교육받은 행동을 하는 것'이라는 뜻이 여기서 필자가 말하는 것에 가장 근접한다. 이 옥스퍼드사전이 '문명'의 뜻으로 다음과 같이 열세 번째로 제시한 것도 필자가 말하는 뜻에 가깝다. '일반 시민 혹은 문민에게 속하는 것을 말한다. 이는 보통의 능력 수준을 가진 시민들이라는 뜻을 가지며, 보다 전문적이거나 특수한 분야의 능력을 가진 다른 사람들과 구분되고, 보통의 능력 수준에 비해 부정적인 방향의 능력과는 대비하여 말하는 의미로 쓰인다.' 19세기 법철학자인 오스틴(Austin)은 이 말을 다음과 같이 사용하고 있다. '문명이라는 말은 ...... 본질적으로 다른 일련의 모든 대상들을 가리킨다. 문명이란 범죄의 반대쪽에 있는 것이므로 이 말은 형법이 아닌 다른 모든 법률들을 가리킨다. 문명이란 교회와 반대쪽에 있으므로 이 말은 교회법 아닌 다른 모든 법률들을 가리킨다. 문명이란 군인과는 반대쪽에 있으므로 이 말은 군법 아닌 다른 모든 법률들을 가리킨다. ......'

감옥제도란 문명의 지표나 데이터란 것은 전혀 규범으로 삼지 않는 지극히 단순한 기관의 형식을 가리킨다. 감옥제도는 적어도 명령을 따라야 하는 사람과 감시당하며 갇혀 있는 사람 사이에서 에피소드 형태로나마 문명을 가질 수 있다. 그러나 사람들은 이와 같은 형태의 관계 맺기가 가능해질 만큼 서로 가까이 다가가질 않는 경우가 흔하디흔하다. 설령 성공한다 해도 그 만남이란 그 본질적인 특성에 있어서 결코 문명적이질(보통 사람들과 같은) 않다. 수많은 나라에서 군인은 독자적인 형사사법제도를 운영하고 있다. 하지만 일부 다른 나라들은 기근, 질병이나 전염병, 기타 존중받는 방향으로 독자적인 형사사법제도를 도입할 수 없는 불가항력적인 이유 등과 같은 물적 조건의 차이로 인하여 일반 민간 부문의 형사사법제도를 따르고 있으며, 그래서 문명이란 도대체 생각조차 해볼 수 없다. 노르웨이는 암여우를 잡아 가둬 놓고 기르기 위하여 1미터 정도 되는 우리를 만들어 보급한 적이 있다. 그런데 만일 여러분이 이런 우리 속에 갇히게 된다면 그것은 보통 사람을 기르는데 전혀 알맞지 않다. 문명을 가리키는 다른 또 하나의 지표란 서툴게나마 접근성의 문제라는 유산과 관련되어 있다. 즉 감옥에 갇힌 죄수의 권리는 어느 정도라야 하는가 하는 문제이다.

구체적으로 과연 구금된 죄수란 온갖 시민권을 몽땅 박탈해야 하는 것인가 하는 문제이다. 그리고 일부 투표권의 문제는 어떻게 보아야 하는가? 체코공화국, 덴마크, 프랑스, 이스라엘, 폴란드, 짐바브에 등과 같이 여러 나라에서 구금된 죄수들에 대해서도 투표권을 허용하고 있다(The Sentencing Project 1998, p. 18). 다른 나라들의 경우 구금된 죄수 중 일부 유형에 대해서만 투표권을 주지 않고 있다. '양형제도 개혁 프로젝트'(The Sentencing Project) 측은 미국에서 390만 명 정도가 투표권을 박탈당한 상태이며 이중 1백만 명은 체포되어 이미 확정판결까지 받았다고 밝히고 있다.

마지막으로 현대 산업국가의 추세는 물리적 잔혹함이나 군대식 해결방안으로까지 나아가지 않도록 하고 있다. 이는 신경영문화를 반영한 것으로서 범죄통제시스템에 명확하게 경영관리제도를 도입한 것이다(Feeley and Simon 1992). 그러나 이것도 여전히 문명시스템 즉 문민화제도는 전혀 아니다. 관리경영제도란 합리성과 책임에 기초하며 매우 타이트한 계획에 입각하여 명확한 명령계통을 가지고 있으며, 톱니바퀴처럼 최상층부에서 시스템 전체로 전달하는 방식을 취하고 있다. 경영관리 특성으로 인하여 이 시스템은 사람들 사이의 통상적인 만남, 즉 문명 차원의 상호작용을 하도록 하기 위하여 조그마한 방을 두고 있을 따름이다. 그러나 그와 동시에 이 시스템은 맥시맥시감옥에서 유명해진 매우 강력한 제도이기도 하다. 현대에 이르러 이는 개개인 포로가 다른 사람과 격리되도록 최대한의 통제를 가하면서 그와 동시에 감옥요원과 그 죄수들과 접촉은 최소한에 그치도록 하는 전례 없는 시스템으로 변모한 것이다. 우리는 이제 문명의 대척점에 도달한 것이다.

문명이라는 쟁점은 형법기관의 다른 영역 내에서도 매우 중요하다. 형사사법기관 종사자들은 문민규범을 따라야 하는가 아니면 군대규범을 따라야 하는가? 이 경우 가능한 지침은 상징적으로는 경찰 스스로 경찰제복을 입고 경찰장비를 가지고 활동하는 그러한 방식이 될 것이다. 그런데 언제 어떠한 제복을 입으며 어떠한 장비를 휴대하는가? 경찰은 도보, 자전거, 오토바이, 자동차 등을 타고 다니며 사건 발생 시 일부 경찰은 무장하고 출동한다. 경찰은 총기를 휴대한다. 그런데 항상 휴대하는가, 때때로 휴대하는가, 아니면 특별히 사건이 발생했을 때에만 휴대하는가? 도시지역 경찰관들이 총기 휴대 허가를 받는데 그리고 무엇보다도 총기를 실세로 사용하는데, 그리고 총기사용 권한을 부여받는 그 자체에 대해 얼마나 어려운 절차를 거쳐야 하는가? 총기를 실제로 사용한 후 해명보고서는 과연 몇 차례씩 써내도록 되어 있는가? 경찰 측 총기 사용으로 인하여 한 사람이 사망하였을 때 어떠한 평가 과정을 거치도록 하고 있는가? 경찰은 다음과 같은 윤리적 풍토 속에서 업무를 수행해나가고 있다. 범죄와 전쟁 즉 무관용 원칙인가, 아니면 문민평화경찰관 모델을 따르도록 하고 있는가? 경찰관 충원방식은 보통사람들로부터 충원하는 방식인가 아니면 군내에서 충원하는 방식인가? 경찰관 구성에서 인구구성의 세부적인 계층이나 남녀나 인종이나 등의 대표성을 어떻게 제대로 반영하고 있는가? 매년 여자경찰은 어느 정도 비율을 선발하는가? 남녀 경찰관은 일반 시민들과 얼마나 뒤섞여 사는가 아니면 어느 정도 떨어져 사는가? 경찰은 일반 시민들로부터 증명을 받아야 하는 경우 얼마나 취약점을 가지고 있는가?

동일한 쟁점과 이슈들이 법적 차원에서도 야기될 수 있다고 말할 수 있다. 즉 판사들은 어느 계층 출신인가, 보통사람들이나 거기에 가까운 계층 출신인가 아니면 특정 사회계층 출신들로만 이루어져 있는가? 판사들이 법적요건을 거치도록 되어 있는 경우, 법적으로 보통사람이기만 하면 이들로부터 선발되는 것인가 아니면 계급 · 인종 · 지정학적 분포 등등의 차원에서 정확히 사회 저변층에서 선발되는 것인가? 국가권력에 맞서서 판사의 독립성은 어떻게 보장되는가, 즉 국민들 중에서 선거로 선출되는가 아니면 정치권에서 선출토록 하게 되어 있는가, 그것도 아니면 판사선임위원회 같은 것을 따로 두고 선출하게 되어 있는가? 판사는 종신직으로 되어 있는가 아니면 정기적으로 선출과정을 다시 거쳐야 하도록 되어 있는가? 판사는 기소권까지도 함께 가지고 있는가? 판사는 고통을 가하기로 위협하는 논의 과정에서 광범위한 대안과 재량권들을 가지고 있는가 아니면 의회에서 양형표 형태로 최저형량과 최고형량을 미리 정해주고 판사는 다만 그 의회 의원의 보좌관 정도 위치에서 판결할 수 있을 따름인가?

피고인의 위상 및 피고인의 참여와 관여 수준에 대해서도 다음과 같이 여러 가지 질문들이 제기될 수 있다. 즉 주체와 대비하여 보았을 때 피고인은 어느 정도로 객체가 되는 것인가? 사건이 법원에 당도할 때까지 얼마나 기다려야만 하는가, 그리고 통상적 판결을 받는

데 기다리는 사람과 마찬가지로 수면시간, 씻는 시간, 옷 입는 시간, 판사에 맞서서 당당하게 자신의 입장을 밝히는 시간 등은 어느 정도 허용을 받게 되는가? 그런데 피고인이 변호 받을 권리에 대해서는 어떤지 다음과 같은 물음도 매우 중요하다. 즉 기소자 측에 비해 변호 받는 측의 입장은 얼마나 강력하게 존중받고 있는가? 변호 받는 측의 입장과 위상이 문화, 교육훈련, 사회적 위상과 지위, 부의 정도 등에 따라 어떻게 달라지는가? 재판 진행 중 어느 단계에서라도 변호인을 둘 수 있는가, 그리고 피고인은 감옥에 갇혀 있는 상황에서 변호인과 만나 재판준비를 제대로 할 시간과 자유를 얼마나 허용 받고 있는가?

4. 위험한 국가 통제방법론

우리는 다시 위험한 사람들에 대하여 어떻게 경험하고 있는가를 한 번 더 살펴보도록 해야 한다. 바로 이 위험한 사람들에 대해서는 세 가지 주요 문제가 범죄학 및 범죄대책 분야에서 쟁점이 되고 있다.

첫째, 위험이라는 개념에 대해서이다. 일부 형사사법제도의 경우 범죄를 저지르는 인물이 도대체 누군가인가 하는 것과는 전혀 무관하게 단지 어떠한 범죄일지라도 범죄란 모두 위험하다고 본다. 하지만 다른 형사사법제도 틀의 경우엔 위험이란 어떤 유형의 범죄인가를 막론하고 상습적 범죄에만 국한하기도 하다. 다른 한편, 일반적으로 훨씬 더 많이 쓰이는 위험 개념은 보다 더 중대한 행위, 즉 흔히는 폭력행위나 성폭력행위 등을 가리키는 것으로 적용하고 있다. 그러므로 위험한 사람이란 그와 같이 위험한 사건에서 다른 사람들의 생명과 안전을 명확하게 위험하게 만드는 사람을 가리킨다.

둘째, 예방 문제이다. 만일 우리가 중대한 행위라는 측면에만 관심을 집중하여 경고하는데 그치고자 한다면 누가 상습적으로 범죄를 저지르는가를 예비조사를 통하여 바로 그러한 행위의 원인 제공자를 미리 상당히 잘 찾아낼 수 있다. 하지만 공통성이 없는 행위란 미리 예비검속을 하기가 어려우며 그 수효 또한 허구적으로 만들어질 수밖에 없을 가능성이 매우 크다는 게 전반적인 평가로 되어 있다. 요컨대 예비조사를 통하여 범행을 저지른 것으로 밝혀냈다고 하지만 예비조사라며 개입하지 않았더라면 실제로는 범행을 저지르지 않은 사람들을 가리킨다(von Hirsch 1972, Mathiesen 1998). 따라서 예방차원이라는 명분을 내세워 이러저러한 사람들이 위험하다며 이들을 비난한다면 그 윤리적 문제점은 실로 대단히 크게 나타날 수밖에 없다.

셋째, 제재 유형의 문제가 핵심쟁점으로 등장한다. 형사사법기관의 활동목표는 이른바 위험한 사람이라고 지목된 자에 대해 사회로부터 항구적으로 혹은 일정 기간 동안 격리시키도록 하는데 있으며, 석방은 제재의 효과 및 재활 절차에 입각하여 결정하도록 해야 한다고 본다.

이상과 같이 위험한 사람에 대하여 살펴본 이제, 다시 국가로 되돌아가보도록 하자.

앞서 위험한 행위의 개념 정의라고 정리한 바 있는 첫 번째 변수와 관련하여 위험한 국가란 곧 어디에나 존재하기 마련인 위험한 사람이라는 개념을 활용하는 국가라고 보는 게 합리적인 것으로 나타난다. 어느 한 국가란 곧 범죄 전반에 대하여 우려를 하는 것이지, 특별히 위험한 범죄에 근거하여 선정한 일부 개인들이 만들어내는 위험을 걱정하며 신경 쓰는 것은 아니다. 위험한 국가란 곧 우유 일곱 병, 이러저러한 마약 2그램, 취중 폭력 등과 같이 그야말로 시시하기 짝이 없으며 정말 사소한 행위들이라는 이유를 내세워가며 대중들을 감옥에 가두는 바로 그러한 존재인 것이다. 엄청나게 비범하며 비상한 위험이란 바로 이런 행위들을 상습적으로 저지른다고 바라보는 것은 그야말로 바로 그 국가가 하는 일인 것이다. 국가는 위험한 범죄자란 바로 그와 같다고 보는 관점에 입각하여 엄청난 간섭과 개입을 하게 된다. 그리고 이 시각은 국가란 바로 그 시민들에 대해 지극히 위험스런 존재로 만들어 버린다. 왜냐하면 이 시각은 위험한 범죄라고 부르는 모든 것을 충족시키며 그러한 행위를 저지르는 개인은 모두 위험한 사람이라는 점을 충족시켜주기 때문이다. 이와 같은 주장을 가로질러 나아가면 우리는 상황을 해결하는데 성공할 수 있게 된다. 요컨대 위험한 국가에서 바로 그 위험을 줄이는 방안이란 곧 국가 측에 대해 압박을 가하여 범죄개념의 경계는 어디까지인가에 대한 진지한 논의를 시작하면 되는 것이다.

어느 한 국가에서 만일 감옥에 갇힌 사람이나 재소자 비율이 매우 높아서 잠재적으로 매우 위험하다고 판단되면, 첫 번째로 취해야 하는 조치란 곧 그 비율을 낮주도록 하는데 즉 이 추세가 지배적인 것이 되지 않도록 하는데 중점을 두어야 한다. 국가가 우유 몇 병을 지켜주며 마약 얼마 사용하는 것을 미리 막는 배후에는 필경 국가가 가두는 사람 비율 혹은 재소자 비율을 아주 높게 유지하기 위하여 그와 같이 범죄화 조치를 취해야만 하는 다른 이유가 있기 마련이다. 그러나 제도의 팽창이 가져오는 위험을 밝혀내기 위한 논의와 논쟁은 지금 이 순간까지도 은폐된 채 숨어 있다. 우리는 아무런 차별성도 없는 범죄통제를 지지하는 입장을 보태기보다는 오히려, 사회 저변층에 대한 새로운 통제방식 대안에 대해 논의해보고자 한다. 그리고 다행히도 조금이나마 그렇게 하는데 성공하게 되었음을 자부한다.

예방이라고 하는 두 번째 변수는 논점을 국가 차원으로 이끌어 간다는 점에서 쟁점의 전체 범위를 한꺼번에 제기하고 있다. 그런데 무엇보다도 먼저 국가 자체야말로 해당 국가 시민들에 대해 위험한 존재가 되고 만다고 예상한다는 게 과연 가능한 일일까? 개인 차원에 대해 주목해본 바와 같이 문제들이란 엄청난 것이거나, 그게 아니면 그토록 부정적인 형태의 예상치란 허구적인 것일 수밖에 없다. 그런데 국가 차원에서 더욱 더 문제가 되는 것은 문제가 훨씬 더 복잡하다는 점이다. 러시아가 현재와 같이 시장경제에 적응해가는 노력을 중단해버린다면 과연 감옥인구 즉 재소자 수는 과연 어떻게 변하게 될까? 이미 주어져 있는 게 그대로 안정적인 수준을 유지할 가능성은 그다지 없다. 아마도 경제상황은 더욱 더 악화될 테지만 러시아인이라는 자부심은 훨씬 더 고양될 것이다. 그러한 자부심과 함께 '범죄'에 대해서는 조금은 타협적인 형태로 인식하게 될 것이다. '자네가 술에 취한 지난 토요일 그야말로 어리석기 짝이 없었네. 하지만 러시아 사람이라면 6명 중 1명꼴로 언제나 그처럼 주말엔 술에 찌들어 살거든. 자네 못지않게 어리석은 일들이 훨씬 많다는 바로 이게 중요해.' 국민성은 매우 중요한 성격을 가지며 그래서 러시아의 경우 범죄라는 낙인찍기란 성공하지 못한다. 러시아 사람의 이런 자부심은 이토록 매우 강해서 '러시아 사람'과 '범죄자'의 구분을 아예 없애버리도록 하는 데에까지 다다르고 있다. 러시아의 감옥 인구는 짜르시대처럼 거의 사라질 수 있었다. 이는 10만 명 당 80~90명 수준인 유럽 수준으로 떨어질 수 있음을 가리킨다. 아마도 그렇게 될 수 있을 것이다. 그러나 다음과 같은 다른 시나리오도 가능하다. 즉 러시아는 훨씬 더 많은 소수파들을 감옥에 가두며 점증하는 민족주의 분위기로 인하여 감옥이란 술 취한 사람들과 같은 바로 그들을 가둬들이는데 안성맞춤인 곳이 되어가는 게 매우 자연스러울 수 있다.

미국의 전개를 전망하기란 그리 간단하지 않다. 미국도 러시아와 마찬가지로 사회 저변층에 대하여 매우 위험한 국가로 변모한 상태이기 때문이다. 지난 15년 동안 미국이 감옥에 대하여 재소자 수가 감소할 것이라는 자신감을 그토록 크게 갖는 사회로 발전할 것이라고는 도대체 그 누가 장담할 수 있었겠는가? 지난 15년 동안 미국의 감옥인구는 거꾸로 3배나 급증했으며 앞으로도 엄청나게 더 급증하게 될 것이다. 앞으로 중간에 멈추기도 하겠지만 급증현상은 계속될 것이다. 그렇지 않으면 도대체 얼마나 세월이 흘러야 이 추세가 실질적인 역전으로 돌아설 것이라고 상상이나 할 수 있겠는가? 답은 명백하게도 미국사회의 전반적인 특성 속에서 찾을 수 있다. 미국사회는 시장과 돈에 관심이 치우쳐있는 획일적인 입장이 만연해 있어서, 대안적 구조를 만들어 우선적으로 현재 제도 속에서 형사사법으로 인하여 피해를 당하는 이들을 위한 어떤 커다란 변화나 개혁이 이루어질 것으로 전망하기란 매우 어렵다. 그와 같은 대안이 없으면, 낙오자나 패배자 형태의 범죄자들은 더욱 더 급증하게 될 것이며 승자들은 획일적인 제도 속에서 쌓아올린 수많은 재산과 기득권들을 잃게 되지는 않을까 하는 공포심이 더욱 더 커져만 갈 것이다. 아니면 누가 알겠는가? 돈에 대한 욕망은 심지어 끊임없이 급증하는 감옥인구를 지탱하는 비용에 대해서까지도 주목과 경고로 이어질 것이다. 뉴욕의 관용제로 정책으로 인하여 감옥인구는 1980년 6~7천 명 수준에서 1997년 1만 8천~2만 1천 명 수준으로 급증하였다. 그리고 관련 경비도 1억 8천만 달러에서 8억 달러로 급증하였다. 그와 동시에 뉴욕시 측의 마약사범 체포 및 소탕작전으로 인하여 '뉴욕시 학생들은 90명이나 되는 학급에서 수업을 해야 하는 실정이다'(Massing 1998).

이 추세를 역전시킬 다른 하나의 가능성이 있다면 가장 압박받는 사회계층과 주민들 사이에서 일부 사회변화와 사회개혁이 이루어질 수 있다는 점이다. 이미 흑인들은 마약정책에 대하여 이의를 제기하며 반기를 들고 있으며, 게토지역의 흑인과 주변부의 백인을 동등하게 처리해달라는 매우 정당한 요구를 하고 있다. 그리고 흑백간 감옥에 보내는 비율에 대해서도 커다란 항의가 계속될 수밖에 없다. 하지만 이들이 아무리 자신들 주장을 펼친다고 해도 변수들에 대해서는 미리 전망하기란 매우 어렵다.

이미 20세기 초 윈스턴 처칠이 영국의 감옥 인구의 증가추세를 막아낼 것이라고 왜 그 누구도 도저히 장담할 수 없었던가? 처칠이 보수당 내각의 영연방부 장관으로서 가난과 감옥은 일치하는 것이라고 선언한 것은 정당하지 않았다.(Downes 1988).

마지막 변수는 국가가 과연 일부 영향 등을 감당할 수 있는가 하는 것이다. 단도직입적으로 말하면 국가가 이글을 쓴 필자처럼 과연 이렇게 글을 통하여 문제를 제기하는 사람들로부터 영향을 받아 그러한 문제들을 풀어보고자 나설 것인가 하는 점이다. 이 물음에 대한 답은 문화운동의 압력으로부터, 그리고 해당 건에 대한 지적인 분석을 통한 압박 등에 달려 있다. 이 글에서 제시한 분석, 새로운 개념, 설명 노력 등이 가치가 있다고 생각한다면, 즉 위험한 범죄자를 연구한다며 생고생을 하지 말고 대신 우리가 사는 사회를 다른 각도에서 살펴보도록 하는 노력을 받아들인다면, 우리들이 가지고 있는 가치관과 문화를 더욱 더 발전시켜나갈 수 있는 유리한 고지에 설 것이다.

우리는 지식인 입장에서 다른 대안을 갖고 있지 않다.

| 참고문헌

Nils Christie (1981), *Limits to pain*, Martin Robertson and Company, Oxford.

Nils Christie (1994), *Crime Control as Industry*, Routledge, London.

Nils Christie (1998), "Gartnerstaten", in Amnety-Nytt, n. 5, pp. 12-13,Oslo.

David Downes (1988), *Contrasts in tolerance. Post-war penal policy in the Nederlands and England and Wales*, Clarendon Press, Oxford.

Paul Farmer (1998), *Cruel and unusual: drug-resistant tuberculosis as punishment*, Paper, Dep. Of Social Medicine, Harvard Medical School, 641 Huntington Ave, Boston, MA 02115 Usa.

Malcolm Feeley and Johnathan Simon (1992), "The new penology: notes on the emerging strategy of corrections and its implications", in *Criminology*, vol. 30, n. 4.

Michael Massing (1998), "The blue revolution", *in New York Review of Books*, vol. XLV, n. 18, pp.32-36.

Thomas Mathiesen (1998), "Selective incapacitation revisited", in *Law and human behaviour*, vol. 22,n. 4, pp. 455-469.

Moscow Centre for Prison Reform (1998), *Human being and prison*, Moscow.

Eric Schlosser (1998), "The prison industrial complex", in *The Atlantic Monthly*, vol. 208, n. 6, pp.51-57.

Andrew von Hirsch (1972), "Prediction of criminal conduct and preventive confinement of convicted person", in *Buffalo Law Review*, pp. 717-758.

Jean Wall (1998), "Elder care", in *Corrections today*, vol. 60, n. 2, pp. 136-38 e p. 195.